软土地基上土工合成材料加筋垫层路堤

徐 超 韩 杰 沈盼盼 曾庆元 李格烨 著

科 学 出 版 社

北 京

内 容 简 介

软土具有强度低和压缩性高的特点。软土地基上的土工合成材料加筋垫层路堤，包括桩承式加筋路堤，可以较好地解决软土地基上填方路基工程稳定性不足和工后沉降过大的问题。本书重点讨论加筋垫层的作用原理、交通荷载作用下桩承式加筋路堤中土拱效应变化规律及影响因素、加筋材料张力膜效应的空间分布特征、路基沉降控制的基本思路和路堤整体稳定性评价方法。

本书可供土工合成材料与交通工程领域的科技人员参考使用，也可作为高等院校研究生的参考用书。

图书在版编目（CIP）数据

软土地基上土工合成材料加筋垫层路堤 / 徐超等著. -- 北京 : 科学出版社, 2025. 5. -- ISBN 978-7-03-080335-1

Ⅰ. U416.1

中国国家版本馆 CIP 数据核字第 2024B0X161 号

责任编辑：李 海 李 莎 / 责任校对：赵丽杰
责任印制：吕春珉 / 封面设计：东方人华平面设计部

科学出版社出版
北京东黄城根北街 16 号
邮政编码：100717
http://www.sciencep.com
北京中科印刷有限公司印刷
科学出版社发行 各地新华书店经销
*
2025 年 5 月第 一 版 开本：B5（720×1000）
2025 年 5 月第一次印刷 印张：13 3/4
字数：275 000

定价：138.00 元

（如有印装质量问题，我社负责调换）
销售部电话 010-62136230 编辑部电话 010-62138978-2046

前　言

软土具有“三高两低”的特性，即孔隙比大（高）、含水量高、压缩性高、渗透性差（低）和强度低。由于软土的上述特点，在软土地基上进行填方工程施工或作业面临一系列工程问题，主要表现为沉降量大且持续时间长，稳定性难以满足工程要求。

针对上述问题，目前已经发展了多种地基改良的工程技术来控制填方工程的工后沉降量，以满足工程对稳定性的要求。其中，土工合成材料加筋垫层法，包括桩承式加筋法，是一种技术先进、适应性强、造价合理的新工法，已逐步在软土地基上填方工程中推广应用。

土工合成材料加筋垫层法是在传统垫层法中水平铺设具有加筋和加固作用的土工合成材料，通过土工合成材料的抗拉作用和对填料的约束作用，提高软土地基上填方工程的稳定性，限制软土地基和填方体的侧向变形。当填方体的沉降量不满足工程要求时，可在软土地基中设置桩基，构成“桩网复合地基”，这在路基工程中称为桩承式加筋路堤。

路堤填土中的土拱效应、加筋层的张力膜效应及由此引起的荷载转移（传递）机制，是桩承式加筋路堤的主要工作机理。在这些机制的共同作用下，桩基的承载性能可以充分发挥，在保证整体稳定性的前提下控制路堤的沉降量。进入 21 世纪以来，科技工作者对桩承式加筋路堤的工作原理进行了比较充分的探讨，取得了重要的研究进展。在国家自然科学基金（项目批准号：41272293 和 51478349）的资助下，作者所在研究团队通过动静局部荷载作用下 Trapdoor 模拟试验探讨了交通荷载下土拱效应的演变规律，通过加筋材料胀破模拟试验研究了正方形布桩形式下张力膜效应的空间分布特征，采用循环荷载作用下桩承式加筋路堤的缩尺模型试验（1g）和变桩长、变刚度离心模型试验，验证了桩承式加筋路堤的工作机理和沉降控制的可行性，采用离心模型试验揭示了桩承式加筋路堤的破坏模式和整体稳定影响因素。这些创新性成果可为该项技术的工程应用提供指导。

本书共 8 章。第 1 章为绪论，介绍软土地基上填方路堤面临的工程问题和采取的主要技术措施；第 2 章为加筋垫层路堤，论述了加筋垫层路堤（无桩基）的适用条件、试验成果和设计计算方法；第 3 章为桩承式加筋路堤体系及其工作原理，论述桩承式加筋路堤体系的构成和工作原理，以及需要进一步研究的课题。第 4 章为桩承式加筋路堤中的土拱效应，主要介绍局部动静荷载作用下土拱效应的变化规律和影响因素；第 5 章为桩承式加筋垫层中的张力膜效应，主要介绍正方形布桩条件下张力膜空间分布特征的物理模拟结果；第 6 章为桩承式加筋路堤沉降控制原理和方法，论述通过变桩长、变刚度和变间距实现沉降控制的离心模型试验结果；第 7 章为桩承式加筋路堤的整体稳定性，基于离心模型试验和数值分析结果详细讨论桩承式加筋路堤可能存在的破坏模式和稳定性分析方法；第 8 章为桩承式加筋路堤的设计方法，在常规设计方法基础上，基于研究结果提出新的设计建议。

本书撰写分工如下：第 1～3 章和第 8 章由徐超撰写，第 4 章由徐超、韩杰和李格烨撰写，第 5 和第 6 章由沈盼盼和徐超撰写，第 7 章由曾庆元和徐超撰写。

在本书撰写过程中，作者参考了国内外众多学者的研究成果，在此谨致由衷的谢意。

限于作者学识水平，书中不妥之处在所难免，祈请读者批评指正。期盼本书的出版能促进我国土工合成材料，特别是土工合成材料加筋垫层和桩承式加筋垫层路堤技术在交通工程中的推广和应用，为我国交通工程的高质量发展尽绵薄之力。

徐　超

2024 年 6 月

于同济园

目　　录

第 1 章　绪　　论

1.1　软土地基的基本特征

土是岩石风化后的碎屑、矿物颗粒或次生矿物等经过搬运或不经过搬运在特定环境沉积下来的、未经成岩作用的堆积物。土经历了漫长而复杂的地质历史过程，不同的土类由于所经历的地质历史过程（起源、风化、搬运、堆积等）不同，因此在物质成分、结构上具有各自的特点。第四纪全新世（Q_4）以来，我国沿海地区的滨海相、潟湖相、三角洲相和溺谷相，以及内陆或山间盆地湖泊相和冲洪积沼泽相等静水或非常缓慢流水沉积环境中，由于水流不畅的饱和缺氧环境，经生物化学作用形成的淤泥、淤泥质土、泥炭和泥炭质土，统称软土。本书所指的软土不是一种特定的土，而是一类土。顾名思义，“软”与“硬”相对应，描述的是人们对物体刚度的感觉和印象，对于土体而言，则包含了人们对其强度和压缩性等工程性质的综合认知。

软土的工程性质较差，但不同成因软土的物质成分、发育规模、分布特征等差异巨大，只有充分认识软土和软土地基的基本特征，才能在工程实践中采取针对性的措施，解决工程建设面临的各种问题。

1.1.1　软土的物理力学特性

软土的物理力学特性取决于其物质成分和生成环境。由于软土形成于水流不畅、饱和缺氧的准静水环境中，因此其主要成分往往为分散性高的黏粒、有机质和部分粉粒。黏粒的矿物成分以蒙脱石和水云母类等为主，这些黏土矿物与水的相互作用非常强烈，吸水性强，颗粒外围形成厚厚的结合水膜，使淤泥和淤泥质土的天然含水量很高。在特定成因环境中，富含微生物和有机质也是软土的一大特点。以胶体颗粒存在的有机质同样对水具有极强的吸附能力，自带很厚的结合水膜。

由于这些特定的生成环境、物质成分及与水的相互作用，软土表现出一系列特殊的性质。

1. 软土的结构性

在静水或非常缓慢的水流环境中，黏粒、有机质等细粒物质缓慢沉淀，发生絮凝，颗粒间发生面-边、边-边接触，软土多呈现出絮凝结构。但是这种联结强度不高，其取决于结合水膜的厚度和软土的固结程度。当软土受到扰动时，土粒间的絮凝结构很容易被破坏，软土的强度会出现剧烈降低，甚至呈流动状态，表现出明显的结构性。

土力学中采用灵敏度（S_t）来定量评价软土的结构性。灵敏度反映了软土强度由于结构破坏而丧失的程度，灵敏度越高，表明受扰动后强度损失越大。我国几个软土分布区中，其软土一般属于中等灵敏度，如上海地区的软土，S_t 大多介于 3～6；特殊成因环境下的软土，S_t 可达 10～13。

2. 软土的物理特性

以物质成分和塑性指数判别，淤泥和淤泥质土一般属于黏土或粉质黏土，其中黏粒（粒径 $d<0.005$mm）含量可达 30%～60%。由于黏粒吸水能力强，结合水膜厚，因此软土的天然含水量往往超过液限。据朱小林和杨桂林（1996），淤泥和淤泥质土的天然含水量多为 50%～70%，最大可达 127%（贵州中曹司湖积淤泥）；液限一般为 40%～60%，天然含水量随着液限的增加而增加；天然孔隙比一般为 1.0～2.0，最大可达 2.47（昆明滇池淤泥层）。软土的饱和度一般大于 95%，因此软土的天然含水量与天然孔隙比成正比。软土的物理特性可以概括为孔隙比大、含水量高。

3. 软土的透水性

软土中的水多以结合水的形式存在，而结合水具有黏滞性，这也是黏性土具有黏聚力的本质原因之一。要使弱结合水流动，就需要施加一定的驱动力（水力梯度），因此软土的渗透率很小，透水性差。水在淤泥和淤泥质土中的渗透系数常为 10^{-10}～10^{-8}m/s，因此软土在附加应力下的固结会持续比较长的时间。然而，大部分软土地层中通常发育薄层或极薄层粉细砂或粉土层等，其水平渗透系数要大于垂直渗透系数。

4. 软土的力学特性

软土的抗剪强度与加载速率和排水条件密切相关。不固结不排水三轴试验得到的抗剪强度很低，其内摩擦角为零，黏聚力一般小于 20kPa；快剪试验得到的内摩擦角一般为 2°～5°，黏聚力为 10～15kPa；在排水条件下，抗剪强度随着固结程度的提高而增大，固结快剪试验得到的内摩擦角可达 8°～12°，黏聚力在 20kPa 左右。

淤泥和淤泥质土的压缩系数一般为 0.7～1.5MPa^{-1}，最大可达 4.5MPa^{-1}（渤海滨海相淤泥）。软土的高压缩性与其孔隙比和天然含水量成正比。

5. 软土的触变性

软土的触变性是指其强度因受扰动而削弱，又因静置而增长的特性。这一特性与软土的粒间联结特征和结构性有密切的联系。淤泥和淤泥质土多呈凝聚联结，土粒通过颗粒外的水膜彼此联系在一起，这种联结特征是软土具有塑性的本质原因。在软土的结构没有破坏时，其一般呈软塑状态，但一经扰动（振动、搅拌或揉搓等），结构遭受破坏，土的强度将急剧减小，甚至呈现流塑状态；如果扰动后的软土静置一段时间，粒间联结会得到一定程度的恢复，强度随时间也会有所增大。

综上所述，软土的物理力学特性可以概括为“三高两低”，即高孔隙比、高含水量、高压缩性和低渗透性、低强度。同时，软土具有灵敏性（结构性）和触变性。

1.1.2 软土地基的基本工程特性

我国软土分布广泛，特别是在东部沿海地区发育有深厚的软土层。在软土分布区进行工程建设，应充分认识软土的工程特性。本书以软土地基上加筋路堤为研究对象，从软土层作为地基的角度来论述其基本工程特性。

1. 软土地基的变形特性

软土孔隙比大、含水量高，具有很高的压缩性。因此，在附加荷载作用下，软土地基会发生很大的沉降和不均匀沉降。沉降量和不均匀沉降量的大小与软土层厚度和附加应力的大小成正比。例如，上海地区，采用天然地基的多层建筑的累计沉降量一般为几十厘米，甚至超过 1m。建于 20 世纪初的上海外滩沿岸部分高大建筑，原来的地面一层已快变成现在的地下一层。在软土地基上修建的高等级公路，即使采用低路堤，工后沉降往往也达不到要求。

2. 软土地基的承载特性

软土的抗剪强度不高，特别是在不排水条件下，黏聚力为 20kPa 左右。软土地基的极限承载力一般小于 100kPa，有的甚至低于 50kPa。由于软土地基承载力较低的特性，在大部分情况下，在软土地基上进行工程建设均应事先进行地基加固。

3. 软土地基的固结特性

由于软土含水量高，透水性差，因此在自重应力或附加应力作用下的固结过程都非常缓慢。预压法（又称排水固结法）是软土地基加固的常用方法之一。因为软土强度低，所以在采用堆载预压法加固软土地基时，加载速率应与软土的排水固结过程相适应。通过控制加载速率，特别是在开始阶段的加载量不应过大，以便地基土有时间完成排水固结，使地基土强度的增长能够满足后续加载及附加应力增长的要求。否则，软土中的孔隙水来不及排出，土的强度不仅来不及提高，反而会产生较高的超孔隙水压力，导致有效应力降低，容易引起地基土的挤出破坏。

软土地基上采用天然地基的建筑物的持续沉降是地基缓慢固结的一个直接反映。由于固结缓慢，因此固结沉降历时长。一些建在软土地区天然地基上的多层建筑物，地基沉降会持续几十年甚至更长时间。同济大学建于 20 世纪 50 年代初的教学南楼和北楼均为四层砖混结构，本书第一作者在 20 世纪 80 年代到同济大学读书时，从两边的侧门进入这两座教学楼还需要上几个台阶；经过 30 多年的持续沉降，现在已不需要上台阶，而且降雨时门口总会积水。

4. 软土地基的其他特征

软土具有结构性和灵敏性，因此软土地基上施工时如果受到扰动，其力学性能将进一步降低。除了上述软土地基的一般特征外，在特定情况下或对于特定的软土层，尚需关注其特殊性。内陆山间谷地发育的软土层，下部基岩层面特征及与软土层之间的关系将可能决定软土地基场地的稳定性。发育有硬壳层的软土地基，如能利用硬壳层，将可提高软土地基的承载力，减小地基沉降量；新近发育的软土地基往往微地貌特征丰富，应关注这些微地貌对工程建设的影响；未完成自重应力固结的软土地基，对桩基可能产生桩侧负摩阻力，应根据桩基的具体条件进行分析评价。

1.2 软土地基上填方路基工程面临的问题

自改革开放以来，沿海地区经济快速发展，人口聚集，交通等基础设施实现了跨越式发展。这些地区与我国软土广泛发育和分布区域高度重叠，在高等级公路和铁路建设与运营过程中遇到了较多的工程问题。在软土地基上进行填方作业，相当于施加附加荷载。鉴于对软土的特点和软土地基的工程性能的认识，易于判断在附加荷载作用下软土地基填方工程将面临稳定性不足和变形过大的问题。这也是我国软土地基处理科技超常规发展的主要驱动力。

1.2.1 填方工程的稳定性问题

在岩土工程中，岩土受到的剪应力与其抗剪强度是一对矛盾体，当剪应力等于抗剪强度时，岩土体中局部或整体就达到了强度极限状态。软土强度低，在路堤填筑过程中很容易达到软土地基的强度极限状态。当附加剪应力等于甚至大于土的抗剪强度时，在地基中将形成破坏机制，宏观表现为路堤的整体性破坏。因此，软土地基上路堤的稳定性问题实质上是一个强度问题。在剪应力和抗剪强度这对矛盾体中，前者是人为可控的，而软土的抗剪强度是客观存在的，随着环境变化的，而且是难以精准定量化的。

软土含水量高，透水性差，在附加应力作用产生超孔压后，土中有效应力和软土的抗剪强度将进一步降低。这一特性在工程实践中容易被忽视，因此在软土地基上路堤填筑速率太快时就易于引起整体破坏。相反，如果能够控制好路堤填筑的速率，在前一级荷载下产生的超孔压能够慢慢消散，软土得到比较充分的固结，抗剪强度将随之增长。有经验的科技人员通过监控软土地基中孔压的消散进程和软土的固结状态以调整加载速率，使地基中剪应力始终小于土体的抗剪强度，可保证软土地基上路堤的整体稳定。

对于正常固结的饱和软土地基，在附加应力作用下其强度随着固结度的增加而增加，可按下式计算：

$$\tau_{\mathrm{f}t}=\tau_{\mathrm{f}t_0}+\Delta\sigma_z U_t\tan\phi_{\mathrm{cu}} \tag{1.1}$$

式中，$\tau_{\mathrm{f}t}$、$\tau_{\mathrm{f}t_0}$——软土地基 t 时刻和初始时刻（t_0）的抗剪强度，kPa；

$\Delta\sigma_z$——软土中竖向附加应力增量，kPa；

U_t——t 时刻软土地基的固结度；

ϕ_{cu}——软土地基初始时刻（t_0）的固结不排水内摩擦角（°）。

1.2.2　填方工程的变形问题

由于软土孔隙比大，压缩性高，因此在附加荷载作用下软土地基变形相对较大；又因软土含水量高，透水性差，故附加应力引起的超孔压消散慢，软土地基固结过程漫长。

可以将软土地基在路堤荷载作用下的变形区分为施工期变形和工后变形。从工程运维的角度，人们更加重视工后变形。工后变形的大小取决于一系列条件和因素，如果暂不考虑交通荷载、路堤高度（附加荷载大小）、路堤宽度与断面形式（附加荷载分布）、地基加固措施等的影响，至少还有如下因素会影响软土地基上路堤的工后变形。

1）施工期附加荷载引起的超孔压消散程度（固结度）将直接影响工后变形的大小。不妨直观地去理解这一因素。因工期的原因，软土的固结度达到80%或85%即开始后续施工和通车运营，就应该接受道路通车后会有15%或20%总固结变形的工后变形量。为解决工期与工后变形的矛盾，一般可采用加速固结的办法或与其他地基加固措施相结合。

2）软土地基发育特征，包括厚度、构造等也会影响工后变形。软土地基厚度越大，在附加荷载下固结变形历时越长，路堤的工后变形就越大；在软土地层中往往夹有薄层、超薄层的粉细砂或粉土层，这些构造特征有利于软土的水平向排水，故有利于加速施工期地基的固结变形，路堤的工后变形就会小一些。

3）软土的物质成分和次固结特征也将影响软土地基工后变形的大小。主固结与次固结是两种本质和机制上不同的进程，两者并行不悖，只是主固结变形量一般远大于次固结变形量，故人们往往会忽略次固结变形。土质学和土力学的已有研究表明，软土，特别是有机质含量高的软土，次固结不应被忽略，而且次固结过程持续时间更长。为便于计算，假定软土次固结发生在主固结完成之后。如果次固结变形较大，超出了工程允许的临界值，就应在地基加固措施方面加以应对。

软土地基的变形可分为压缩变形和剪切变形。前者表现为软土地基的竖向沉降；后者主要表现为软土地基的侧向位移，甚至隆起。但两者又是相关的，当发生剪切变形时，或者剪切变形较大时，宏观上软土地基的沉降会更大。剪切变形的大小取决于附加剪应力及其与软土抗剪强度的相对关系，这又回到剪应力与抗剪强度的矛盾中来。在路堤工程的施工期，应通过控制路堤填筑施工速率，使附加应力与软土地基的排水固结、强度增长相适应；或者采取合适的地基加固措施，提高人工地基的工程性能，尽可能减小软土地基产生的剪切变形，确保施工期工程安全。

对于交通工程，安全平稳运营是应有之义，因此对不同等级的道路和铁路工程，都有相应的工后变形（沉降）控制要求。工后变形的大小主要取决于两个方面：首先是地基加固的设计与施工，这主要涉及根据工程要求和软土地基的特点，科学选择地基加固的技术措施，精准控制施工程序和施工质量，使软土地基或加固后的人工地基在工程竣工前沉降稳定；其次是交通荷载，即使竣工时地基已经沉降稳定，开放交通后在交通荷载作用下地基仍有一定的变形，这是不可避免的。因此，在工程设计之初，就应从这两个方面考虑和控制工后变形（沉降）。

1.2.3　软土地基上填方路基与结构物之间的差异变形问题

谈到路堤的工后变形，就不得不提到道路工程中的路基与结构物之间的差异变形问题，特别是桥头错台问题。无论是横向穿越通道还是桥梁，由于结构物与路堤之间的荷载、刚度和基础不同，因此在道路运营过程中出现沉降差异几乎难以避免。以桥梁为例，桥梁承台下一般采用桩基，端承桩或摩擦端承桩能够有效地控制桥梁沉降，而连接的填方路基下软土地基的工后沉降会远大于桩基础，从而产生桥头错台。

由桥-路间错台引起的桥头跳车现象是软土地基上道路工程的通病。不管是否有填方路基荷载，在交通荷载作用下连接路基的沉降变形也会引起桥头错台，造成桥头跳车现象；无论公路等级高低、桥梁跨度大小，在软土地区即使是交通流量很小的中小桥梁，也会与连接路基产生差异沉降。软土地基上，道路竣工后路基与结构物之间产生差异变形的首要原因是基础条件不同。还以桥梁为例，为了保证桥下净空，软土地区的桥台均采用桩基础，很少有例外，通车后在交通荷载下桥台的沉降也非常有限，甚至可以忽略，而与桥梁连接的路基一般不会采用桩基，如图 1.1 所示，软土地基采用预制竖向排水板（prefabricated vertical drains，PVD）的预压固结法处理，不仅在路基施工期连接路基段会产生大幅沉降，而且竣工后在交通荷载作用下路基沉降将进一步发展，并会持续较长的时间。

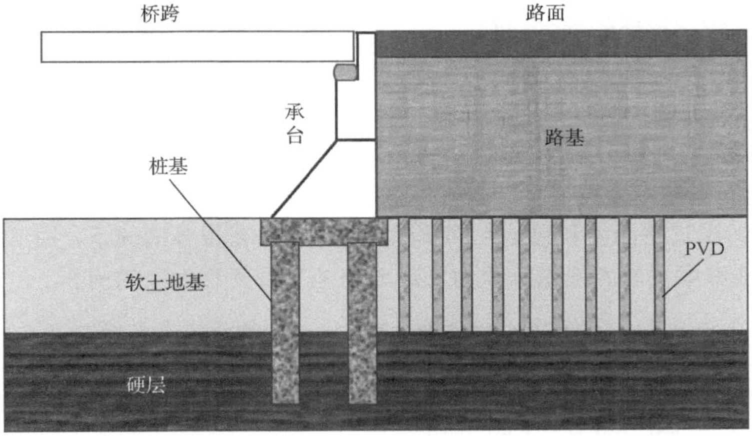

（a）示意图

（b）沉降曲线

图 1.1 软土地基上桥头错台机理

1.3 软土地基上填方路基工程问题的解决对策

针对软土地基上填方路基工程主要面临稳定性和变形过大这两方面的问题，人们采用了多种工程措施。这些措施各具特色，从技术原理上大致可以归纳为轻质路堤法、地基加固法和加筋垫层法。

1.3.1 轻质路堤法

采用比填土轻的填料（天然状态下容重小于填土的容重）修筑填方路基，通过减小路堤荷载以满足路基工程稳定性和变形要求的方法统称为轻质路堤法。此法利用轻质填料在规定的填筑高度下，减小路堤对软土地基的附加应力，从而提高软土地基上路堤的整体稳定性，减小路堤总沉降和工后沉降。在人类筑路历史中，曾经采用火山灰、炉渣、粉煤灰等无机填料建造路堤，近几十年来随着土工合成材料技术的进步，人们开始利用聚合物土工泡沫、气泡轻质土和轻质混合土等作为筑路材料。其中，路堤填筑用的土工泡沫是蒸压可发性聚苯乙烯（expandable polystyrene，EPS）板材或块体，气泡轻质土是由水泥浆液或水泥砂浆掺入发泡剂等添加剂形成的轻质回填材料，轻质混合土常指在填土中掺入一定比例的 EPS 颗粒或废轮胎颗粒形成的混合填料。这些新型轻质填料的力学特性与其密度或掺和比密切相关，可以根据设计要求，生产出特定密度的材料或特定掺和比的混合土。表 1.1 给出了上述轻质材料的常见密度。从表 1.1 中可知，如果用粉煤灰填筑相同高度的路堤，大约可以减小 50%的附加荷载；如用 500kg/m^{3}的气泡轻质土代替填土，对地基的附加应力可减少 75%。作为超轻质材料，EPS 的密度只有填土的 1%～2%，即使考虑道路面层和包边土的质量（图 1.2），在很多情况下，用 EPS 填筑路堤也完全能够解决软土地基承载力不足或路基工后变形太大的问题。

表 1.1　几种轻质材料的常见密度　　单位：kg/m^3

回填材料	火山灰	炉渣	粉煤灰	气泡轻质土	轻质混合土	EPS	填土
密度	1200～1600	1300	500～1200	400～1000	1000～1500	15～50	2000 左右

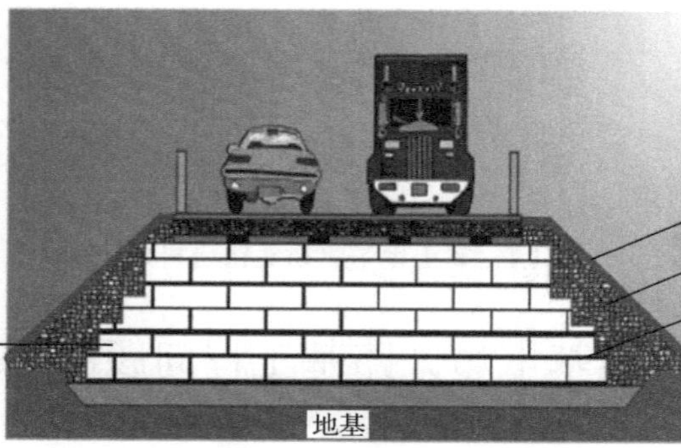

图 1.2　软土地基上的 EPS 路堤

下面以 EPS 在公路填方路基工程中的应用为例，说明采用轻质材料填筑路堤的设计思路。利用 EPS 作为路堤填料以代替传统的土料时，可根据软土地基的工程性质和道路工程的要求进行设计。其设计原则和思路一般有以下两种。

1. *零附加应力设计原则*

通过挖方用 EPS 置换一定厚度的地基土层，使挖方土层的自重等于 EPS 堤身质量（含道路面层和包边土质量），地基中不因建堤而产生附加应力。这一原则主要适用于地基土强度较低的情形，以满足路堤整体稳定为主要目标，同时兼顾道路的工后变形。

2. 沉降控制设计原则

假定地基的沉降与受到的竖向附加应力大小成正比，通过使用EPS代替一定厚度的路堤填土，使 EPS 路堤作用在地基上的附加应力仅为填土路堤的$1/n$（$n>1$），则EPS路堤下地基的沉降量可控制在填土路堤的$1/n$，从而满足路基工程的工后沉降要求。

EPS作为超轻质材料，用于替代填土建造路堤，减压效果非常明显。但是EPS块体的力学特性与其密度密切相关，密度越大，抗压强度和模量越高。在选择EPS填筑路堤时，应验算EPS所受应力与其抗压强度。干铺在路面之下的EPS块体受到的压应力主要由两部分组成：一是由路面、基层及钢筋混凝土板保护层产生的自重应力，二是轮载传递的应力。作用于EPS块体的应力应小于EPS的容许抗压强度。

上述设计思路和注意事项对于气泡轻质土同样适用。

1.3.2 地基加固法

地基加固法又称地基改良法，是针对不能满足建（构）筑物工程要求的软弱地基，采取针对性的工程措施来改善地基（土）的工程性质，使其满足建（构）筑物对地基力学性能要求的技术和方法的总称。我国地域广阔，各地地基条件差异很大，在交通基础设施建设和房地产开发等的驱动下，地基加固技术蓬勃发展，形成了丰富的地基处理技术和方法。《建筑地基处理技术规范》（JGJ 79—2012）将这些措施或加固后的地基归纳为换填、预压地基、压实（夯实）地基、复合地基、注浆加固和微型桩加固；《复合地基技术规范》（GB/T 50783—2012）根据竖向增强体的特点，将复合地基细分为11种类型。尽管地基加固技术多种多样，但以路基工程为应用背景，以软土地基为处理对象，地基加固措施主要有预压法和复合地基法两大类。这两类方法的加固原理明确，技术上各有千秋，关键是结合工程实际（特点和要求）和工程地质条件做出合理的选择。

1. 预压法

预压法又称预压固结法或排水固结法，是通过施加附加荷载使软土地基排水固结，改善其工程性能的地基处理方法的总称，包括堆载预压法、真空预压法和真空-堆载联合预压法等。对于软土地基上的填方路基工程，堆载预压法可与路堤的分级填筑施工工序相适应，利用填方自重作为附加荷载，使地基在施工期完成预压固结。在工程实践中，为了加速软土地基的固结过程，缩短预压期（工期），预压法往往与竖向排水体（PVD、砂井）结合使用。

《地基处理手册》（第 2 版）中指出，排水固结法主要解决软土地基的沉降问题和稳定性问题，这也正是软土地基上填方路基工程面临的两大挑战。因此，排水固结法非常适合于路堤工程的地基加固。

以堆载预压法为例，饱和软土地基在附加荷载作用下产生超孔压，后者随时间逐步消散，孔隙水从软土中慢慢排出，孔隙体积随之减小，软土地基发生固结变形。在此过程中，土层变得更加密实，地基中有效应力增加，地基土强度和模量逐渐提高，如图 1.3 所示。这便是预压法改善软土地基工程性能的基本原理。图 1.3 中，字母 *a-b-c* 表示在附加荷载作用下土体孔隙比和抗剪强度变化情况，*c-e-f* 表示卸载后土体孔隙比和抗剪强度变化情况；*f-c′-d* 表示再加载过程中孔隙比和抗剪强度的变化情况；σ_0' 为初始有效应力，σ_1' 为附加荷载作用下固结完成时的有效应力，$\Delta\sigma'$ 为附加荷载作用下土中有效应力增量；Δe 为附加荷载作用下固结完成时的孔隙比变化量，$\Delta e'$ 为卸载回弹完成时的孔隙比变化量。

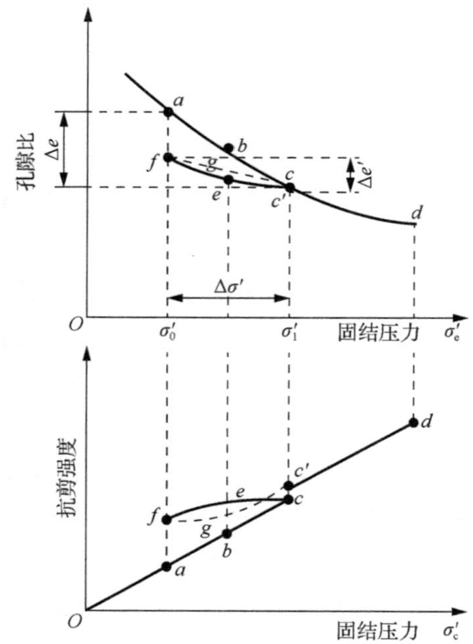

图 1.3　排水固结法软土地基加固原理

［《地基处理手册》（第 2 版）编委会，2000］

关于排水固结法的设计计算方法，在地基处理教科书或相关手册中均有详细介绍，本书不再详述。需要指出的是，在应用堆载预压法进行软土地基加固时，需经过精心设计，确保分级堆载与地基强度增长相适应；在考虑路面荷载和交通荷载的前提下，地基剩余沉降量应满足工后沉降的要求，必要时可考虑采用超载预压，以进一步减小工后沉降。

2. 复合地基法

广义地说，凡是由地基土和增强体构成的，且二者在附加荷载作用下共同承担荷载的人工地基均可称为复合地基。《地基处理手册》（第 2 版）指出，复合地基是指“天然地基在地基处理过程中部分土体得到增强，或被置换，或在天然地基中设置加筋材料，加固区是由基体（天然地基土体）和增强体两部分构成的人工地基”。根据增强体布设方向和增强体的刚度，对复合地基进行了如下分类（图 1.4）。

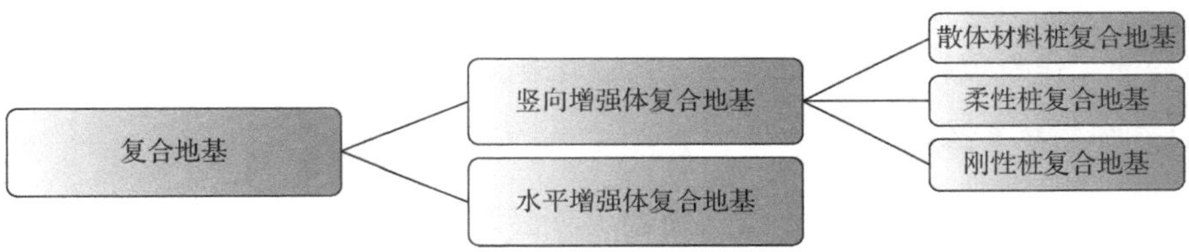

图 1.4　复合地基分类

实际上，工程实践中在地基内设置水平增强体（土工格栅或土工织物等加筋材料）的同时，地基土也会被工程性能更优良的填料替代，而非在天然地基中设置加筋材料。因此，严格来说，这种地基加固方法宜归入置换垫层法，称为加筋垫层或加筋地基更合适。这也是本书将加筋垫层法（水平增强体复合地基）进行单独讨论的原因。

采用竖向增强体形成的复合地基，无论增强体是散体材料桩、柔性桩还是刚性桩，其加固地基的基本原理是相同或相似的，即通过置换或增强原天然地基的部分土体，使增强体与地基土“复合”后的人工地基具有更高的强度和更低的压缩性。因此，可以利用复合地基法改善软土地基，解决软土地基上路堤工程的稳定性和沉降问题，改善的效果取决于增强体类型及其置换率，同时也与软土地基自身的工程性质有关。

由于竖向增强体种类很多，因此对于不同工程地质条件下的软土地基，总可以找到一种适合的增强体进行地基加固，形成复合地基，以满足路堤下软土地基沉降控制和稳定性的要求。因此，复合地基技术具有极强的适应性，已经在软土分布区公路建设中得到了广泛的应用。采用复合地基进行软土地基加固，施工效率高，能够满足工期要求。但是不同增强体的成本差异很大，如预制桩与水泥土搅拌桩相比，综合成本相差 10 倍左右，因此应慎重选择。在一些特殊的工程地质条件下，竖向增强体的选择也会受到限制。例如，淤泥层中碎石桩难以成型；泥炭或泥炭质土中常规的土壤固化剂效果不佳，也无法形成有效的增强体；对于深厚软土地基上的高路堤，即使采用复合地基技术，也不一定能够满足沉降控制的要求。

在实际工程应用中，竖向增强体类型的选择主要取决于工程要求和软土地基自身的特点两个方面。需要注意的是，不同类型增强体在复合地基中发挥的作用是有差别的，关于柔性桩（如碎石桩）、半刚性桩（如水泥土搅拌桩）和刚性桩复合地基在路堤荷载下整体稳定性分析方法也并未达成共识，仍需进一步研究。

1.3.3　加筋垫层法

广义的加筋垫层法包括桩承式加筋路堤，但桩承式加筋路堤与纯粹的加筋垫层路堤的工作原理存在很大的差别，所以这里分别论述。

1. *加筋垫层路堤*

在软土地基上建设道路工程，路堤下总会设置粗粒土垫层，主要发挥排水作用。为了提高软土地基上路堤的稳定性，可将加筋材料铺设在垫层中或者垫层下，如此就构成了软土地基上的加筋垫层路堤，如图 1.5 所示。

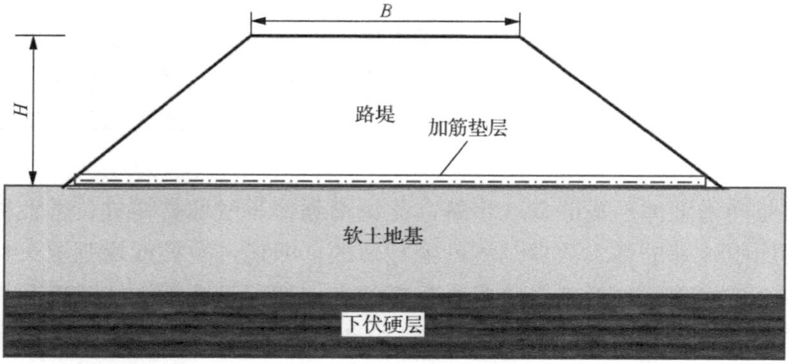

图 1.5　软土地基上的加筋垫层路堤

注：B 为路堤顶面宽度；H 为路堤高度。

在上覆荷载作用下，软土地基除发生竖向压缩外，还将产生侧向挤出，设置于路堤与软土地基之间的加筋土垫层可有效发挥对软土地基和路堤的侧限作用，提高路堤与地基的整体稳定性。通过侧限作用和对填土荷载的调整作用，一定程度上可降低路堤的总沉降。这些作用既是有条件的，也是有限度的，不能只靠加筋垫层控制深厚软土地基上路堤的工后沉降，也不能完全依靠加筋保证软土地基上路堤的整体稳定性。因此，在工程建设中，常见的情形是根据地基条件和工程实际，采用先对软土地基进行加固处理，再铺设加筋垫层的组合技术措施。

在工程实践中，可采用不同类型的土工合成材料构筑加筋垫层，如土工格栅、土工织物或土工格室等。采用不同的加筋材料或铺设不同层数的加筋垫层，其工作原理也不相同，设计与分析方法相应而异。在工程应用中应关注这些差异，具体内容详见第2章。

2. 加筋垫层与地基加固结合的方法

单纯的加筋垫层法在解决软土地基上路基变形问题上效果不彰。一方面，对于有一定厚度的软土层，若仅在路堤下设置加筋垫层，该发生的沉降随着时间照样发生，这对控制工后沉降不利；另一方面，对于软土地基上的高路堤，仅通过设置加筋垫层也很难满足整体稳定性要求。因此，在这种情形下事先进行地基加固成为必然选择。如果单独采用地基加固措施可以满足工程建设要求，则没有必要再使用加筋垫层或设置加筋，此种情形不在本书的讨论之列。

当仅采用加筋垫层无法满足工程项目关于沉降和稳定性的要求时，考虑投资和工期，一般事先对软土地基进行加固处理，然后铺设加筋垫层。这种做法构成了地基加固法与加筋垫层法联合使用的组合技术。根据地基加固技术的原理和特点，可把这种组合技术区分为如下几种情形。

（1）预压法与加筋垫层组合技术

当遇到工程性质很差的软土地基时，如吹填淤泥，不仅加筋垫层不能解决工程建设面临的问题，甚至地基难以承受施工机械之重。在此情形下，采用预压法，特别是真空预压法，对地基进行事先改善，成为工程建设的必然环节。

尽管预压法处理软土地基具有一定的局限性，但在特软地基上进行道路建设时，可以考虑采用预压法与加筋垫层组合技术，以满足工程建设的投资、工期与技术要求。

（2）柔性桩复合地基与加筋垫层组合技术

这里的“柔性桩”是指地基处理规范中的振冲法、砂石桩法等形成的竖向增强体，处理后的人工地基的工程性质可按置换率将增强体和增强体间的地基土的工程性质进行复合而得。在工程设计（稳定性分析和沉降计算）时，其方法与天然地基、预压法处理后的地基并无区别。

对于软土地基，砂石桩法通过置换作用改善复合地基的工程性能，同时为软土层提供排水通道，加速软土地基的排水固结。在工程实践中，针对软土地基的具体特点，采用砂石桩法与加筋垫层组合技术，能够达到提高软土地基上路堤稳定性，减小路基工后沉降的目的。

（3）刚性桩复合地基与加筋垫层组合技术

刚性桩包括预制桩、就地灌注素混凝土桩、套管灌注桩等。刚性桩复合地基与加筋垫层组合技术在我国的《复合地基技术规范》（GB/T 50783—2012）中命名为“桩网复合地基”，在《铁路工程地基处理技术规程》（TB 10106—2023）中称为“桩网（桩筏）结构”，在国际上则称为桩承式加筋路堤（geosynthetic-reinforced and pile-supported embankment）或加筋垫层桩承式路堤（basal reinforced and piled embankment），如图 1.6 所示。这里，均强调桩对路堤的支撑作用。桩承式加筋路堤具有控制路基沉降和提高路基整体稳定性的双重效果，特别是在控制路基沉降方面，完全可以根据路基工程特点和软土地基条件选择合适的桩型、桩间距和桩长，严格控制路基的工后沉降。

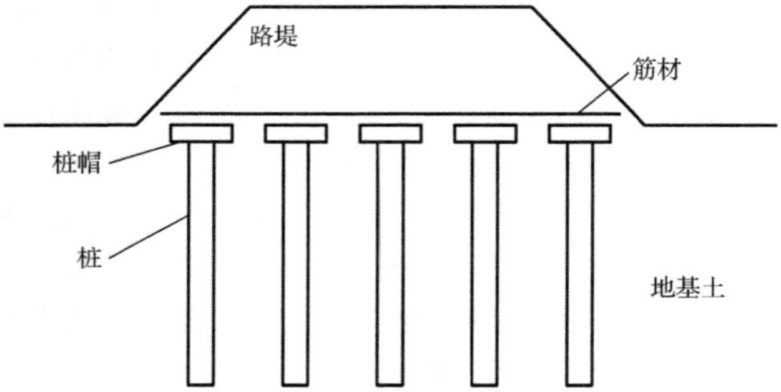

图 1.6　桩承式加筋路堤构成

在桩承式加筋路堤中，从竖向增强体与桩间土共同承担上部荷载（作用）的角度来说，刚性桩与桩间土构成了广义复合地基。但是刚性桩与桩间软土的刚度差异巨大，在竖向荷载作用下桩土变形（沉降）不协调，亦非传统意义上的“复合地基”。在满足特定条件下，桩土差异沉降引起路堤填土的土拱效应，并与加筋垫层的张力膜效应一起，引起一系列荷载传递与重分配现象，使上部荷载向桩基集中，甚至完全由桩基承担上部荷载。

（4）半刚性桩复合地基与加筋垫层组合技术

半刚性桩的刚度介于散体材料桩与刚性桩之间，此类桩包括掺入胶结材料的深层搅拌桩、旋喷桩、灰土桩，以及土工合成材料筋固碎石桩等。半刚性桩的自身刚度和强度与桩间软土差异明显，但桩身强度和桩基承载力往往不足以单独承担路堤荷载，因此不应按桩承式加筋路堤对待。对于半刚性复合地基与加筋垫层的技术组合，应该按复合地基进行设计，但在设计时应考虑加筋垫层对路基稳定的贡献。这些贡献包括加筋垫层提供的抗滑力矩提高了软土地基上路堤的整体稳定性；加筋垫层对软土地基和竖向增强体具有侧限作用，增强了复合地基的整体性，对降低复合地基的竖向变形有一定的调节作用。

1.3.4 桥头差异沉降（错台）的应对措施

桥与连接路基之间的差异沉降引起的桥头错台，以及由此产生的桥头跳车现象是软土地区道路工程的通病。基于对产生桥头错台机理的认识，人们已提出了多种应对措施。这些措施从降低路基沉降或调整差异沉降的角度入手，解决或改善桥头错台引起的桥头跳车问题。从基本原理及其在工程实践中的应用看，可归纳为如下技术措施。

1. 桥头搭板法

采用搭板应对桥头错台，搭板相当于一个直角三角形的斜边，直观而明确。搭板措施可以理解为用一定长度的搭板构成一个斜坡来平滑由于桥-路差异沉降引起的桥头错台，减轻车辆通过时的颠簸感觉。桥头搭板如图 1.7 所示，一端搭在桥台上，另一端放置在连接路基上，搭板随着路基沉降发生纵向旋转，使路面形成一个斜坡，可有效缓冲桥头错台对交通的影响。但是搭板并不能从根本上解决桥头错台问题，如果软土地基沉降较大，搭板进一步倾斜，将不得不维修，严重时搭板与下伏路基脱空，可能会造成搭板断裂，引起交通事故。

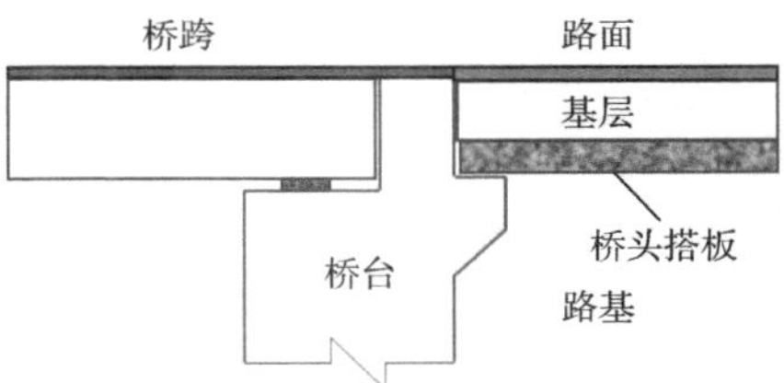

图 1.7 桥头搭板

2. 轻质路堤法

采用轻质路堤应对桥头错台与前述轻质路堤法控制路基沉降的原理相同，是从降低路基沉降角度应对桥头错台的问题。例如，将 EPS 路堤用于桥梁连接路基，可以大幅降低软土地基在路堤自重荷载下的沉降量，从而减小桥头错台。在 20 世纪 80 年代，使用 EPS 填筑路堤的技术和方法在挪威和德国得到了比较系统的研究，并于 90 年代制定了相关的技术标准（Beinbrech and Hillmann，1997），推进了该项技术的发展。之后在国内外不断有成功案例报道，图 1.8 和图 1.9 为 EPS 超轻质路基在桥头连接路基建造中的应用案例。在实际工程中，应用轻质路基解决桥头错台问题时，应关注建造成本和施工工艺控制。建造成本主要源于材料的运输费用，所采用的施工工艺和措施应确保路堤的整体性和自身稳定性。

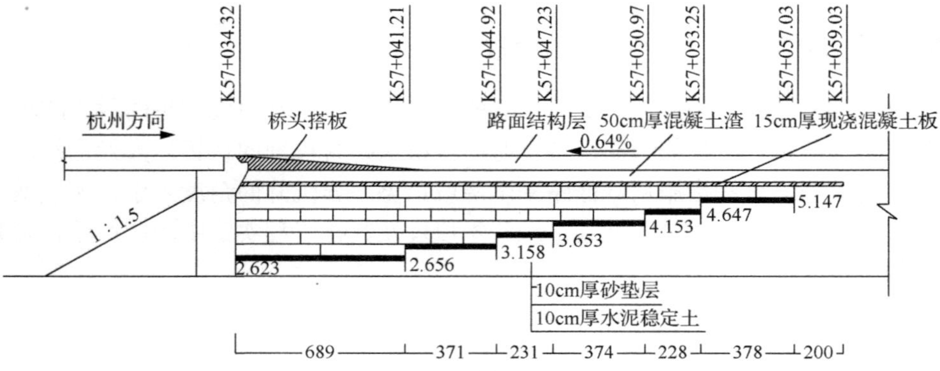

图 1.8　沪宁高速公路湖州段桥头 EPS 路堤纵断面（杨少华和徐立新，2004）

图 1.9　美国犹他州 15 号州际公路某桥头 EPS 路堤施工照片

3. 桩承式加筋路堤

桩承式加筋路堤在桥头的应用同样着眼于降低连接路基的沉降量，从而减小桥头错台。但其思路是把连接路基建在桩基上，利用桩基支撑路堤，而非减小路堤荷载。软土地区桥头错台是由于桥与路基的地基基础的差异而客观存在的，如果在连接路基段采用端承桩桩承式加筋路堤，将不能从根本上解决桥头错台问题，而只是把客观存在的差异沉降转移了位置。为此，人们提出了变桩长的桩承式加筋路堤解决方案（图 1.10），在其他要素不变的前提下，从桥台开始分段减小桩长，逐渐增大路基沉降，从而实现桥头错台在连接路基段的平缓过渡。除了变桩长措施外，作者还研究了桩体变刚度对路基沉降的影响，也能达到与变桩长相似的效果，可用于解决桥头错台问题。

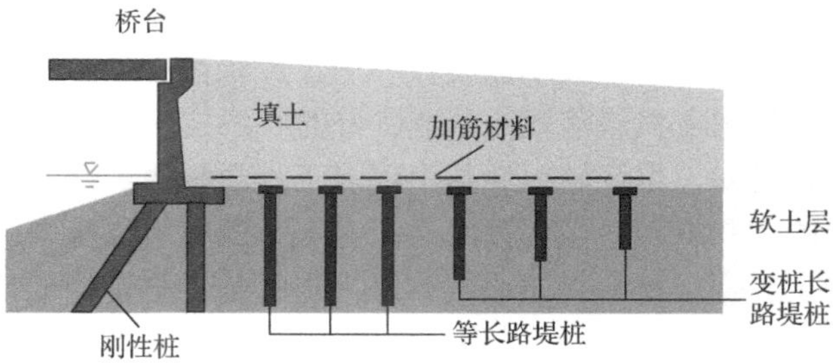

图 1.10 桩承式加筋路堤（变桩长）

解决桥头路基与桥头之间的差异沉降是桩承式加筋路堤的主要应用之一，在国内外不仅已有很多成功案例，而且取得了丰富的研究成果，中国、美国、日本及欧洲一些国家等也颁布了相关的技术标准。但是，桩承式加筋路堤是一个复杂的技术体系，其工程行为受一系列因素的影响，因此仍面临一些挑战。

4. 加筋土柔性桥台

土工合成材料加筋土（geosynthetic reinforced soil，GRS）柔性桥台是由压实碎石填料和小间距布置的土工合成材料分层交替铺设构成的柔性承重结构，桥梁可以直接安置在 GRS 桥台之上，由 GRS 桥台与桥跨结构和连接路基一起构成加筋土柔性桥台复合结构，如图 1.11 所示。在这一复合结构中，桥梁上部结构与引道路基一样，直接安置于 GRS 复合体构成的桥台上，从本质上消除了桥台和连接路基因地基基础不同而产生的差异变形，因此加筋土柔性桥台复合结构也是软土地区解决桥头错台的理想选择。通过设计和施工工艺上的特别措施，如在桥台承载区采用短加筋局部加强、在桥头引道路基采用加筋反包措施等，可以实现桥头处桥梁与路基之间的平滑过渡。

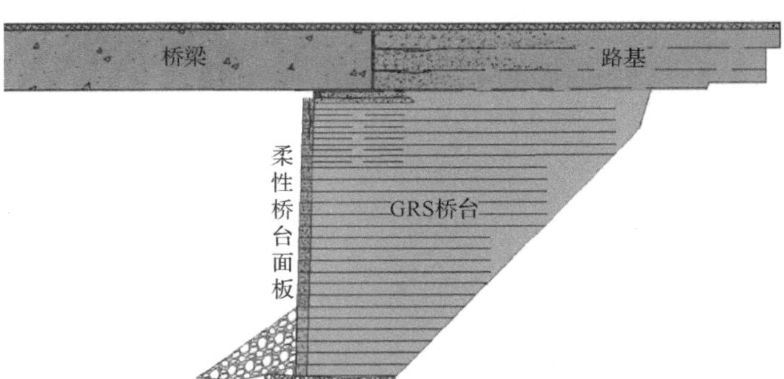

图 1.11 加筋土柔性桥头复合结构（Adams et al., 2012）

加筋土柔性桥台复合结构是一项新技术，从应用情况看，其主要用于需要更换的或者新建的中小型单跨桥梁。根据已有案例总结（罗敏敏 等，2019），这种新型技术具有造价经济、施工简便快速、变形协调性能良好、后期维护成本低等诸多优点。目前，我国对该项技术的设计和施工经验尚不足，因此更需要各方共同努力，推动该项技术在我国落地，创造良好的经济技术效益。

从本章的论述可知，尽管软土地基上路堤工程面临稳定性不足和变形过大的问题，但从已有的工具箱中，工程技术人员有足够的技术措施来解决这些问题。本书将重点讨论土工合成材料加筋垫层，以及加筋垫层与其他地基加固技术相结合的方法，确保软土地基上路堤工程安全可靠，为我国交通事业发展做出应有的贡献。

参 考 文 献

《地基处理手册》(第二版)编写委员会, 2000. 地基处理手册[M]. 2 版. 北京: 中国建筑工业出版社.

罗敏敏, 徐超, 杨子凡, 2019. 土工合成材料加筋土柔性桥台复合结构及应用[J]. 土木工程学报, 52(S1): 226-232.

杨少华, 徐立新, 2004. EPS 超轻质路堤研究及其工程应用[J]. 公路(8): 157-162.

朱小林, 杨桂林, 1996. 土体工程[M]. 上海: 同济大学出版社.

ADAMS M, NICKS J, STABILE T, et al., 2012. Geosynthetic reinforced soil integrated bridge system interim implementation guide: FHWA-HRT-11-026[R]. Washington, D.C.: U.S. DOT.

BEINBRECH G, HILLMANN R, 1997. EPS in road construction: current situation in Germany[J]. Geotextiles and Geomembranes, 15(1): 39-57.

第 2 章　加筋垫层路堤

加筋垫层实质上是由土工合成材料与粗颗粒填料构成的加筋土垫层。由于“加筋路堤”在汉语中容易造成误解，因此本书使用术语“加筋垫层路堤”，以明确加筋仅限于垫层部分，路堤本体并未加筋。本章从加筋垫层的作用机理入手，结合工程地质条件和工程项目实际特点，提出土工合成材料加筋垫层路堤的分类体系；在室内模型试验和数值分析成果基础上，重点论述加筋垫层的形式、破坏模式和计算分析方法。

2.1　加筋垫层的作用及合理性分析

2.1.1　加筋垫层的作用

这里所述的“加筋垫层”仅指在路堤下部粗粒土垫层中（或下部）设置加筋材料形成的加筋土垫层，不包括桩承式加筋路堤或桩网复合地基。设置于填方路基与软土地基之间的加筋垫层可以有效地发挥对软土地基和填方路基的侧限作用，提高软土地基上路堤的整体稳定性；在梯形路堤荷载作用下，两侧锚固、发生挠曲的加筋材料通过张力膜效应还可以承担部分竖向荷载；通过侧限作用和对填土荷载的调整作用，一定程度上可降低路基的总沉降。但是这些作用既是有条件的，也是有限度的。一般来说，加筋垫层对路堤整体稳定性的贡献表现在滑动面上提供一个抗滑力或抗滑力矩，这一贡献的大小不仅取决于加筋材料的抗拉强度，而且受到加筋材料锚固强度的制约；加筋垫层对路基沉降的影响主要是通过对软土地基的侧向剪切变形的约束实现的，但不能从根本上减小路基总沉降。因此，不能只靠加筋垫层控制深厚软土地基上填方路基的工后沉降，也不能仅靠加筋材料保证软土地基上路堤的整体稳定性。

为了克服加筋垫层作用的局限性，在工程建设中应根据地基条件和工程要求，考虑是否采用合理的技术手段事先对软土地基进行加固，然后设置加筋垫层，即形成加筋垫层与地基加固的组合技术，综合施策。

2.1.2　加筋垫层应用的合理性分析

土工合成材料加筋垫层不是万能的。在工程实践中，应在收集研究沿线工程地质资料、工程设计条件和工程要求的基础上，综合分析采用加筋垫层的合理性，判断是否需要事先对软土地基进行加固处理及如何进行加固处理。图 2.1 提供了一个分析判断和决策流程，以满足工程项目的需求为目标，通过岩土工程计算和分析，判断采用加筋垫层的必要性和可行性。

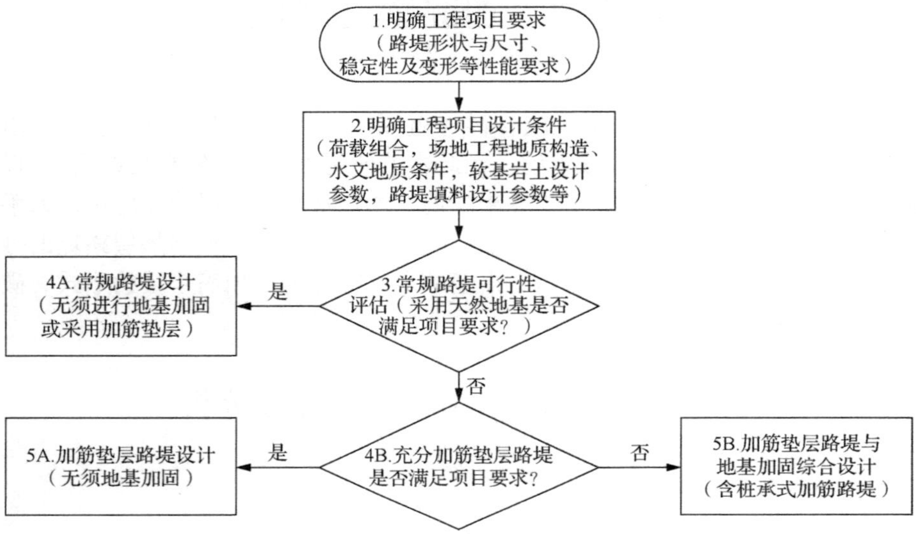

图 2.1 软土地基上加筋垫层路堤的合理性分析

在图 2.1 中，核心内容是分析“采用天然地基或者仅采用加筋垫层是否满足工程要求”，其判别依据为公路或铁路领域关于路基变形和稳定性的设计与运营要求。以我国现行的《公路路基设计规范》（JTG D30—2015）的规定为例，软土地基上路堤稳定安全系数应满足表 2.1 的要求，路基工后沉降应符合表 2.2 的要求。

表 2.1 软土地基上路堤稳定安全系数容许值

指标	固结应力法		改进总强度法		简化 Bishop 法、Janbu 法
	不考虑固结	考虑固结	不考虑固结	考虑固结	
直接快剪指标	1.1	1.2			
静力触探、十字板剪指标			1.2	1.3	
三轴有效剪切指标					1.4

注：当需要考虑地震力时，表中安全系数减少 0.1。

表 2.2 路基容许工后沉降 单位：mm

公路等级	工程位置		
	桥台与路堤相邻处	涵洞、箱涵、通道处	一般路段
高速公路、一级公路	≤100	≤200	≤300
作为干线公路的二级公路	≤200	≤300	≤500

在初步设计阶段，可采用简化方法进行加筋垫层路堤的合理性分析，分别计

算软土地基上采用和不采用土工合成材料加筋垫层情形下的路基沉降量（估算工后沉降量）和软土地基上路堤的整体稳定安全系数。如果天然地基条件下即可满足工程建设要求，则不用考虑采用加筋垫层，即图 2.1 中所示的“常规设计”。对于采用加筋垫层情形，可以不考虑其对路基沉降的影响，仅分析其对路堤稳定性的贡献。至于加筋垫层的作用及其对路堤整体稳定性的贡献大小，则取决于加筋垫层的形式。

通过图 2.1 的判别分析，并根据工程项目的重要性、工期、投资及相关地基加固技术的可获得性，基本可以做出软土地基上修建填方路基的技术方案选择。对于工期富裕的一般工程项目，为节约投资，可选择单独采用土工合成材料加筋垫层，提高软土地基上路堤的整体稳定性，满足路堤设计的极限高度，静待路基沉降趋于稳定；否则，应采用技术措施事先对软土地基进行加固处理，在工期允许的范围内满足软土地基上路堤的整体稳定性和工后沉降控制要求。

2.2　加筋垫层路堤的基本形式和破坏模式

2.2.1　加筋垫层路堤的基本形式

在目前工程实践中，设置于软土地基之上、路堤之下的加筋垫层有 3 种基本形式：单层加筋垫层（在粗粒土垫层中设置单层平面型加筋材料）、双层或多层加筋垫层（按一定的层间距在垫层中设置两层或多层平面型加筋材料）和土工格室加筋垫层，如图 2.2 所示。

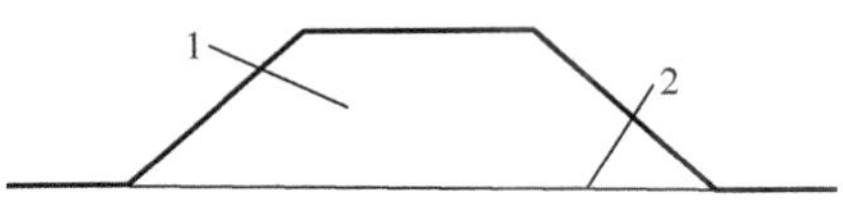

（a）单层加筋垫层

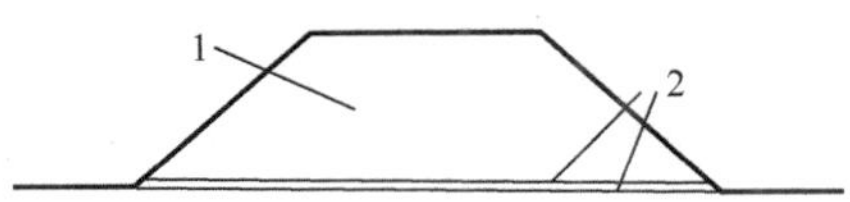

（b）双层或多层加筋垫层

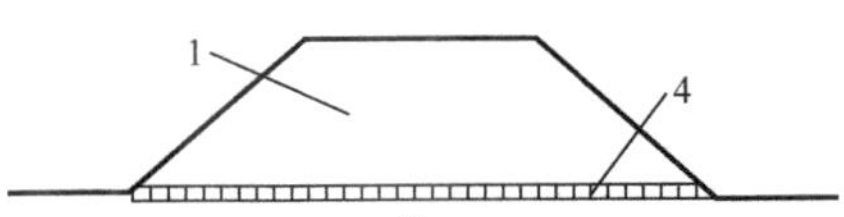

（c）土工格室加筋垫层

1. 路堤；2. 平面型加筋材料；3. 软土地基；4. 土工格室。

图 2.2　加筋垫层路堤的基本形式

2.2.2　加筋垫层路堤的破坏模式

对于单层土工织物或土工格栅加筋垫层路堤［图 2.2（a）］，英国规范（BSI，2010）给出了包括路堤侧向滑动、软土地基侧向挤出和路堤整体滑动等在内的破坏模式。其中，与加筋垫层密切相关的是图 2.3（a）所示的滑动面穿过加筋垫层和软土地基的整体滑动破坏模式。从这一破坏模式可以看出单层加筋垫层的作用：在路堤填方荷载作用下，软土地基承受附加剪应力，当土中剪应力逐渐增大，达到软土的有效抗剪强度时，将会发生整体破坏；在软土地基从剪切变形到整体破坏的过程中，水平铺设的加筋材料将发挥阻滑作用。因此，在工程设计中，对于这种破坏模式下加筋垫层的作用及对路基稳定性的贡献，是在稳定性计算中，把加筋垫层的作用看作增加抵抗滑动破坏的力矩或减小滑动的力矩。

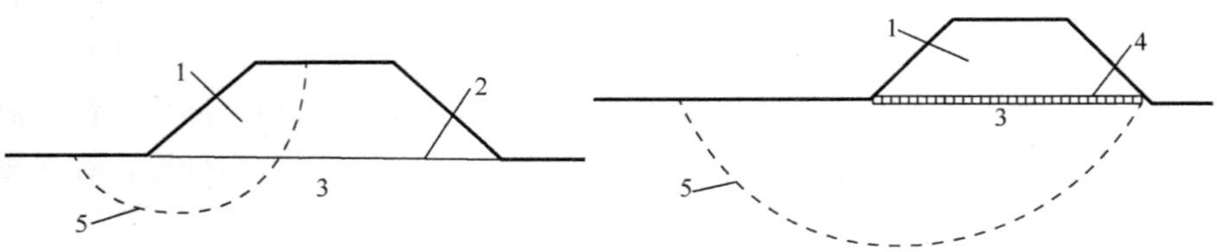

（a）整体滑动破坏模式　　（b）地基深层滑动破坏模式

1. 路堤；2. 单层加筋材料；3. 软土地基；4. 土工格室；5. 潜在破裂面。

图 2.3　软土地基上单层加筋垫层路堤的整体破坏模式

但对于图 2.2（b）和图 2.2（c）所示的双层或多层加筋垫层和土工格室加筋垫层，潜在滑动面是否还能够穿过加筋垫层？加筋垫层对整体稳定的贡献是否也只是相当于加筋材料产生的抵抗力矩呢？从已有研究成果（Rowe and Li，2005；Zhang et al.，2010）看，这样处理可能会低估加筋垫层的作用。

填方路基下垫层主要发挥排水作用，特别是在软土地基上的道路工程，垫层厚度一般不超过 800mm。当采用多层土工合成材料加筋垫层时，加筋垫层间距将不会超过 300mm，甚至只有 200mm。关于小间距加筋土的力学性能研究成果（Wu et al.，2013；Xu et al.，2020）证明，当加筋间距缩小到一定程度（$s_V \leq 30\text{mm}$）时，由加筋材料与层间填料构成的加筋土体会呈现明显的复合材料特性。在加筋土复合体中，筋材对层间填料的变位具有很强的限制作用，只要筋材不被拉断，复合体就表现出整体性。当采用土工格室加筋垫层时，由于每个格室单元对其中的填料具有严格的侧限作用，因此土工格室加筋垫层也应该看作加筋土复合体。如果把这两种类型的有一定厚度的加筋垫层满铺在填方路基之下，则其作用更接近于路堤的柔性基础。路堤荷载（包括附加荷载）将通过这一“基础”传递给地基，当路堤荷载达到地基极限承载能力时，软土地基上路堤将发生如图 2.3（b）所示的地基深层滑动破坏。

2.3　加筋垫层路堤的物理模拟

为了验证不同形式土工合成材料加筋垫层的作用，揭示软土地基上各种形式加筋垫层路堤的破坏模式，本节通过软土地基上加筋垫层路堤的物理模拟，探讨加筋垫层路堤的工作机理和稳定性分析方法。

2.3.1　物理模拟方法

进行物理模拟的模型箱由木板（厚 15mm）和透明钢化玻璃（厚 10mm）制成，并用角钢加固，尺寸（长×宽×高）为 1000mm×300mm×800mm。考虑软土地基上路堤的对称性，取加筋垫层路堤的一半，进行平面应变条件下的物理模拟试验。以不使用加筋材料的常规软土地基上填方路基为基准，物理模拟试验对比了单层加筋垫层和土工格室加筋垫层对软土地基上加筋垫层路堤破坏模式和稳定性的影响。

在模型箱中建造的半幅模型包括下部 500mm 厚的软土地基和上部 300mm 高的路堤（含垫层），半幅路堤底部宽 400mm，顶部宽 200mm，坡脚为 56°（图 2.4）。各种土料的物理力学参数如表 2.3 所示。加筋材料包括土工格栅和土工格室，模型土工格栅的拉伸模量为 22kN/m，开孔率约 0.72；土工格室高 15mm，条带之间通过机械联结，形成直径 40mm 的三维蜂窝状格室（金家庆 等，2019）。

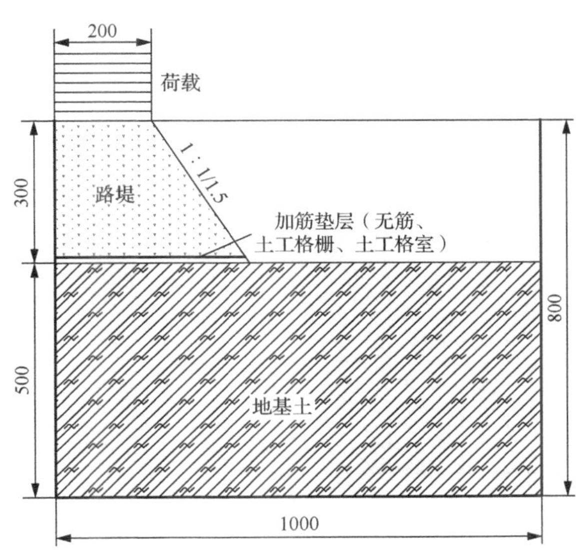

图 2.4　半幅软土地基上加筋垫层路堤模型（单位：mm）（金家庆 等，2019）

表 2.3　地基土及填料的物理力学参数

对象	土类	容重/（kN/m^3）	含水量/%	黏聚力/kPa	内摩擦角/（°）
地基	淤泥质黏土	18.75	33.77	6.0	14.0
路堤填土	中砂（10%细粒土）	20.6	8.96	4.6	36.7
垫层	级配干砂	20.5	—	—	42.0

路堤沉降的发展和破坏的产生是随着路堤填筑不断接近极限高度的过程，试验中是通过在路堤顶面施加超载以模拟路堤高度的增加（图 2.4）。在路堤填筑和加载过程中，借助网格标记土体的变形，观察记录裂缝的发展形态，分析软土地基上（加筋）垫层路堤的破坏模式。

2.3.2　加筋垫层工作原理分析

在软土地基制备完毕后，按质量体积法分层填筑路堤。当路堤填筑到设计高度时，按 1.51kPa/10min 的加载速率在堤顶施加荷载，直至软土地基上路堤出现明显破坏。出现破裂迹象时对应的荷载看作临界荷载，发生整体破坏时对应的荷载视为极限荷载。表 2.4 给出了无筋垫层路堤、土工格栅加筋垫层路堤和土工格室加筋垫层路堤的试验结果。图 2.5 展示了整体破坏时路堤、软土地基和滑动面的形态。

表 2.4　软土地基上路堤破坏时对应的荷载　　单位：kPa

破坏荷载	无筋垫层路堤	土工格栅加筋垫层路堤	土工格室加筋垫层路堤
临界荷载	8.5	11.9	n/a
极限荷载	11.9	15.3	22.1

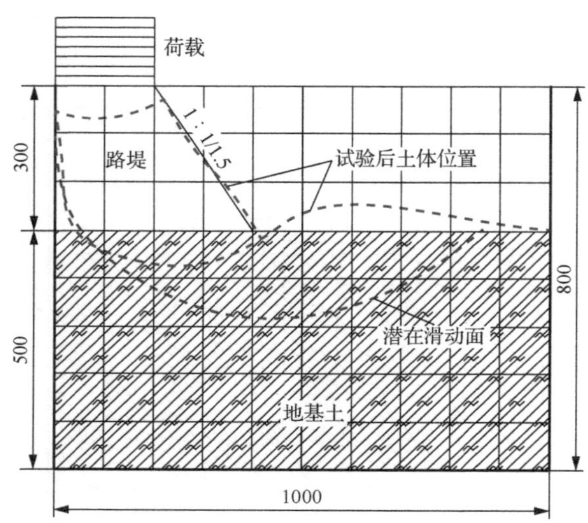

（a）无筋垫层路堤

图 2.5　软土地基上无筋/加筋垫层路堤的破坏形态（单位：mm）（金家庆 等，2019）

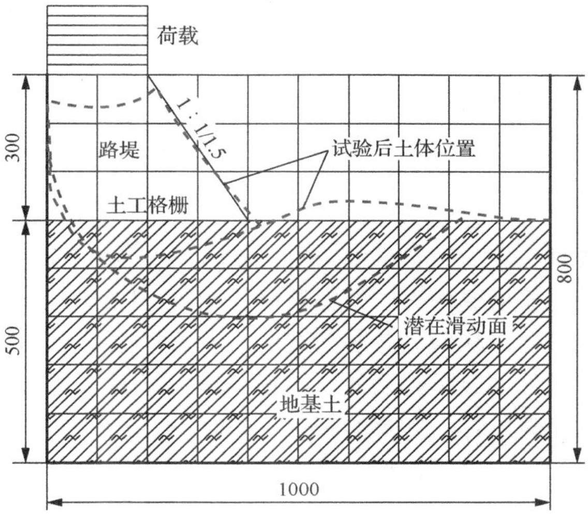

（b）土工格栅加筋垫层路堤

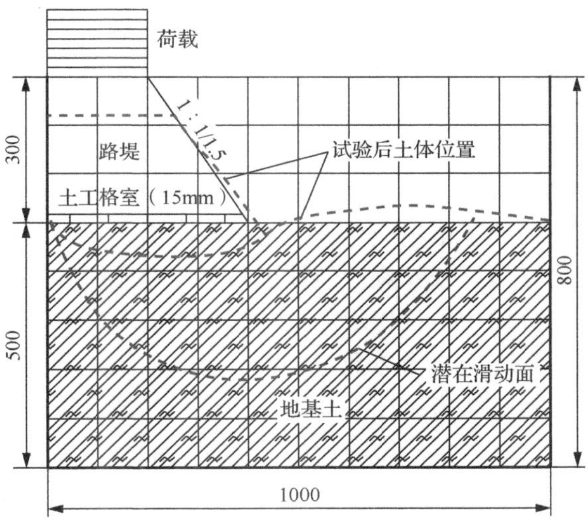

（c）土工格室加筋垫层路堤

图 2.5（续）

1. 无筋垫层路堤

对于无筋垫层路堤，在路堤填筑过程中，随着填高增加，堤下软土地基变形逐渐发展，地基中逐步产生剪应变，开始形成塑性区。路堤填筑完成时，堤身完整但已发生沉降，堤外地表可见隆起迹象。路堤侧向位移随超载逐渐增加，当加载到 **8.5kPa** 时，堤身出现拉力区并产生裂缝，堤身靠顶部位置有裂缝产生，裂缝自上而下逐渐发展。继续加载，堤身裂缝向下发展，加载至 **11.9kPa** 时，裂缝迅速被拉大，堤身上层填土贯入裂缝中，路堤形态明显破坏，此时路堤沉降显著，堤外地基表面明显隆起，最终造成无筋垫层路堤的滑动破坏。从路堤裂缝的产生、地基沉降和地表隆起位置，以及路堤和地基滑动发展过程可推测，无筋垫层路堤的滑裂面穿过堤身以弧形切入软土地基中，如图 2.5（a）所示。

2. 土工格栅加筋垫层路堤

路堤填筑完成时，堤身完整，仅发生少量沉降，堤外地表隆起不明显，沉降量和隆起量均小于无筋垫层路堤。当堤顶荷载加至 11.9kPa 时，堤身靠下的位置出现裂缝，裂缝随时间逐渐变宽并向上发展。当荷载达到 15.3kPa 时，整个堤身向外侧产生位移，堤外地表隆起明显，路堤整体失稳。与无筋垫层路堤相比，土工格栅加筋垫层路堤破坏时，堤身形态更完整。

模拟结果证明，采用土工格栅加筋垫层提高了软土地基上路堤的临界填筑高度（临界荷载和极限荷载），并保持了堤底和垫层的相对完整性和连续性。但随着荷载增加，形成自路堤下部开始发展，呈圆弧状穿过堤身、土工格栅加筋垫层和软土地基的潜在滑动面，如图 2.5（b）所示。

如何理解这一试验结果，实质上是如何认识加筋垫层在提高路堤整体稳定性方面发挥的作用。土工格栅本身没有抗弯刚度，单层加筋垫层并没有改变软土地基上加筋路堤整体（深层）破坏模式，但滑动面更深，地面隆起变形减小。路堤连同加筋垫层一起发生沉降，但沉降并不均匀，土工格栅发生挠曲变形，承受拉应力。从试验后挖出的土工格栅观察到，格栅出现多道褶皱，擦痕明显，也证明格栅受到张拉作用。格栅虽未断裂，但其已与模型箱壁脱开，说明格栅与箱壁连接强度不足，并未充分发挥抗拉作用。试验结果及现象表明，单层（土工格栅）加筋垫层发挥的作用表现在 3 个方面：①在路堤和软土地基的深层滑动破坏过程中提供了一个抗滑力矩；②格栅在不均匀竖向荷载作用下发生挠曲，并通过端部锚固承担了部分荷载，发挥了张力膜作用；③通过筋土相互作用限制了路堤和软土地基的侧向位移，促使滑动面向更深层发展。

3. 土工格室加筋垫层路堤

路堤填筑完成时，路堤沉降量和堤外地表隆起量均小于土工格栅加筋垫层路堤。在分级加载过程中，路堤保持完整，在荷载作用下不断被压实，产生明显整体沉降；堤下软土地基中开始出现细小裂缝，并随堤顶荷载的增加逐渐变长变宽。当路堤顶面加载到 21.1kPa 时，虽然路堤堤身仍保持完整，但在路堤下方约 200mm 处观察到明显的横向裂缝，堤趾外地表由于隆起出现横向拉裂缝，将软土地基中裂缝按照位置和发展形态相连，可大致形成贯通滑裂面，认为已发生深层滑动破坏，如图 2.5（c）所示。

模拟结果表明，相对于土工格栅加筋垫层路堤，采用土工格室加筋垫层，一方面能够提高软土地基上路堤的极限填筑高度(极限荷载)，即提高了整体稳定性；另一方面，从试验后挖出的加筋垫层看，土工格室加筋垫层保持完整，滑动面未穿过加筋垫层，而是进一步深入软土地基，也改变了路堤破坏的发展过程及最终的破坏模式。

对比单层土工格栅和土工格室加筋垫层工况下路堤变形及破坏模式的差异，认为主要是由于加筋垫层结构及其特性引起的。平面型加筋材料厚度薄，几乎没有抗弯刚度，在加筋垫层中主要发挥筋材的抗拉性能，通过与填土的摩阻效应限制地基和填土的侧向变形，对整体破坏的滑动面形态影响不大。土工格室呈三维结构，充填后形成的加筋垫层具有刚度大、整体性好的特点，发挥的作用体现在：①土工格室加筋垫层能够提供更强的侧向约束作用，可以显著减小路堤和软土地基侧向变形；②潜在滑动面难以穿过具有一定厚度的土工格室加筋垫层，土工格室加筋垫层的抵抗整体滑动的能力强于单层土工格栅加筋垫层，潜在滑动面深切软土地基，进一步提高了路堤整体稳定性；③土工格室加筋垫层的模量显著提高，垫层的应力扩散角增大，可改善浅层软土地基中的应力分布；④当土工格室柔性加筋垫层在非均匀荷载下产生差异竖向变形时，土工格室垫层将发挥一定的张力膜效应，造成软土地基上附加应力有所减小。不可否认，土工格室加筋垫层的这些作用是相互关联、部分重叠的，在进行软土地基上加筋垫层路堤稳定性分析时应关注这一特点。

2.4　土工格室加筋垫层路堤的临界高度

根据软土地基上加筋垫层路堤模拟结果和对土工格室加筋垫层作用机理的认识，本节重点分析土工格室加筋垫层路堤的临界高度及其影响因素。

2.4.1　软土地基上路堤临界高度分析模型

在理想情况下，发育均匀的软土地基上路堤的变形和破坏应该是对称的。为了简化分析，取半幅路堤进行研究，并将路堤荷载等效概化为条形荷载。

1. *无筋垫层路堤的临界高度*

鉴于软土地基上土工格室加筋垫层路堤最可能的破坏模式是圆弧滑动面，且通过堤底中心点的整体破坏，并假定圆弧滑动面的圆心 O 位于矩形断面路堤边界延长线上（梁程和徐超，2018），如图 2.6 所示。考虑到潜在滑动面在地基内和路堤存在侧向滑移趋势，故在无筋垫层路堤的稳定性分析中，不考虑路堤填土对稳定性的贡献。

土的抗剪强度与所受正应力有关，因此将地基破坏面分为$\overset{\frown}{EC}$和$\overset{\frown}{CD}$两段，用τ_{f1}和τ_{f2}分别表示这两段不等的地基抗剪强度，则由地基产生的抗滑力矩为

$$M_R = \tau_{f1}\overset{\frown}{EC}R + \tau_{f2}\overset{\frown}{CD}R \tag{2.1}$$

在图 2.6 中，在 A 点取一宽为Δx、高为Δy的单元体进行受力分析（图 2.7），为了计算τ_{f1}和τ_{f2}，假定大主应力σ_1为竖直方向，小主应力σ_3为水平方向，则σ_1和σ_3的关系表示为

$$\sigma_3 = \sigma_1 \tan^2\left(45° - \frac{\varphi}{2}\right) - 2c_f \tan\left(45° - \frac{\varphi}{2}\right) \tag{2.2}$$

式中，φ——地基土的内摩擦角（°）；

c_f——地基土的黏聚力，kPa。

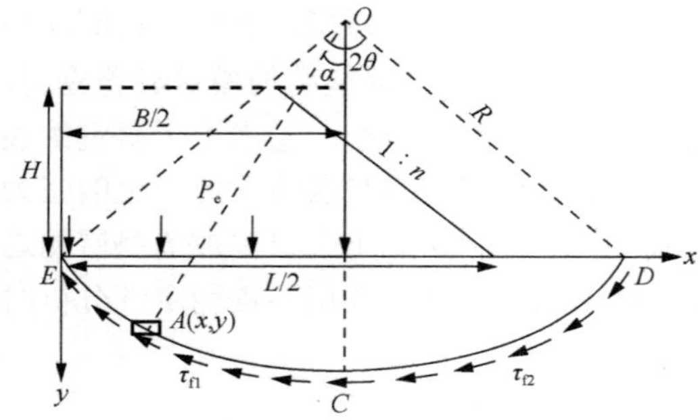

图 2.6　无筋垫层路堤稳定性分析

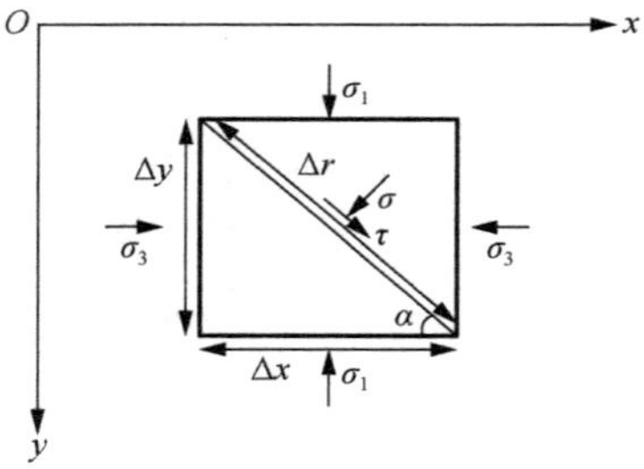

图 2.7　A 点处受力单元体受力

在$\overset{\frown}{EC}$段：

$$\sigma_1 = P_e + \gamma_f y \tag{2.3}$$

在$\overset{\frown}{CD}$段：

$$\sigma_1 = \gamma_f y \tag{2.4}$$

式中，$P_e = \gamma H$，γ为路堤填土重度，kN/m^3；H为路堤填筑高度，m。

γ_f——地基土重度，kN/m^3。

y——点 A 在图 2.6 坐标系中纵坐标的取值，m。

根据几何关系，y可表示为

$$y = R(\cos\alpha - \cos\theta) \tag{2.5}$$

$$\cos\alpha = \sqrt{1-\sin^2\alpha} = \sqrt{1-\left(\frac{B/2-x}{R}\right)^2} \tag{2.6}$$

式中，θ——滑动面圆弧对应圆心角的一半（°）。

x——点 A 在图 2.6 中横坐标的取值，m。

R——滑动面圆弧半径，m，$R = B/(2\sin\theta)$。

B——等效矩形断面路堤宽度，m，$B = L - nH$。其中，n 为路堤坡率；L 为梯形断面路堤底部宽度，m。

根据莫尔-库仑（Mohr-Coulomb）强度理论，τ_{f} 可表示为

$$\tau_{\mathrm{f}} = \sigma\tan\varphi + c_{\mathrm{f}} \tag{2.7}$$

$$\sigma = \frac{1}{2}(\sigma_1 + \sigma_3) + \frac{1}{2}(\sigma_1 - \sigma_3)\cos 2\alpha \tag{2.8}$$

由式（2.2）～式（2.8）可解得地基土抗剪强度 τ_{f1} 和 τ_{f2}，则地基中 $\overset{\frown}{EC}$ 段和 $\overset{\frown}{CD}$ 段产生的抗滑力矩分别为

$$\tau_{\mathrm{f1}}\overset{\frown}{EC}R = \sum_{x=0}^{B/2}\tau_{\mathrm{f1}}\Delta rR = \int_0^{B/2}\frac{\tau_{\mathrm{f1}}R}{\cos\alpha}\mathrm{d}x \tag{2.9}$$

$$\tau_{\mathrm{f2}}\overset{\frown}{CD}R = \sum_{x=0}^{B/2}\tau_{\mathrm{f2}}\Delta rR = \int_0^{B/2}\frac{\tau_{\mathrm{f2}}R}{\cos\alpha}\mathrm{d}x \tag{2.10}$$

则地基整体破坏的总抗滑力矩为

$$M_{\mathrm{R}} = \int_0^{B/2}\frac{\tau_{\mathrm{f1}}R}{\cos\alpha}\mathrm{d}x + \int_0^{B/2}\frac{\tau_{\mathrm{f2}}R}{\cos\alpha}\mathrm{d}x \tag{2.11}$$

由路堤荷载产生的滑动力矩为

$$M_{\mathrm{S}} = \frac{1}{8}P_{\mathrm{e}}B^2 \tag{2.12}$$

因此，路堤的整体稳定性系数为

$$K = \frac{M_{\mathrm{R}}}{M_{\mathrm{S}}} \tag{2.13}$$

令 K=1，可求得未采用加筋垫层时路堤的临界填筑高度 H_{cri}（m）。

2. 土工格室加筋垫层路堤的临界高度

土工格室加筋垫层对路堤稳定性的贡献和影响可按张力膜效应、应力扩散效应和侧限约束作用进行具体的定量分析。

（1）张力膜效应

软土地基在路堤荷载作用下发生沉降，路堤荷载在格室铺设长度方向上呈不均匀分布，格室层会发生挠曲变形，中心沉降量大于端部，土工格室的拉伸变形引发的轴力会产生向上的分力，从而减小软土层上所受竖向荷载。

路堤沉降值与路堤宽度相比小很多，因此格室变形后的形状可近似为等腰三角形，如图 2.8 所示。

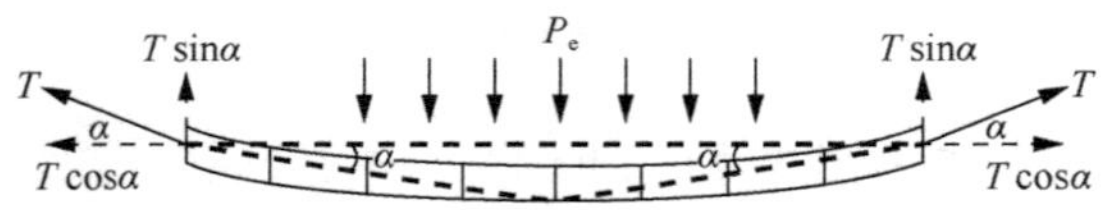

图 2.8　张力膜效应

由于张力膜效应产生的向上的“托举力”F_T 可表示为

$$F_T = 2T\sin\alpha \tag{2.14}$$

式中，α——格室轴力 T 与水平向夹角（°）。

根据几何关系，有

$$\sin\alpha \approx \tan\alpha = \frac{2S}{B} \tag{2.15}$$

格室垫层产生的轴力 T（kN/m）可表示为

$$T = E_g \varepsilon_g h \tag{2.16}$$

式中，E_g——格室复合层的模量，kPa。

格室垫层应变 ε_g 可近似表示为

$$\varepsilon_g = \frac{\sqrt{(B/2)^2 + S^2} \times 2 - B}{B} \tag{2.17}$$

式中，S——土工格室加筋垫层的挠度，m。

将式（2.15）～式（2.17）代入式（2.14），可得

$$F_T = \frac{4SE_g h}{B^2}\left[2\sqrt{(B/2)^2 + S^2} - B\right] \tag{2.18}$$

（2）应力扩散效应

土工格室有一定高度，格室的侧限作用使垫层的模量提高，应力扩散角增大，可更好发挥应力扩散效应，降低软土地基表面竖向荷载，如图 2.9 所示。

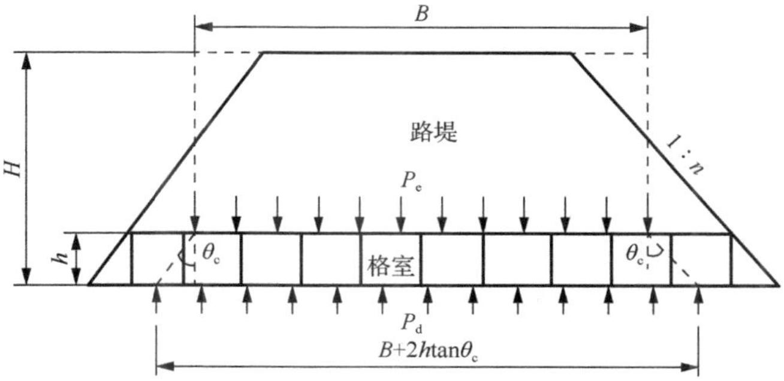

图 2.9　应力扩散效应

根据荷载发生扩散前后相等原则，并考虑加筋垫层的张力膜效应提供的向上的力 F_T，可得经应力扩散后软土地基上的荷载：

$$P_d = \frac{P_e B - F_T}{B + 2h\tan\theta_c} \tag{2.19}$$

式中，P_d——发生应力扩散后作用在地基上的荷载，kPa；

θ_c——格室加筋垫层的应力扩散角（°）。

（3）侧向约束作用

将格室与其内填土视为复合体，把格室侧壁对填料的作用力视为内力，仅考虑垫层与路堤填土和地基土之间的摩阻力对路堤侧向变形的约束作用。同时，由于格室强度高，不会被拉断或拔出，滑动面仅在地基中形成而无法穿过加筋层，因此只考虑格室垫层与地基接触面之间的摩阻力 τ_g 对路堤稳定性的贡献，如图 2.10 所示。

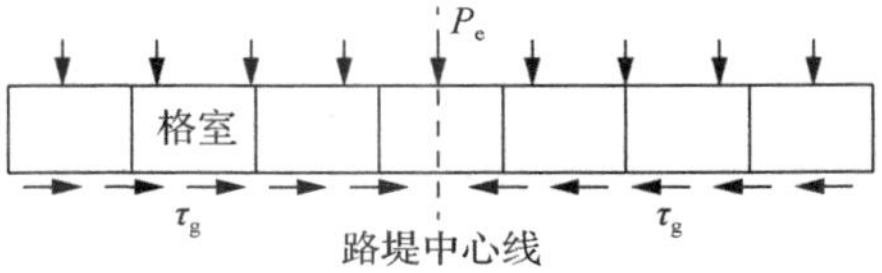

图 2.10　侧向约束作用

界面强度受较弱的软土地基制约，用莫尔-库仑强度公式表示：

$$\tau_g = P_d \tan\varphi + c_f$$

图 2.11 所示为软土地基上土工格室加筋垫层路堤的稳定性分析简图，可归纳为两个部分：由地基土的抗剪强度产生的抗滑力矩和由土工格室加筋垫层产生的抗滑力矩。前者与无筋垫层路堤中一致，后者包括上述 3 种作用。

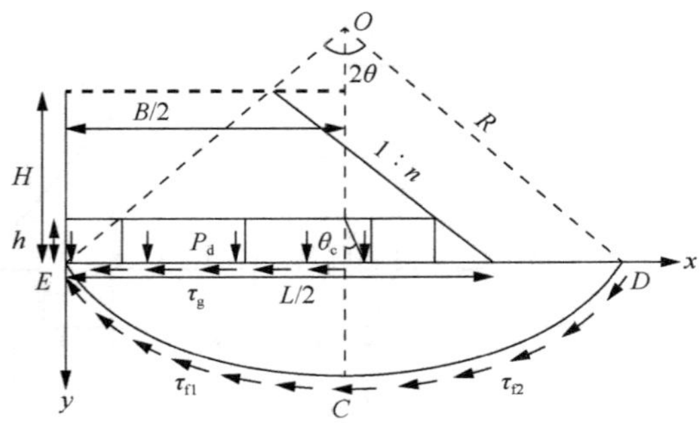

图 2.11 软土地基上土工格室加筋垫层路堤的稳定性分析简图

土工格室加筋垫层侧限作用产生的抗滑力矩可表示为

$$M'_{R2} = \tau_g \left(\frac{B}{2}\right)^2 \cot\theta \tag{2.20}$$

式中，M'_{R2}——土工格室加筋垫层产生的抗滑力矩，kN·m。

经过张力膜效应和应力扩散后，路堤作用在地基上的荷载由 P_e 变为 P_d，其滑动力矩可表示为

$$M'_S = \frac{1}{8} P_d B^2 \tag{2.21}$$

则土工格室加筋垫层路堤的稳定性系数为

$$K' = \frac{M'_{R1} + M'_{R2}}{M'_S} \tag{2.22}$$

式中，M'_{R1}——滑动面上地基土抗剪强度产生的抗滑力矩，kN·m。

令 $K' = 1$，可求得土工格室加筋垫层路堤临界填筑高度 H'_{cri}（m）。

2.4.2 路堤临界高度影响因素的数值验证

采用二维有限差分软件 FLAC^{2D}，通过数值模拟进一步分析土工格室加筋垫层路堤稳定性的影响因素。在数值模拟中，将土工格室加筋垫层看作加筋土复合体。根据 Madhavi 和 Rajagopal（2007）的研究结果，土工格室加筋垫层可以用一个增大了黏聚力和弹性模量的土层模拟。

模型中路堤坡率为 1∶1.5，土工格室加筋垫层的长度与路堤底部宽度一致，均为 14.5m，具体尺寸如图 2.12 所示。为了降低边界条件对路堤变形的影响，地基土厚度取为 30m，计算域宽度取为 60m（梁程和徐超，2018）。

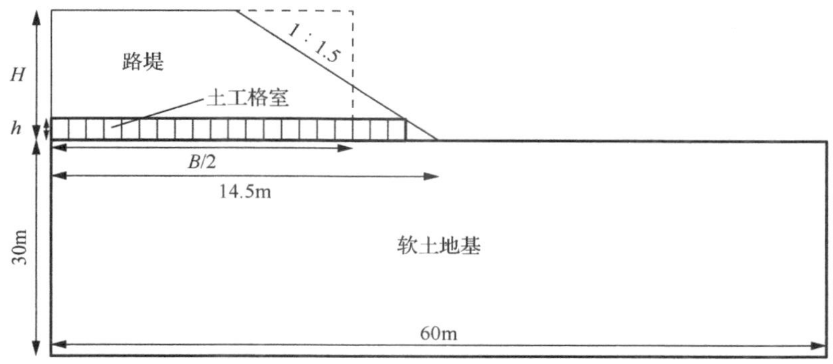

图 2.12　软土地基上土工格室加筋路堤

在数值模型两侧采用水平约束，模型底部采用水平和竖向约束边界条件。为了模拟实际工况，路堤采用逐层铺设的方式，每层铺设厚度为 0.4m，并进行分层压实，压实荷载选用 8kPa，直到其稳定性系数接近于 1.0，达到临界高度为止。

路堤填土选用砂土，地基选用软黏土，不考虑地下水位的影响，本构模型采用莫尔-库仑（Mohr-Coulomb）模型，具体参数如表 2.5 所示。

表 2.5　数值模型的物理力学参数

模型组成	重度 γ/（kN/m^3）	弹性模量 E / MPa	泊松比 ν	内摩擦角 φ/（°）	黏聚力 c/ kPa
路堤	19	50	0.30	45	2
地基	17	3	0.45	6	10
加筋垫层	19		0.25	45	18

把土工格室加筋垫层复合体看作增大了黏聚力和弹性模量的新土层，因此在数值模拟中仍用网格单元对其进行模拟。土工格室与地基土之间的摩擦作用采用接触面单元进行模拟。本构模型同样选用莫尔-库仑模型。格室内的填土与路堤土一致，土工格室加筋土复合体模量 E_g 中的模量参数 K_u 和静止土压力系数 K 分别取为 550 和 0.5。

根据黄仙枝等（2004）和刘毓氚等（2007）关于土工格室应力扩散角的研究成果，结合数值计算中填土的力学性质，取 55° 作为应力扩散角的计算值。对于格室复合体与地基接触面之间的摩擦系数，取值为 0.15（Sitharam and Hegde，2013）。

在模拟分析中，土工格室的模量和初始单孔直径保持不变，分别为 100kN/m 和 0.4m。影响因素中，格室高度分别取 0.2m、0.4m 和 0.6m，加筋垫层的应力扩散角分别取 20°、40° 和 60°，加筋垫层与软土地基之间的摩擦系数分别取 0.10、0.15 和 0.20。3 种影响因素的变化对路堤临界高度的影响规律如图 2.13 所示。

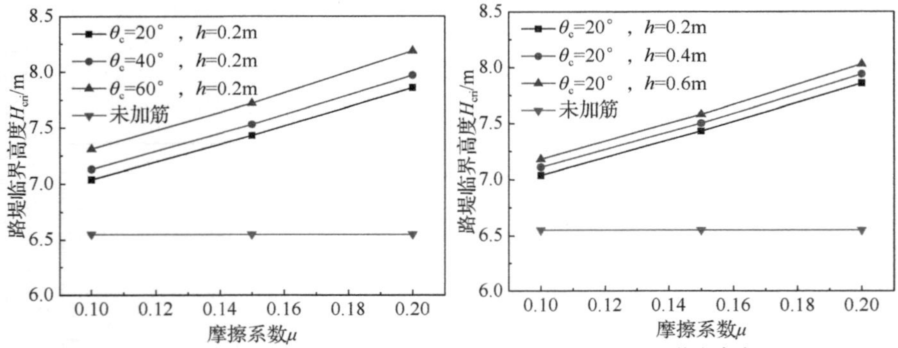

（a）应力扩散角　　（b）土工格室高度

图 2.13　路堤临界高度的影响因素分析结果（梁程和徐超，2018）

数值模拟的验证结果表明，土工格室加筋垫层路堤的临界高度明显大于未加筋路堤的临界高度，而且加筋路堤的临界高度随格室高度、应力扩散角和摩擦系数的增加而增加。从图 2.13（a）可以发现，在格室高度等于 0.2m 的条件下，当摩擦系数保持不变，应力扩散角增加 2 倍时，路堤临界高度平均增加 0.1m；但当应力扩散角保持不变，摩擦系数增加 2 倍时，路堤临界高度平均增加 0.8m。这说明在增加相同倍数的工况下，摩擦系数的变化比应力扩散角的变化对路堤临界高度的影响显著。从图 2.13（b）也可以得到类似的结论，摩擦系数的变化比格室高度的变化对路堤临界高度的影响显著。这说明土工格室的侧限作用（界面摩擦系数）在控制土工格室加筋土路堤的稳定性中具有重要作用。

2.5　加筋垫层路堤的设计计算

在天然软土地基上进行填方路基作业，随着填方高度的增加，除地基沉降外，将会发生地基的剪切变形，甚至坡脚外地面隆起，直至整体性破坏，所能达到的路基最大填方高度即为临界高度。我国《公路路基设计规范》（JTG D30—2015）规定可采用圆弧法分析路基的整体稳定性，稳定系数等于 1 时的填方高度即对应于路堤的临界高度。当地基条件较差，路堤的临界高度无法达到路堤的设计高度时，在特定情况下，通过设置加筋垫层，可使临界高度达到或者超过设计高度，满足工程需求。

2.5.1　单层加筋垫层路堤的整体稳定性分析方法

当采用单层筋材的加筋垫层时，可以忽略加筋垫层刚度的影响，仍假定滑裂面为圆弧形，穿过路堤填土、加筋垫层和下部软土地基。可采用圆弧滑动法中的简化 Bishop 法进行稳定性分析，其中仅考虑加筋材料提供的阻滑力矩。

单层加筋垫层路堤的简化 Bishop 法计算简图如图 2.14 所示，稳定安全系数 F_s 按式（2.23）～式（2.25）计算。当 $F_s=1$ 时，对应的填方高度即为单层加筋垫层路堤的临界高度。

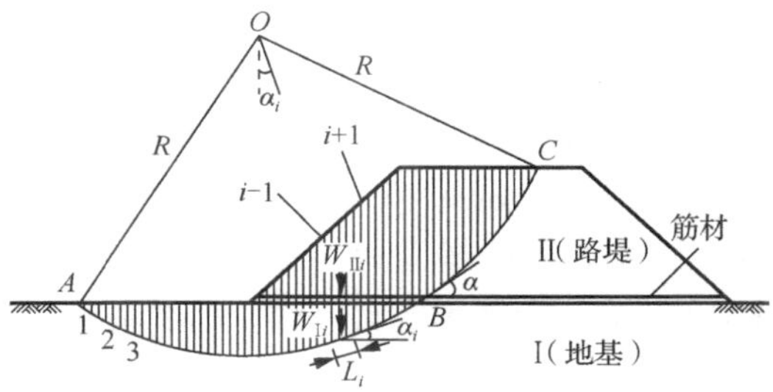

图 2.14　单层加筋垫层路堤的简化 Bishop 法计算简图

$$F_s=\frac{\sum_A^B\left\{c_i'b_i+\left[\left(W_{\text{I}}+W_{\text{II}}\right)_i-u_ib_i\right]\tan\varphi_i'\right\}\Big/m_{\text{I}\alpha i}+\sum_B^C\left(c_{qi}b_i+W_{\text{II}i}\tan\varphi_{qi}\right)\Big/m_{\text{II}\alpha i}}{\sum_A^B\left(W_{\text{I}}+W_{\text{II}}\right)_i\sin\alpha_i+\sum_B^C W_{\text{II}i}\sin\alpha_i-T_a\cos\alpha}\tag{2.23}$$

$$m_{\text{I}\alpha i}=\cos\alpha_i+\tan\varphi_i'\sin\alpha_i/F_s\tag{2.24}$$

$$m_{\text{II}\alpha i}=\cos\alpha_i+\tan\varphi_{qi}\sin\alpha_i/F_s\tag{2.25}$$

式中，i——土条的分条编号；

$W_{\text{I}i}$、$W_{\text{II}i}$——当第 i 土条滑裂面处于地基内（AB 弧）时，分别为滑裂面以上该土条中的地基自重及路堤自重，kN；

α——路堤底部滑裂面对筋材（水平面）的夹角（°）；

α_i——第 i 土条底部滑裂面对水平面的夹角（°）；

c_{qi}、φ_{qi}——当第 i 土条的滑裂面处于地基内（AB 弧）时，分别为该土条所在土层的快剪（直剪）黏聚力（kPa）及快剪内摩擦角（°）；

c_i'、φ_i'——当第 i 土条的滑裂面处于路堤内（BC 弧）时，分别为该土条滑裂面所处路堤填土的有效黏聚力（kPa）及有效内摩擦角（°）；

u_i——滑动面上的孔隙水压力，kPa；

b_i——第 i 土条的水平向宽度，m，$b_i=L_i\cos\alpha_i$；

T_a——加筋材料所能提供的强度（单宽拉力），kN/m。

在采用圆弧滑动法分析加筋垫层路堤稳定性时，比较有争议的问题是筋材受力的方向，核心问题是如何确定筋材能够提供的拉力。一般认为在稳定性分析时取筋材受力为筋材铺设的水平方向，但《土工合成材料应用技术规范》（GB/T 50290—

2014）建议筋材受力方向应该为滑动面切线方向或介于铺设方向与切线方向二者之间。从软土地基上加筋垫层路堤从初始变形到最终整体破坏的过程看，在附加荷载作用下软土地基发生侧向变形，加筋材料首先受到张拉，在滑动面贯穿（极限荷载）之前，不会出现加筋材料与滑动面相切的情形。如果出现加筋材料与滑动面相切，则整体破坏就已经发生。因此，在加筋垫层路堤稳定性计算中，加筋材料的受力方向应该按筋材布置的初始方向，且按此受力方向的计算结果偏于安全。关于加筋所提供的拉力T_a，Rowe 和 Li（2005）曾建议取路堤填土和地基提供的阻力（T_1）、筋材上下接触面的锚固力（T_2）、筋材的设计抗拉强度（T_3）和允许应变对应的筋材强度（T_4）四者中的最小值，即$T_a = \min\left(T_1, T_2, T_3, T_4\right)$。其实，筋材在填土中的锚固力（$T_2$）包含 T_1，确定筋材的设计抗拉强度（T_3）需要兼顾筋材的允许应变，因此在确定加筋所提供的拉力T_a时，仅需比较筋材的设计抗拉强度和筋材在土中的锚固力（抗拔力），取其小者即可。需要指出的是，在确定筋材的设计抗拉强度时，可不考虑材料的蠕变折减系数。这样考虑的原因在于，实际工程中在分级加载的条件下，软土地基将发生排水固结，其强度随时间增长，筋材受力反而会逐步降低。

2.5.2 多层加筋垫层路堤的稳定性分析方法

考虑加筋土复合体的工程特性，当在垫层中设置多层加筋材料或采用土工格室加筋垫层时，可把加筋垫层看作一个整体，其综合作用类似于路堤下的基础。在进行工程设计验算时，可采用 Rowe 和 Li（2005）、Hinchbergera 和 Rowe（2003）提出的方法，把充分加筋的垫层当作刚性基础，验算地基承载力是否满足要求，而非进行稳定性分析，以此确定加筋垫层路堤的极限高度。

假定软土地基的不排水剪切强度$c_{\rm u}$在一定范围内随深度线性增长，其增长率为$\rho_{\rm c}$（单位：kPa/m），计算分析简图如图 2.15 所示。如果不考虑$c_{\rm u}$随深度增长，在下述分析中取$\rho_{\rm c} = 0$。

图 2.15 中，x 为地基破坏时向基础外的侧向延伸距离，可取 d 和 D 中的小者；d 为破裂面的最大下切深度，D 为软土地基厚度；b 为等效基础宽度，按下式计算：

$$b = B + 2n(H - h^*) \tag{2.26}$$

式中，B——路堤顶面宽度，m；

n——路堤坡角的余切值；

H——路堤高度，m；

h^*——假定基础边沿处填土压力γh^*等于按塑性理论解得到的该处的压力所对应的填土高度，m，$h^* = (2+\pi)s_{\rm u0}/\gamma$，$\gamma$为路堤填土的重度。

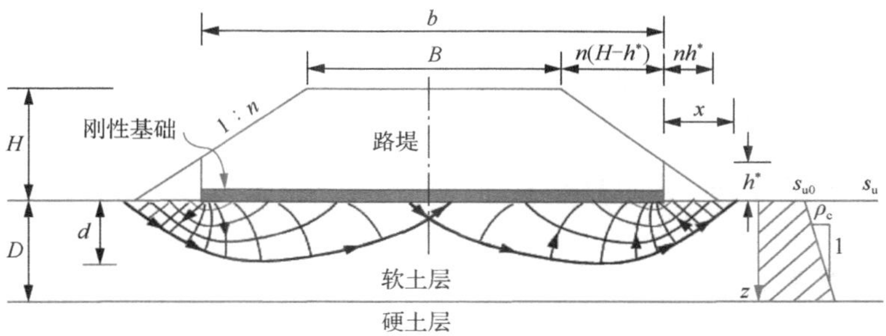

图 2.15　地基承载力的计算分析简图（Rowe and Li, 2005）

宽度为 b 的刚性基础下地基极限承载力（q_u）可按下式计算，即

$$q_u = N_c s_{u0}^* + q_s \tag{2.27}$$

式中，N_c——承载力系数，按图 2.16 取值；

q_s——基础宽度外（图 2.15 中 x 范围内）地基表面上的附加压力，kPa，

s_{u0}^*——软土地基修正后的不排水抗剪强度，kPa。

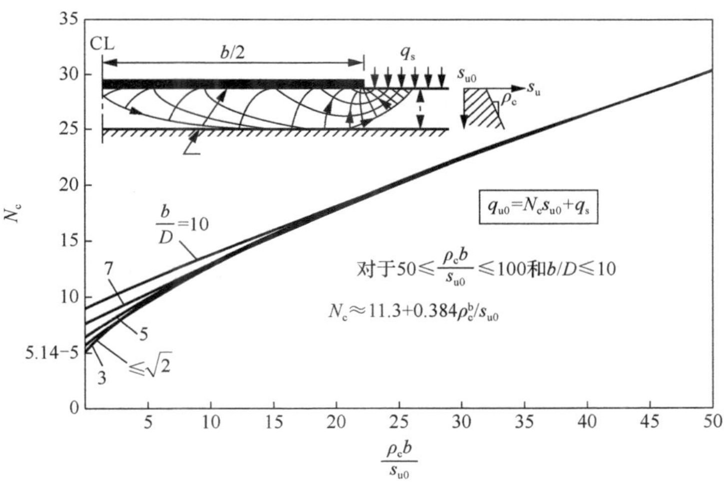

图 2.16　非均质土地基承载力系数（Rowe and Li, 2005）

基础宽度外三角形范围内地基表面上的附加压力按式（2.28）进行计算：

$$q_s = 0.5\gamma n (h^*)^2 / x\text{，当 } x \geqslant nh^* \tag{2.28a}$$

$$q_s = 0.5\gamma (2nh^* - x)^2 / n\text{，当 } x < nh^* \tag{2.28b}$$

设计填土高度为 H_d 的路堤施加在宽度为 b 的基础范围地基上的平均压力为

$$q_a = \gamma \left\{ BH_d + n\left[H_d^2 - \left(h^*\right)^2 \right] \right\} \Big/ b \tag{2.29}$$

则地基承载力安全系数为 $F_s = q_u / q_a$。满足 $q_u < F_s q_a$ 的最小填土高度即为地基在不排水条件下充分加筋垫层路堤的极限填筑高度 H_u。

2.6 软土地基上加筋垫层路堤案例分析

2.6.1 加筋垫层与预压法结合的工程案例

1. 项目概况与工程要求

京沪高速铁路设计时速 350km，对路基工后沉降的控制提出了极其严格的标准。《京沪高速铁路设计暂行规定》中规定：路基工后沉降一般地段不应大于 5cm，沉降速率应小于 2cm/a，桥台台尾过渡段工后沉降应小于 3cm。

该案例位于京沪高速铁路昆山试验段，0+628～0+681 段路基填筑高度为 6.88m，0+535～0+573 路基填筑高度为 7.61m。2002 年 12 月开始地基处理施工，同时埋设相关监测元器件，至 2005 年 6 月完成了路基本体填筑及路基的沉降、土压力和加筋材料应变等监测工作。

2. 工程地质条件

场地属太湖湖积平原，浅部地层为第四系全新统冲湖积层，从上到下各层地基土分布特征和基本特性如下。

①黏土层，灰黄色，软～硬塑，夹有少量铁锰结核，表层 0.2～0.5m 为种植土，含有植物根系，该层厚 0.76～3.60m，属中等压缩性土。

②淤泥质粉质黏土层，深灰色，流塑，含少量腐殖物，局部夹有薄层粉砂，具有高压缩性、低强度的特点，灵敏度大多超过 16，具有高触变性，厚 3.2～16.5m。

③$_{-3}$黏土层，灰绿色，黑灰色，软～硬塑，厚 0.0～7.4m，属中等偏低压缩性土。

④$_{-4}$粉质黏土局部夹薄层粉砂或黏土，灰黄色，软～硬塑，厚 0.0～5.4m，属中等偏低压缩性土。

⑤$_{-5}$粉质黏土层，浅灰色，灰黄色，软塑，厚 0.0～9.8m，属中等压缩性土。

⑥$_{-2}$粉砂，褐黄色，深灰色，中密～密实，饱和，厚大于 10m，试验段范围广泛分布，标贯击数 19～48 击，平均 24.4 击。

根据各层地基土的物理力学统计指标，试验段地层的含水率和孔隙均比较高，特别是淤泥质粉质黏土层的灵敏度高，属于典型软土。

3. 加固措施和设计方案

针对软土地基，采用塑料排水板联合超载预压加固处理；为保证路基填筑期的稳定性，采用土工格栅加筋垫层法。本案例属于典型的加筋垫层+预压法联合处理方法，设计验算包括路基的整体稳定性和地基沉降等。采用圆弧滑动法验算整体稳定性，稳定系数≥1.15；地基沉降包括主固结沉降、次固结沉降及瞬时沉降，其中主固结沉降采用分层总和法计算，超载预压 24 个月后，算得工后沉降小于 5cm。

经设计验算，试验段的地基加固深度为 7.0～11.5m，其中，0+515～0+587.755 段塑料排水板间距 1.8m，超载填土高 1.8m；0+589.245～0+708.255 段塑料排水板间距 1.2m，超载填土高 1.2m，均为梅花形布置。砂垫层厚 0.6m，垫层内铺设一层双向经编土工格栅，纵横向抗拉强度均不小于 110kN/m。加固方案如表 2.6 所示，典型路基断面简图如图 2.17 所示。

表 2.6　地基加固方案　单位：m

断面里程	加固方案	路堤高度	软土厚度	加固深度
0+535	超载 1.8m，@＝1.8m，梅花形布置	7.61	7.2	10.5
0+573	超载 1.8m，@＝1.8m，梅花形布置	7.61	5.8	9.5
0+628	超载 1.2m，@＝1.2m，梅花形布置	6.88	4.5	7.6
0+681	超载 1.2m，@＝1.2m，梅花形布置	6.88	3.9	7.0

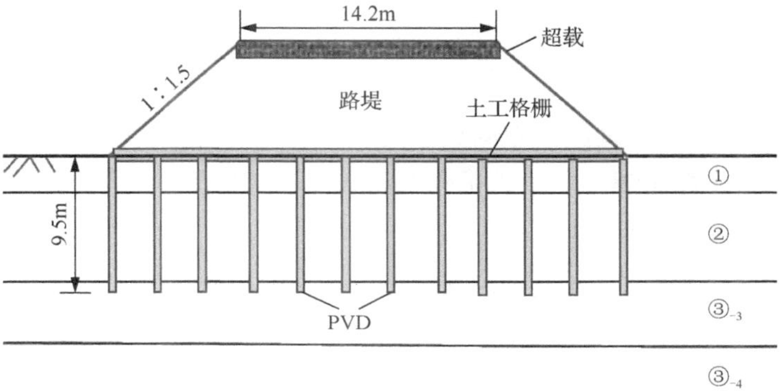

图 2.17　软土地基上加筋垫层路堤（加筋垫层+预压法处置）断面简图

4. 工程应用效果

本案例中，采用柔性位移计进行土工格栅的应变（受力）监测，在 2003 年 6 月～2004 年 4 月路堤填筑施工期土工格栅应变随着填土荷载和时间的变化而变化，而且沿路基横断面土工格栅的应变很不均匀。

根据监测结果，随着填土高度和时间的增长，土工格栅受到的应变呈缓慢增加的趋势，最大应变为 4.3%，出现在路基中心附近，两侧多数测点土工格栅的应变在 2.0%左右。根据土工格栅拉伸模量换算，土工格栅受到的最大拉力为 31.2kN/m。这一结果表明在路堤填筑期间，土工格栅对保持路基的整体稳定起到了较大的作用。

2.6.2 加筋垫层与竖向增强体复合地基结合的工程案例

重庆市忠县至垫江高速公路 K81+370～K81+410 段发育有软土地基且较厚，采用振动沉管碎石桩进行软土地基加固，采用土工格栅+砂砾垫层以提高路基的稳定性。碎石桩桩径为 50cm，间距为 2m，按等边三角形布置，砂砾垫层厚度为 50cm。该案例中，在路堤上部设置 3 层土工格栅，下部设置 5 层土工格栅，层间距均为 60cm。K81+380 横断面如图 2.18 所示。

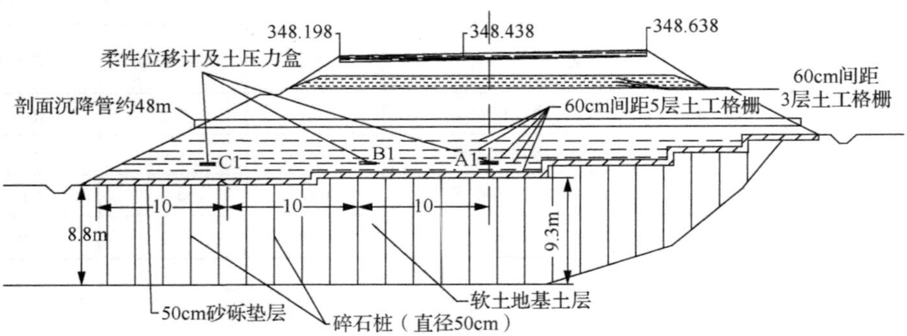

图 2.18　K81+380 横断面图

本案例中，采用了联结式双向聚乙烯土工格栅。根据试验结果，地基土、垫层、碎石（桩）、路基填土和土工格栅的相关参数如表 2.7 和表 2.8 所示，土工格栅与地基土和填土的接触面参数如表 2.9 所示。

表 2.7　地基土和碎石的相关参数

参数	软土地基下地基土	软土地基	垫层	路基填土	碎石桩
模量/MPa	138.0	2.0	40.0	60.0	2000.0
黏聚力/kPa	50.0	30.0	0.0	25.0	—
摩擦角/（°）	40.0	5	36	35.8	—
膨胀角/（°）	0.0	0.0	0.0	5.0	—
渗透系数/（m/d）	0.001	0.001	1.0	0.01	—
孔隙率	0.3	0.5	0.3	0.3	—
重度/（kN/m^3）	22.0	21.0	22.0	20.0	23.00

表 2.8　土工格栅参数

参数	拉伸模量/（kN/m）	破坏拉应变/%	肋数/m	肋厚/mm	肋宽/mm
土工格栅	146.0	7.11	55	3.375	8.25

表 2.9　接触面参数

参数	碎石桩与软土	土工格栅与填土
黏聚力/kPa	30.0	30.0
摩擦角/（°）	5.0	35.0

图 2.19 为软土地基加筋垫层处治前后的路基沉降计算结果的对比。图 2.19 中，工况 1 为软土地基未进行处治的情形，工况 4 为按上述处置方案加固后的沉降。由此可见，软土地基处治以后，路基顶面沉降量大大降低，沉降差很小，且有效限制了路基左边坡脚地基的隆起。软土地基不进行处治时，坡脚地表隆起将高达 51.5cm，路基顶部最大沉降量将达到 35.0cm；处治后，路基坡脚地表隆起高度为 3.35cm，路基顶面最大沉降量为 6.6cm。

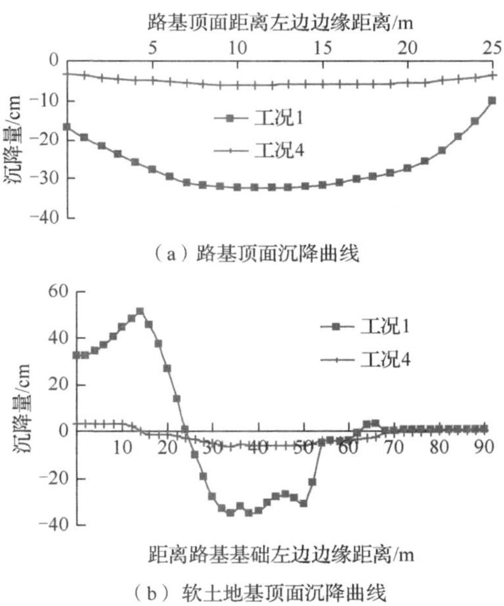

图 2.19　路基与软土地基顶面沉降曲线

该试验段路基 2005 年 9 月 28 日施工至下部第 2 层格栅，2006 年 9 月底方施工至路基顶面，整个路基施工周期长达一年之久。在 K81+380 断面路基下部第 2

层土工格栅上的不同位置埋设了 3 个土压力盒（编号为 A、B、C）和 3 个柔性位移计（A1、B1、C1），经过一年多的跟踪观测，得到的土工格栅应变和土压力实测值如图 2.20 所示。

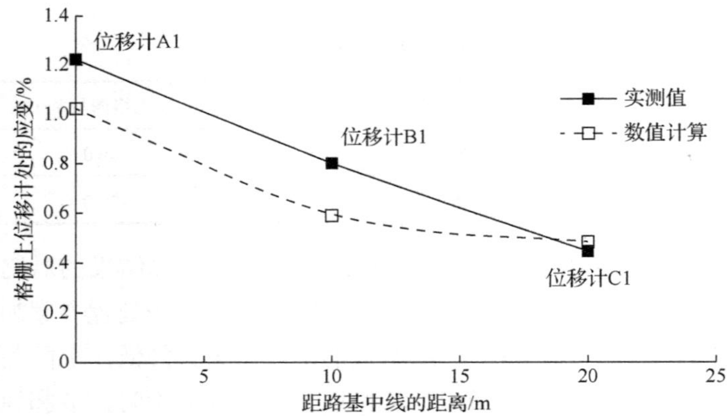

（a）第2层土工格栅不同位置的应变曲线

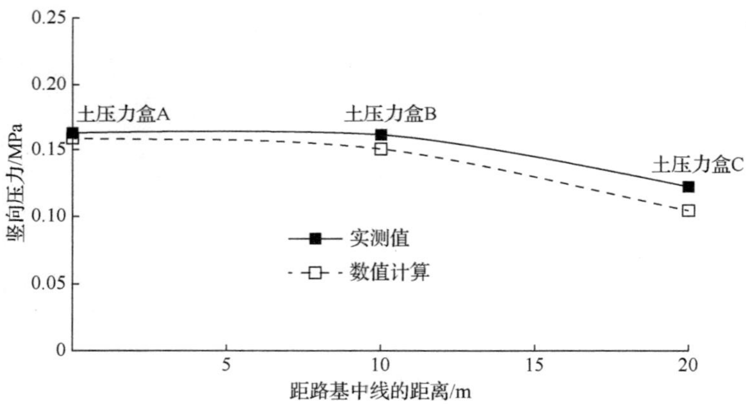

（b）第2层土工格栅不同位置处的土压力

图 2.20　柔性位移计和土压力盒处格栅的应变及土压力

从图 2.20 中可见，计算值与实测值比较接近。靠近路基中线的土工格栅发生变形最大，靠近路基边坡位置的土工格栅应变最小，土压力大小也呈现出同样的规律。

2.6.3　土工格室加筋垫层路堤案例

对于铁道工程，路基直接承受列车动荷载的作用，随着我国铁道高速化的发展，对路基稳定性和变形的要求也随之提高。在软土地基上的铁道工程常出现翻浆冒泥、过量下沉、剪切破坏的基床病害，严重影响铁路运输安全和效益。采用土工合成材料进行基床加固成为有效治理措施之一，这里介绍采用土工格室加固铁路基床的工程案例。

罗强等（2004）结合成昆铁路 K13+698～+925 一段由成都黏土（膨胀土）填筑的高约 7m 路堤基床下沉病害的整治工程，开展了土工格室加筋垫层加固既有线路铁路基床的现场试验研究。

1. 工程背景

试验场地位于成昆铁路 K13＋698～＋925 段鸡头河两侧的路堤上，堤高约 7m，填料为成都黏土。物探监测资料表明，该段路基陷槽变形严重，桥上线路较两端路堤线路高出 100mm，破坏了原有线路的顺接坡度。成都黏土是一种具有超固结性、多裂隙性的膨胀土，具有失水收缩开裂、浸水膨胀软化、往复变形和强度大幅衰减的工程特性。成都黏土的矿物成分以亲水性强的伊利石、蒙脱石为主，具有中–强膨胀性，塑性指数大于 12。在含水量较低时，成都黏土的动强度较高，动模量较大，表现出坚硬脆性破坏的特征；随着含水量的逐步增大，动强度急剧降低，动模量减小，表现出软化塑性破坏的特性，难以满足基床受力的要求。

2. 基床加固方案

针对该段线路的实际状况，对 K13＋698～＋782 和 K13＋822～＋925 两段（长度 187m）路堤采用了基床修穿心盲沟、沟间换填土工格室砂夹卵石、路肩干砌片石（用土工布包裹）的整治方案，换填深度距枕底 0.8m。为比较分析土工格室的加固效果，在该段病害整治区段的尾端（昆明端）选择了一个扣轨施工开挖面（约 5m 长），进行没有土工格室加筋的砂夹卵石垫层加固处理，换填深度及施工工艺同土工格室方案完全一样，如图 2.21 所示。

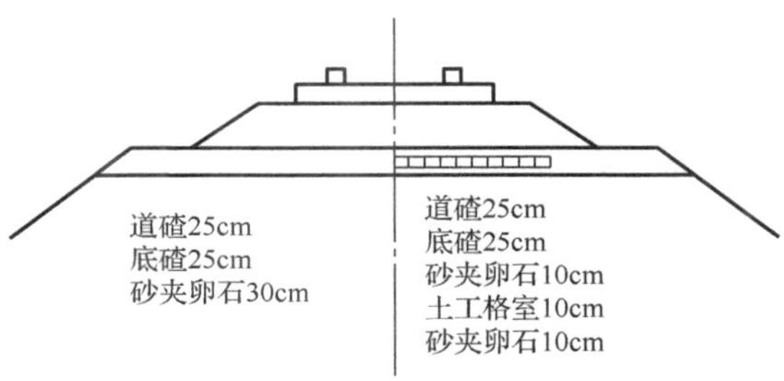

图 2.21　基床加固方案结构（罗强 等，2004）

在两个现场试验段分别布置了土压力、加速度传感器和沉降板，对车辆荷载下土工格室加固层上下及砂夹卵石垫层相应位置的土压力、加速度响应和基床沉降进行监测。

3. *应用效果与评价*

现场动态测试于 1999 年 10 月中旬进行，试验时的行车速度为 30～90km/h，共测试了 51 趟列车。从实测的路基动力响应分析，土工格室断面轨下处基床表层的动应力值为 27～45kPa（距枕底 0.5～0.75m），平均值为 36kPa；砂夹卵石垫层断面轨下处基床表层的动应力值为 44～102kPa（距枕底 0.5～0.67m），平均值为 73kPa。这一结果表明，土工格室断面基床表面承受的最大动应力大幅度减小。土工格室断面轨下处基床表层产生的加速度较砂夹卵石垫层断面有一定程度的减小，约为砂夹卵石垫层断面轨下处基床表层加速度值的 94%；基床底层的加速度减小了 28%。表明土工格室加筋砂夹卵石构成的基床表层结构具有较好的弹性和减振性能。

根据近一年半观测的结果，土工格室断面轨下距枕底 0.5m 处的累计沉降为 21mm，相当于相同位置的砂夹卵石垫层断面累计下沉量（56mm）的 37.5%；土工格室断面轨下距枕底 0.75m 处的累计沉降为 4mm，是砂夹卵石垫层断面轨下距枕底 0.67m 处累计下沉量（17mm）的 23.5%。土工格室加固试验段的基床表层结构的塑性变形为 17mm，而砂夹卵石垫层段的基床表层结构的塑性变形为 39mm，前者的塑性变形量为后者的 43.6%，如图 2.22 所示。这一结果证明土工格室加固措施在减小基床的长期累计下沉方面效果十分显著。

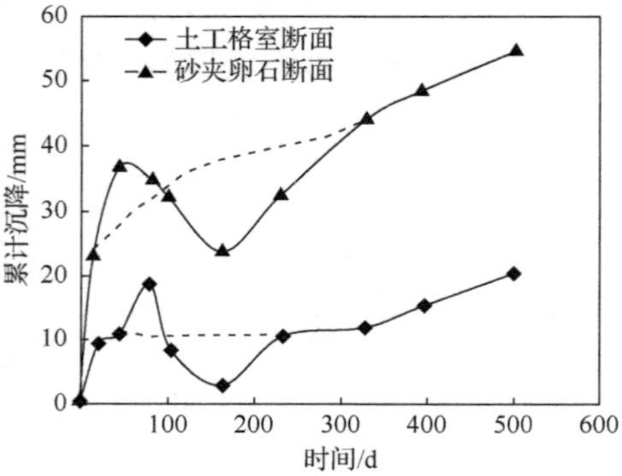

（a）枕底下0.5m处

图 2.22　路基沉降累计曲线

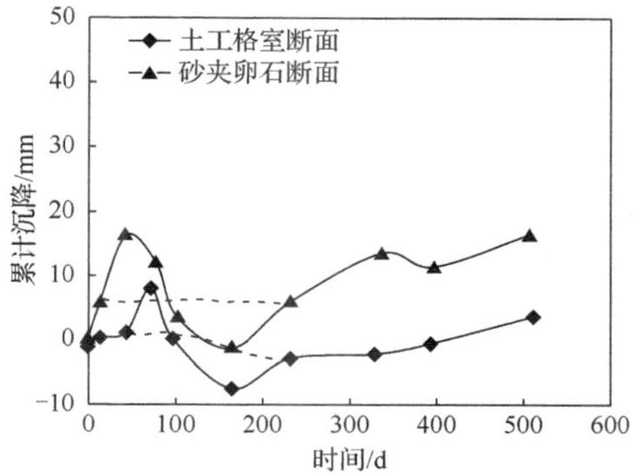

（b）枕底下0.75m（土工格室段）/0.67m（砂夹卵石垫层段）处

图 2.22（续）

在软土地基上进行公路、铁路路基工程建设中，必要的地基处理措施不可或缺。无论是采用排水固结法，还是其他的地基处理方法，采用土工合成材料加筋垫层与地基加固措施相结合，都可以提高路基的整体稳定性，限制软土地基的侧向变形，缩短施工工期。因此，土工合成材料加筋垫层技术在我国公路和铁路工程领域的软土地基处置工程中已逐渐被接受和推广，也取得了良好的工程效益。但是，在目前的工程应用中，设计计算方法并不完善，现行的公路和铁路领域相关的设计与施工技术标准也未吸收已有的研究成果，造成工程应用无章可循，无法定量反映土工合成材料加筋垫层的技术效果和经济效益。

参 考 文 献

黄仙枝，岂连生，白晓红，2004. 软土地基土工带加筋碎石垫层的应力扩散研究[J]. 岩石力学与工程学报，23(17): 2992-2997.

金家庆，徐超，梁程，等，2019. 土工格室加筋垫层路堤破坏模式和稳定性评价[J]. 水文地质工程地质，46(1): 86-94.

梁程，徐超，2018. 土工格室加筋土垫层路堤临界高度研究[J]. 岩土力学，39(8): 2984-2990.

刘毓氚，左广洲，陈福全，2007. 加筋垫层应力扩散特性试验研究[J]. 岩土力学，28(5): 903-908.

罗强，周华，王之犍，2004. 土工格室加固既有线铁路基床试验研究[J]. 铁道学报，26(3): 98-102.

中华人民共和国交通运输部，2015. 公路路基设计规范: JTG D30—2015[S]. 北京：人民交通出版社.

中华人民共和国住房和城乡建设部，中华人民共和国国家质量监督检验检疫总局，2014. 土工合成材料应用技术规范: GB/T 50290—2014[S]. 北京：中国计划出版社.

British Standard Institute(BSI), 2010. Code of practice for strengthened/reinforced soils and other fills: BS 2006-1[S]. London: BSI Standards Publication.

HINCHBERGERA S D, ROWE R K, 2003. Geosynthetic reinforced embankments on soft clay foundations: predicting reinforcement strains at failure[J]. Geotextiles and Geomembranes, 21(3): 151-175.

MADHAVI L G, RAJAGOPAL K, 2007. Parametric finite element analyses of geocell-supported embankments[J]. Canadian Geotechnical Journal, 44(8): 917-927.

ROWE R K, LI A L, 2005. Geosynthetic-reinforced embankments over soft foundations[J]. Geosynthetics International, 12(1): 50-85.

SITHARAM T G, HEGDE A, 2013. Design and construction of geocell foundation to support the embankment on settled red mud[J]. Geotextiles and Geomembranes, 41(11): 55-63.

WU J T H, PHAM T Q, ADAMS M T, 2013. Composite behavior of geosynthetic reinforced soil mass: FHWA-HRT-10-077[R]. McLean, VA: U.S. Department of Transportation Federal Highway Administration.

XU C, LIANG C, SHEN P P, et al., 2020. Experimental and numerical studies on the reinforcing mechanisms of geosynthetic-reinforced granular soil under a plane strain condition[J]. Soil and Foundations, 60(2): 466-477.

ZHANG L, ZHAO M H, SHI C J, et al., 2010. Bearing capacity of geocell reinforcement in embankment engineering[J]. Geotextiles and Geomembranes, 28(5): 475-482.

第 3 章　桩承式加筋路堤体系及其工作原理

3.1　桩承式加筋路堤体系

在解决软土地基上填方路基稳定性和变形过大问题时，既可以采用桩承式路堤技术，也可以采用桩承式加筋路堤技术，如图 3.1 所示。据 van Eekelen 和 Han（2020），最早的桩承式路堤技术于 20 世纪 30 年代出现在荷兰，而土工合成材料加筋垫层的桩承式加筋路堤技术于 1975 年出现在瑞典（Holtz and Massarsch，1976）。单纯的桩承式路堤需要设置斜桩，以抵抗路堤填方的水平土压力和侧向滑动力，限制路堤的侧向变形［图 3.1（a）］，但是，由于桩间上方路堤填土沉降（沉降量为 ΔS_0），会引起路堤顶面变形（最大变形量为 ΔS_s）；桩承式加筋路堤在桩顶或桩帽上设置水平加筋层，使离散的基桩连成一体，以水平筋材代替斜桩平衡路堤的侧向作用力，以约束地基和路堤的侧向变形，提高结构的整体性和稳定性［图 3.1（b）］，同时，加筋垫层的存在限制了路堤填土的沉降，加筋后的沉降量（ΔS_r）大幅减小，不会引起路堤顶面变形，$\Delta S_{sr} = 0$。可以认为现代桩承式加筋路堤是由桩承式路堤发展演变而来的。无论是桩承式路堤还是桩承式加筋路堤，是否使用桩帽取决于桩径尺寸，采用大直径桩时则无须再设置桩帽。

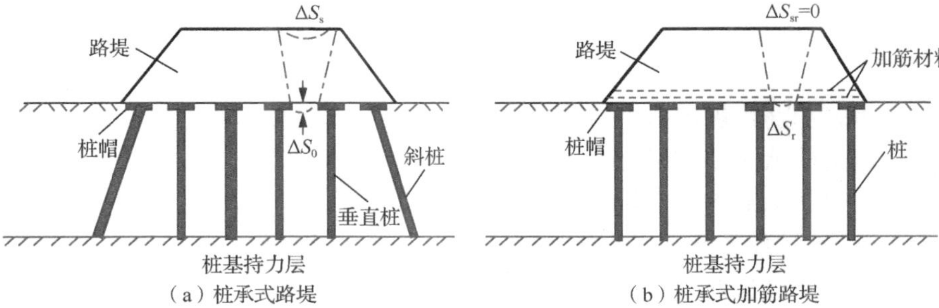

图 3.1　桩承式路堤和桩承式加筋路堤（Han and Gabr, 2002）

常规的桩承式加筋路堤由桩、桩帽、桩间土、加筋材料、垫层和填方路基构成，是一个复杂的土工体系。在该体系中，常用刚性桩或至少是半刚性桩支撑路堤，以有效地控制路堤的沉降；在桩顶常采用方形桩帽，用以缩小桩与桩之间的净间距（s–a，s 为相邻桩的中心距，a 为桩帽边长）。通过使用桩帽，可以增加桩基分担的荷载，减小筋材受力和桩间土上的荷载。筋材水平铺放，多置于桩（帽）

顶上，也可埋置于垫层之中，既有单层也有多层。垫层和路堤填土与一般路基无异，通过放坡或采取其他技术措施来保持路基自身的稳定性。在这一体系中，垫层和路堤填方的自重是下部桩基、桩间土、加筋层承担的静荷载，在设计时还应考虑交通荷载。

桩承式加筋路堤常用于公路和铁路路基工程，在粒料堆场和其他填方工程中也有应用。在我国铁路，特别是高速铁路路基工程中，对桩承式加筋路堤（又称“桩网结构”）稳定性和变形要求更高，可采用桩梁式加筋路堤形式，如图 3.2 所示。在此结构体系中，路堤下横断面上的每一排桩由现浇系梁联结，土工合成材料加筋层设置在系梁之上，加筋材料主要承受沿路基纵向的作用力，横向受力将大为减小。这种结构稳定性更好，但造价也相应更高。

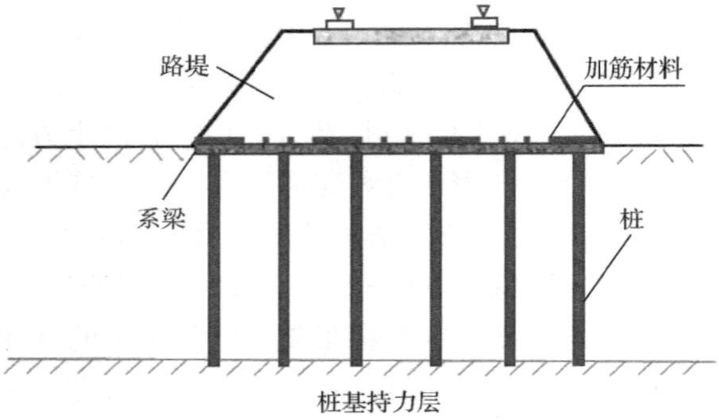

图 3.2　桩梁式加筋路堤

3.2　桩承式加筋路堤的工作原理

在桩承式加筋路堤体系中，路堤自重及附加荷载是如何传递的，又是怎么分配的呢？这是桩承式加筋路堤科学研究和工程应用的关键课题。

van Eekelen（2015）将路堤及相关附加荷载分解为 A、B、C 3 部分（图 3.3）。在一个单桩单元中，A 被定义为经过路堤填土的土拱效应直接传递给桩基的荷载；B 是桩间加筋材料发生挠曲后承担的竖向荷载，并通过张力膜传递给桩基；C 是加筋材料之下由桩间地基土承担的荷载。这里 A、B、C 应理解为单桩影响范围内各自承担的竖向荷载，三者之和等于上部总荷载，即

$$A + B + C = A_i\left(\gamma H + p\right) \tag{3.1}$$

式中，A_i——单桩影响范围的面积，m^2，$A_i = s_x \cdot s_y$，s_x、s_y 分别为矩形布桩时平行 x 轴和 y 轴的边长，m；

H——路堤高度，m；

γ——路堤填料重度，kN/m^3；

p——路堤顶面的附加应力，kPa。

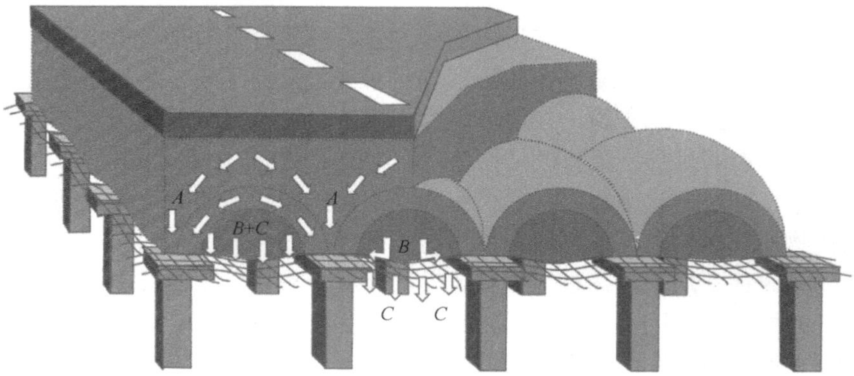

图 3.3　桩承式加筋路堤的荷载传递与分担（van Eekelen, 2015）

这种荷载传递与分担简单而直观，但涉及的土拱效应、张力膜效应及桩基负摩阻力等荷载传递过程和机制却很复杂，*A*、*B*、*C* 3 部分的定量关系也只有结合实际工程地质条件和工程的具体特点才能确定。

1. 路堤填土中的土拱效应

在桩承式加筋路堤中，由于刚性桩（帽）与桩间土存在很大的刚度（压缩性）差异，因此自重应力作用下在路堤内部桩间土上方土体（活动土体）的沉降量必然大于桩（帽）上方土体（稳定土体）的沉降。按照 Terzaghi（1943）的土拱理论，当两部分土体产生相对位移时，其界面上产生剪应力。该剪应力会引起活动土体自身重力向稳定土体上转移，这就是路堤填土中的土拱效应，最终使填土荷载向桩基集中。在桩承式加筋路堤的相关文献中，尽管提出了诸多不同的土拱模型或土拱理论，但其都从不同的角度阐释了由于桩与桩间土的相对位移引起的路堤荷载向桩基转移的现象和机制，并相应地提出了如何确定桩基分担的荷载 *A*。

需要指出的是，土拱效应和土拱形态不是一成不变的，而是随着稳定土体与活动土体之间的相对位移的发展而变化的，并受到附加荷载及荷载特征的影响（Han et al.，2017；Xu et al.，2019）。在桩承式加筋路堤中，受地基条件、桩基类型、荷载性质等因素的影响，土拱的三维形态会不断变化，呈现出锥面、椭球面（或圆球面）、柱面等不同的形态；土拱效应也会随着桩与桩间土的相对位移和荷载的变化增强或减弱，桩基承担的荷载 *A* 将随之变化，在不同条件下并非一个固定的值。

2. 加筋材料的张力膜效应

张力膜效应是指在四周或多点固定在一个平面上的弹性材料（膜）在受到垂直于该平面的应力时发生挠曲变形而受到张拉，并通过材料张力承担竖向荷载的效应，又称“拉膜效应”或“膜效应”。在桩承式加筋路堤中，加筋垫层由离散的桩（帽）与桩间地基土支撑，在竖向应力作用下，加筋材料随桩间土一起发生沉降，其变形具有明显的三维特征（徐超 等，2016；Shen et al.，2018）。在正方形布桩情形下，四桩单元中加筋材料（张力膜）在竖向应力作用下的空间形态可以用空间抛物面和抛物柱面很好地刻画。在桩承式加筋路堤中，加筋材料的应变在空间上的分布很不均匀，在桩（帽）边沿出现应变集中，在四桩中心位置应变最小；各处的挠度相差巨大，两桩之间筋带上挠度较小，四桩中心处挠度最大。

根据加筋材料的空间应变分布特征，可以进一步认识和分析在三维空间内加筋材料张力膜效应的荷载传递机理。设想如果加筋材料放在一个圆环支撑之上，当受竖向应力发生挠曲时，产生的张拉力将均匀地传递给四周的圆环支撑上。但是对于四桩支撑的情形，四桩中间的加筋材料的张拉力在四周的分配将很不均匀，大部分传递给四边筋带上，小部分直接传递给桩基。传递到四边筋带上的拉力和筋带本身承担的竖向荷载（荷载 *B*）一起再传递到桩（帽）顶。荷载 *B* 的大小完全取决于加筋材料张力的发展，在其影响因素中桩间土的沉降量和对加筋材料的支撑将发挥决定性的作用。

3. 桩间土的支撑作用

桩间土的支撑作用（图 3.3 中荷载 *C*）与地基土的特性密切相关，也受桩的类型及其刚度的影响，进行定量评价时目前仍存在很大争议。荷载 *C* 具有不确定性，不仅表现在施工过程中随着土拱形成和张力膜效应的发挥而变化，而且受桩间土特性、桩基类型和荷载性质等影响在使用期不断地调整。因此，应该从桩承式加筋路堤荷载传递的机理与工程运营期间可能出现的情况，来考虑和评价桩间土的承载作用。

对于软土地基上的桩承式加筋路堤，在施工初期，桩间土必然与加筋材料一起承担填方荷载。即使填土内形成土拱，仍有一部分荷载（*B*+*C*）由加筋垫层和桩间土共同承担。后续加筋材料的张力膜效应与桩间土的支撑作用的相对大小，即 *B* 与 *C* 如何分配，则取决于桩基端承条件、加筋材料和桩间土的力学特性及由这些因素决定的桩土差异沉降，极端情形下桩间土由于固结沉降过大，形成膜下空穴，此时 *C* 等于零。

另外，软土地基由于自身的固结沉降、附加应力作用下的压缩变形及工程施工引起的附加下沉，往往会产生桩基负摩阻力。关于负摩阻力的影响，对于端承桩，主要表现在桩基承担的荷载增加，桩身断面压应力增大，在桩基设计时应考虑由负摩阻力增加的荷载。对于悬浮桩，负摩阻力的影响则复杂得多。悬浮桩在承担 $A+B$ 两部分荷载的同时，又承受负摩阻力，必将进一步沉降；桩基的沉降会导致土拱效应和张力膜效应的弱化，从而引起荷载 A、B 和 C 3 部分荷载的调整。这种荷载重分配和调整将是一个动态过程，直到包括软土地基在内的桩承式加筋路堤体系内部达到新的平衡。

4. 荷载传递与分担

一般地，在桩承式加筋路堤施工过程中，桩、桩间土、加筋材料、路堤各部分将发生如下变化和荷载传递过程，其中桩与桩间土差异沉降引起的土拱效应和加筋材料发生挠曲引起的张力膜效应发挥了重要作用。如果使用悬浮桩（摩擦桩），则桩基负摩阻力对荷载传递和分担也会产生一定的影响。下面以刚性桩打穿浅部软土层的桩承式加筋路堤为例，说明桩承式加筋路堤施工过程中的荷载传递过程（图 3.4）。

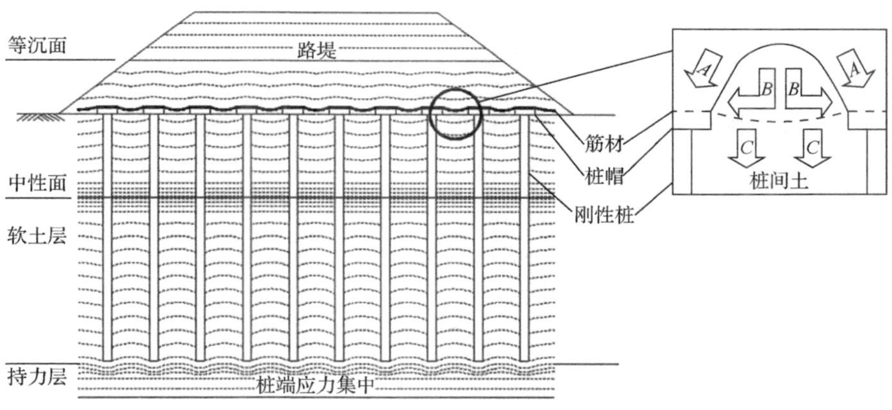

图 3.4　桩承式加筋路堤荷载传递与分担

在桩基、桩帽施工完成后，铺设加筋材料，此时桩帽与桩间土在同一水平面。分层填筑的路堤（含垫层）荷载直接作用于加筋层上，在均布荷载作用下，由于桩与软土之间的刚度差异巨大，桩间土的沉降远大于桩的沉降。加筋材料随桩间土沉降发生挠曲，通过张力膜效应承担部分竖向填方荷载，并将这部分荷载转移到桩顶上，剩余的竖向荷载由下部桩间土承担。在路堤填筑初期，填土层较薄，其中的土拱效应并不明显。随着路堤填筑高度（竖向荷载）的增加，桩土之间的差异沉降增大，填方内不均匀沉降随之发生，路堤填土中土拱效应愈发显现，新增的填方荷载则通过土拱效应大部分分配给桩基承担；加筋材料的挠度随着桩土差异沉降的发展而同步发展，张力膜效应也将进一步增强。路堤高度增加到一定高度，填方内的不均匀沉降变得不明显，最终消失，在路堤中某一高度形成等沉面。

在加筋层以下的桩土体系中，在填方荷载作用下桩间土的压缩变形（沉降）大于桩基，在软土地基浅部桩土之间发生相对位移时，桩基将承受桩间土的负摩阻力。在软土地基中某一深度，当桩与土不再发生相对位移时，这一位置即中性面。桩基承受负摩阻力（荷载）的大小和中性面的位置取决于桩身刚度、端承条件和桩周土层的性质。在中性面以下，桩将部分荷载传递给桩间土，剩余荷载通过桩体传至桩端，产生桩端持力层的应力集中和压缩变形。桩基沉降量的大小则取决于桩端持力层的性质。

桩承式加筋路堤竣工运营后，路堤自重和交通荷载主要由桩基承担，只要桩间土不因沉降过大与加筋层脱离，桩间土也会承担一部分荷载。但必须指出，上述关于桩承式加筋路堤的荷载传递与分担受地基土性质、桩基类型、端承条件、加筋布置、路堤几何特征等一系列因素的影响。

3.3 有待进一步研究的问题

土工合成材料桩承式加筋路堤国际论坛（International Workshop on Geosyntheitc-Reinforced Pile-Supported Embankments）于 2017 年 6 月 14～16 日在同济大学召开，本次研讨会围绕如下目标展开。

1）了解国际上不同国家桩承式加筋路堤研究与实践现状。

2）寻求在共同问题上达成共识。

3）确定未来研究的课题。

4）挖掘未来国际合作的机会。

经过与会国内外专家的广泛交流和深入研讨，与会专家在已取得的成果和未来进一步研究的诸多问题上达成了共识（van Eekelen and Han，2020）。同时，作者也发现，针对桩承式加筋路堤这一复杂体系，研究最多的是土拱模型与土拱效应，包括土拱形态和土拱高度；其次是张力膜效应，包括加筋材料的应变和受力计算方法；桩承式加筋路堤的变形问题也有关注，但研究成果并不多；稳定性问题几乎没有受到人们的重视。

3.3.1 土拱模型与土拱效应

土拱效应是岩土工程领域普遍存在的现象，广泛存在于多种工程场景中，包括土洞塌陷、采空区沉陷、隧道、垃圾填埋场不均匀沉降、埋地结构物、桩承式路堤、抗滑桩、窑洞和地道等；大自然中，动物也会利用土拱效应挖掘稳定的通道，如图 3.5 所示。Terzaghi（1936）通过 Trapdoor 试验证明了土拱效应的存在，提出了土拱效应的概念，解释了土拱效应形成的机理（Terzaghi，1943）。土拱效应是由活动土体与其相邻的稳定土体间相对位移引起的从活动土体向稳定土体的应力转移机制。

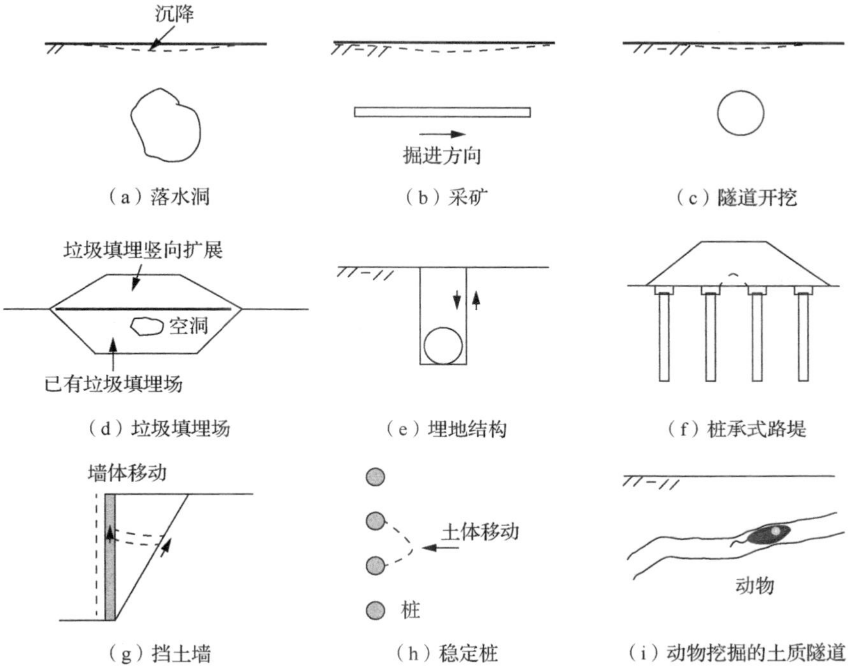

图 3.5　人类工程实践中与自然界常见的土拱现象（张兴亚, 2019）

在 Terzaghi（1936）进行 Trapdoor 试验研究之前，人们在工程实践中已发现土拱效应的现象。例如，在 19 世纪初，法国的军事工程师在设计弹药仓时发现，弹药仓仓底只承担了其上部填料总重力的一部分，而其侧壁承担的力远远超出预期（Feld，1948）；Janssen 根据工程实践，于 1895 年提出了贮藏谷物或其他颗粒材料的筒仓的设计方法，即“筒仓理论”（张家康和黄文翠，2000）；Marston 和 Anderson（1913）根据埋地管道上承受荷载的大量试验研究发现，埋地结构上部荷载大小与管道刚度及填料高度有着很大的关系，提出了埋地结构上荷载的计算公式。这些关于土拱形态及土拱效应的研究为桩承式加筋路堤技术的发展提供了早期的参考。

桩承式加筋路堤中的土拱形态和土拱效应受一系列因素的影响，这些因素包括路堤高度、填土特性、桩的类型与布置方式、加筋材料特性与层数、地基土特性等，因此笼统地说土拱形态和土拱效应是不准确的，也是不科学的。在已有的试验研究和数值模拟中，“捕捉”到的土拱现象可以认为是这些影响因素共同作用下土拱发展过程中的一个“截图”或“快照”，并不能反映土拱形成和发展的全貌。通过 Trapdoor 试验得到的地基反应曲线（Iglesia，1991；Han et al.，2019）反映了随着 Trapdoor 位移土拱率的变化过程，这进一步证明土拱效应会随活动土体与稳定体之间的相对位移而不断变化。这方面的研究成果和发展历程详见第 4 章的相关内容。

3.3.2 加筋材料与张力膜效应

张力膜效应在二维条件下更易理解，而且在人们生产生活中也常见到。两端固定的晾衣绳和相邻两根电线杆之间的电线，在自身重力作用下会发生明显的挠曲变形，晾衣绳或电线因受拉产生张力，张力的竖向分力与自身重力相平衡。Briançon 和 Simon（2012）通过原型试验研究桩承式路堤的工作性状。从监测结果来看，如果没有水平加筋层，施工结束时桩的荷载分担比仅为 16.4%；采用一层土工织物和两层土工格栅加筋的桩承式加筋路堤中，桩的荷载分担比分别为 77.4%和 81.4%。由此可见，水平铺设的土工合成材料在桩承式加筋路堤中不仅对路堤和软土地基的侧向变形发挥了约束作用，而且在荷载传递和分配中也发挥着重要作用。

赫斯克（Huesker）集团科技人员曾开展了大比尺桩承式加筋路堤模型试验（图 3.6），结果清楚地展示单层土工格栅在路堤荷载下空间变形特征及其发挥的张力膜效应，在没有桩间土支撑的情形下，土工格栅是如何通过张力膜效应将所承担的荷载全部转移给桩基的。

图 3.6 桩承式加筋路堤模型（来自 Huesker 集团网站）

当在桩承式加筋路堤的垫层中设置 2 层或 2 层以上的加筋材料时，加筋粗粒垫层构成了加筋土复合体，同一断面上不同层位的加筋材料应变不一致。在桩承式加筋路堤中，这种由多层加筋材料与粗粒土构成的加筋垫层又称为荷载转移平台（load transfer platform），其力学机制和工作性能用梁板理论分析更合适。Collin（2004）认为多层加筋材料与填料互锁形成具有一定刚度的地基梁，并将上部荷载传至桩；赵明华等（2010，2011）将加筋垫层视为一个薄板，考虑薄板的非线性变形及加筋材料张力的作用，采用文克勒（Winkler）弹性地基模型研究加筋垫层的挠曲变形。但是，影响加筋垫层变形和加筋材料受力的因素有很多，相互作用机制比较复杂，借用弹性地基上梁板理论的分析方法有待进一步完善。

无论是单层加筋的张力膜理论还是多层加筋的梁板理论，对于桩承式加筋路堤来说，主要是为了解决加筋材料的应变（受力）和荷载传递问题。就张力膜效应而言，其核心问题是确定在上覆荷载作用下加筋材料挠曲变形的空间形态与应变的空间分布特征。

目前，从设计和应用的角度，假设加筋材料受力集中于两桩之间的筋带，根据加筋材料的应变可计算筋带的受力，并以此作为加筋材料承受的张力。把具有空间形态的张力膜转换为两桩之间的筋带进行分析有一定的合理性，因为相邻两桩之间的筋带挠度小，承受的张拉力更大（图 3.6）。但这样做更多的是为了简化计算，便于设计，并不符合客观实际。

在路堤荷载作用下，一个四桩单元内加筋材料的竖向变形差异较大。数值模拟结果（Han and Gabr，2002；Russell et al.，2003；Jones et al.，2010）均表明在桩帽边沿处或在桩帽角点处加筋材料的应变最大，出现应力集中现象。这些结论虽仍需要实证，但也启示人们由张力膜效应引起的加筋材料应变在空间上是不均匀的，而且很容易想到加筋材料的空间形态也会受到膜下地基支撑条件的影响。

既然在桩承式加筋路堤中张力膜的空间应变分布是很不均匀的，那么在设计时加筋材料的受力应以最大值为基准，而不能按平均应变（受力）来设计。通过研究获得加筋材料实际应变（受力）特征有助于工程设计中合理确定加筋材料的性能需求，对这方面的详细讨论见第 5 章相关研究成果。

3.3.3 桩承式加筋路堤的沉降控制

桩承式加筋路堤应用最多的场景是常规路基与桥（涵）之间的过渡段和既有道路的路基拓宽。在这些应用场景中，调整与控制路基沉降是桩承式加筋路堤的基本功能之一。然而，很遗憾沉降控制方面的研究并不多。这里不妨借鉴一下与桩承式加筋路堤相似的柔性荷载下复合地基的沉降分析研究成果。

一般认为，柔性荷载下复合地基的沉降由两部分组成，即加固区压缩量和下卧层的沉降量。加固区的压缩量计算主要有复合模量法、应力修正法、桩身模量法等，计算方法的选择取决于竖向增强体的类型和模量；下卧层的压缩量仍采用分层总和法进行计算，计算关键点在于其桩底面的附加应力如何确定。

Alamgir 等（1996）针对嵌入不可压缩层的桩体复合地基情况，提出了简化的桩土体系位移模式，考虑桩土位移及应力、变形协调后，推导出复合地基沉降计算公式。费康等（2004）提出了路堤荷载下 PCC 刚性桩复合地基沉降的简化计算方法，得到了桩土各自的沉降变形及桩土界面的摩擦力分布。张忠苗（2004）利用明德林（Mindlin）解和布西内斯克（Boussinesq）解联合求解了柔性基础下复合地基中的附加应力，同时根据 Vesic 小孔扩张理论计算了桩体刺入柔性垫层量，对分层总和法进行了修正。王长丹等（2013）基于桩土荷载分担比，采用广义 Mindlin-Boussinesq 方法求解地基中的附加应力，利用 e-lg$p$（孔隙比-土体压力）曲线计算复合地基沉降。在复合地基中如何确定桩土应力分担比是 Mindlin-Boussinesq 联合求解方法的一个关键问题。

仅就路堤荷载作用下刚性桩复合地基而言，桩身压缩量可以忽略不计。鉴于桩土刚度相差很大，在填方荷载作用下桩和桩间土发生差异沉降，引起路堤填土内的土拱效应和应力重分布。桩土差异沉降的存在和路堤内土拱效应将导致柔性荷载下刚性桩复合地基的工作机理与一般复合地基存在明显的差异。回到桩承式加筋路堤，还需考虑筋材的张力膜效应对荷载传递与分配的作用，使桩承式加筋路堤的沉降计算时基桩承担荷载的确定更加复杂。

分析计算桩承式加筋路堤的变形时，桩基负摩阻力是一个不应忽视的因素。本质上，桩基负摩阻力是桩周土层相对桩体发生向下位移或位移趋势时对桩基的摩擦力，其原因包括土层自身的固结（压缩）变形和外在影响因素引起的土层沉降。在以下地基条件或情形下易于产生桩基负摩阻力。

1）桩周土层在自重应力下的固结变形。当桩穿越较厚的松散填土或新近沉积的软黏性土层而进入相对较硬的土层时，上部欠固结土层发生的自重固结沉降超过桩身沉降时，会产生桩基负摩阻力。

2）自重湿陷性黄土的自重湿陷变形。当桩身穿越自重湿陷性黄土层，进入下部非湿陷性黄土层时，上部自重湿陷性黄土由于浸湿而产生的自重湿陷变形（沉降）超过桩身沉降时，将产生桩基负摩阻力。

3）桩周土层在附加应力下的压缩变形。当桩周为松散或软弱土层，临近桩侧地面上承受较大的附加荷载或大面积堆载时，上部一定深度范围内的土层将产生较大的压缩变形。当压缩变形量超过桩身沉降时，将产生桩侧负摩阻力。

4）地下水位下降引起的土层固结或土层因振动而密实。由于人为或自然气候原因，当地下水位下降时，会引起桩周土层内有效应力增大，进而引起土层进一步固结沉降；桩周土层也可能由于振动而密实，从而引起土层的相对下沉，都会产生桩基负摩阻力。

5）桩基施工因素的影响。在饱和软土层中进行挤土桩施工，引起超孔压和桩周土“上涌”（表现为地面隆起）。桩基施工结束后，随着超孔压逐步消散，土层产生固结沉降，也会产生桩基负摩阻力。

影响桩基负摩阻力大小的因素很多，从工程地质的角度来看，应关注桩周土层和桩端土层的性质及土层厚度的影响。桩周土层的压缩性越大，土层越厚，而桩端持力层的压缩性越低，则桩侧土层相对桩体的沉降越大，发生沉降的土层厚度越大，负摩阻力越大。但是，并非桩身穿越的整个土层都会产生负摩阻力，负摩阻力产生在地表以下一定深度内，该深度称为中性点深度。也就是说，以中性点为界，上部产生负摩阻力，下部桩侧分布正摩阻力。中性点的深度（位置）不是一成不变的，如在桩周欠固结土层的自重固结过程中，中性点的位置是变动的，由此可见准确确定中性点位置是首先要解决的问题。从工程实践来看，桩承式路堤中的桩基既有刚性桩也有半刚性桩，既有端承桩也有悬浮桩；所承受的荷载既有路堤自身静荷载，也有公路或铁路路基上的交通荷载。在这些因素影响下，桩基负摩阻力的大小和中心点位置将更难确定。

桩承式加筋路堤应用于桥头过渡段的主要目的是调整因差异沉降引起的桥头错台。正如第 1 章指出的那样，可以通过调整桩长（变桩长）使桥头错台平缓过渡，以消除桥头跳车现象。如果粗略认为柔性荷载下复合地基的沉降由加固区和下卧层的压缩量构成，那么通过改变竖向增强体的模量，或者在竖向增强体（桩）模量不变的情况下改变增强体间距，均可以达到调整加固区的压缩量的目的，即采用“变模量”和“变间距”的方法协调过渡段的沉降量，以达到消除桥头错台的目的。但是，具体的计算理论和分析方法仍需要进一步的研究和工程验证，相关探索和建议见第 6 章。

3.3.4　整体稳定性

英国规范（BSI，2010）指出的桩承式加筋路堤破坏模式（图 3.7）是全面的，被业界认可。其中，图 3.7（a）～（c）所示的路堤侧向滑移、路堤局部破坏和桩间土承载过大均可通过构造设计，避免出现此类极限状态；对于图 3.7（d）所示的破坏模式，根据路堤填筑高度，通过桩基选型也可以防止桩基过载。对于桩承式加筋路堤，争议较大的正是图 3.7（e）所示的整体破坏模式及其分析评价方法。

关于桩承式加筋路堤的整体破坏及稳定性评价，可以借鉴已有的柔性荷载下复合地基的整体稳定性分析方法。但应注意二者的区别：加筋垫层为离散的基桩之间建立了力学联系，桩的水平变位（倾斜）受到了一定的约束；在桩承式加筋路堤中，往往使用桩帽以充分发挥桩的承载作用。这些差异将改变桩的破坏模式和作用机制。

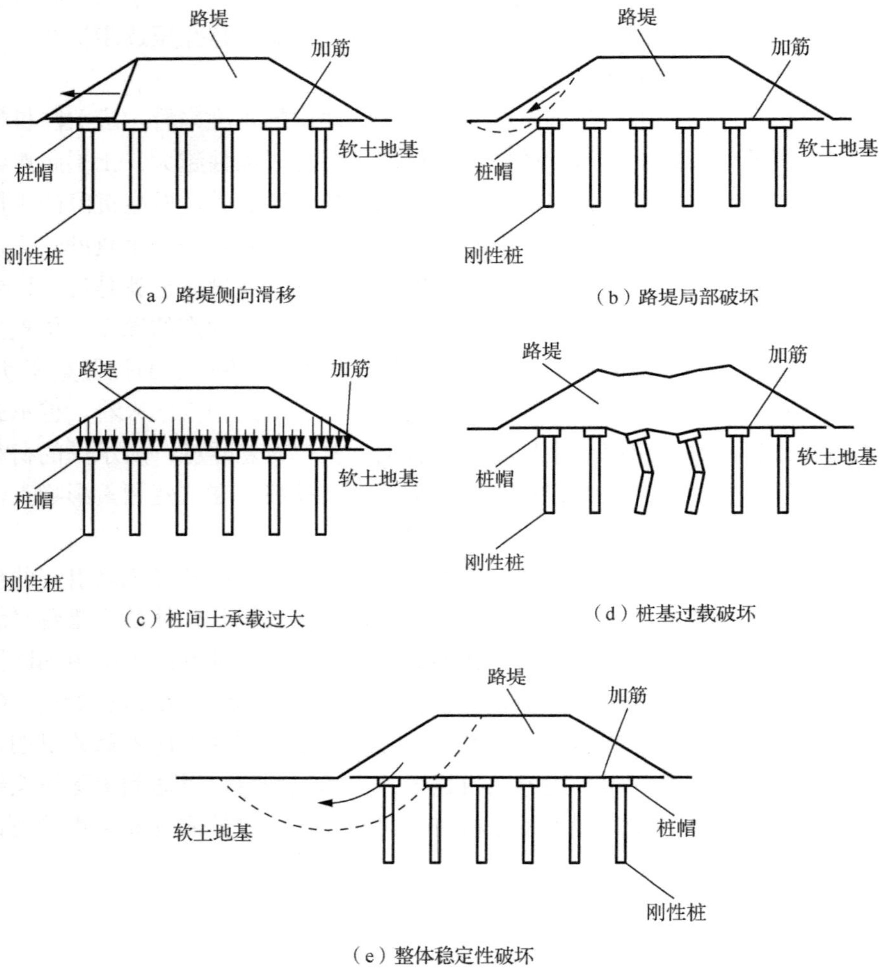

图 3.7　桩承式加筋路堤结构破坏模式（BSI, 2010）

在图 3.7（e）所示的整体破坏模式下，潜在滑动面将穿过路堤填土、加筋垫层、桩与地基土的复合区域，那么桩承式加筋路堤的稳定性将取决于填土、筋材和地基土，以及桩的特性与作用。从定性分析角度，对于出现滑动面的整体剪切破坏，路堤填土和地基土的抗剪强度及加筋材料的抗拉强度均会发挥抵抗破坏的作用。然而，对桩承式加筋路堤的破坏模式及桩基发挥的作用，目前的认识并不一致。

一方面，研究表明（Doanh et al.，2008；2009），桩间距、筋材强度、软土地基特性等因素会影响桩承式加筋路堤的整体稳定性；另一方面，通过试验研究和数值模拟也发现桩基不会同时破坏，而且各区域的桩的破坏模式不同，对路堤稳定性的贡献及作用机制也存在明显的差异。

在研究桩承式加筋路堤的稳定性时，人们更多关注路堤下地基和桩的作用，对加筋垫层或者加筋材料的作用及其破坏机制研究不够。其实，作为一个复杂的土工体系的有机组成部分，加筋材料发挥着传递荷载和连接桩基的基本功能，加筋材料断裂将改变体系的整体性及各部分的受力机制，影响桩承式加筋路堤的整体破坏模式。

吴迪（2013）、张骋（2014）和沈盼盼（2018）通过离心模型试验发现，刚性桩会刺入加筋褥垫层，部分区域的加筋材料被刺入破坏；当筋材设计抗拉强度不足时，存在筋材沿桩帽边缘发生拉裂破坏而导致路堤整体失稳的情形［图 3.8（a）］；当桩体刚度较大且端承条件良好时，筋材会发生桩顶刺入破坏进而导致路堤的失稳［图 3.8（b）］。

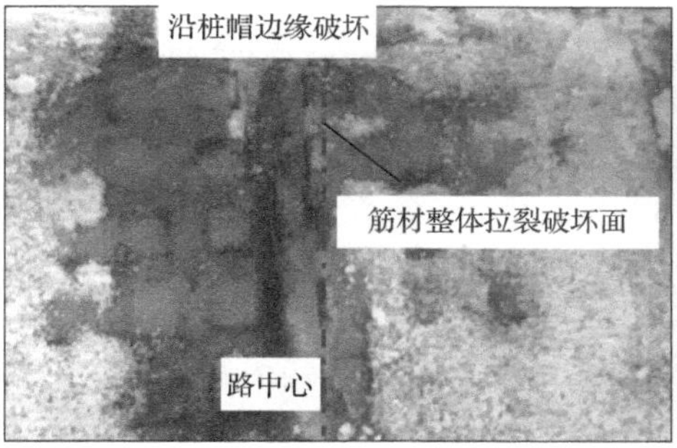

（a）整体拉裂破坏

（b）桩顶刺入破坏

图 3.8　桩承式加筋路堤中筋材破坏模式

由于人们对桩承式加筋路堤整体失稳缺少关注，对其破坏模式和失稳机理也未达成统一的认知，因此导致采用各种分析理论得出的安全系数差异较大。特别地，稳定性分析方法的建立缺乏对桩承式加筋路堤体系工作机理和荷载传递与分担的思考和认识。另外，在进行稳定性分析时，提出的假设条件，包括数值模型中桩体和加筋材料本构模型的简单化处理，并不完全符合实际，也会造成分析结果的偏差。因此，对于桩承式加筋路堤的整体破坏模式和稳定性分析方法仍需进一步的研究，作者关于桩承式加筋路堤整体稳定性的研究和建议详见第 7 章。

参考文献

费康, 刘汉龙, 高玉峰, 2004. 路堤荷载下 PCC 刚性桩复合地基沉降简化计算[J]. 岩土力学, 25(8): 1244-1248.

沈盼盼, 2018. 桩承式加筋路堤加筋作用机理及沉降控制试验与理论研究[D]. 上海: 同济大学.

王长丹, 周顺华, 王炳龙, 等, 2013. 高速铁路桩承式结构路基地基沉降计算方法[J]. 同济大学学报(自然科学版), 41(8): 1231-1236.

吴迪, 2013. 桩承式加筋路堤荷载分担及加筋作用研究[D]. 上海: 同济大学.

徐超, 林潇, 沈盼盼, 2016. 桩承式加筋路堤张力膜效应模型试验研究[J]. 岩土力学, 37(7): 1825-1831.

张骋, 2014. 高填方路堤 CFG 桩网复合地基性状研究[D]. 成都: 西南交通大学.

张家康, 黄文翠, 2000. 筒仓储料压力计算理论与方法[J]. 土木工程学报, 33(5): 24-28.

张兴亚, 2019. 局部静动荷载作用下二维土拱特性的演化规律及影响因素[D]. 上海: 同济大学.

张忠苗, 2004. 柔性承台下复合地基应力和沉降计算[J]. 岩土力学, 25(3): 451-454.

赵明华, 孙建兵, 张永杰, 2010. 基于 Winkler 模型的双向增强体复合地基沉降计算[J]. 岩土力学, 31(11): 3459-3463.

赵明华, 张玲, 赵衡, 2011. 双向增强复合地基沉降计算方法研究[J]. 岩土力学, 32(9): 2741-2746.

DOANH B P, 罗强, 张良, 2008. 基于离心模型试验的高强度桩复合地基桩帽效应分析[J]. 岩土工程学报, 4(8): 1158-1164.

DOANH B P, 罗强, 张良, 等, 2009. 基于离心模型试验的高强度桩复合地基桩间距效应分析[J]. 铁道学报, 31(6): 69-75.

ALAMGIR M, MIURA N, POOROOSHASB H B, et al., 1996. Deformation analysis of soft ground reinforced by columnar inclusions[J]. Computers and Geotechnics, 18(4): 267-290.

BRIANÇON L, SIMON B, 2012. Performance of pile-supported embankment over soft soil: Full-scale experiment[J]. Journal of Geotechnical and Geoenvironmental Engineering, 138(4): 551-561.

British Standard Institute(BSI), 2010. Code of practice for strengthened/reinforced soils and other fills: BS 8006-1[S]. London: BSI Standards Publication.

COLLIN J G, 2004. Column supported embankment design considerations[C]//Proceedings of the 52nd Annual Geotechnical Engineering Conference, University of Minnesota, USA, 51-78.

FELD J, 1948. Early history and bibliography of soil mechanics[C]//Proceedings of the 2nd International Conference on Soil Mechanics and Foundation Engineering, Rotterdam, Netherlands, 1-7.

HAN J, GABR M A, 2002. Numerical analysis of geosynthetic-reinforced and pile-supported earth platforms over soft soil[J]. Journal of Geotechnical and Geoenvironmental Engineering, 128(1): 44-53.

HAN J, WANG F, AL-NADDAF M, et al., 2017. Progressive development of two-dimensional soil arching with displacement[J]. ASCE International Journal of Geomechanics, 17(12): 04017112.

HAN J, WANG F, AL-NADDAF M, et al., 2019. Progressive development of soil arching with displacement: Closure[J]. ASCE International Journal of Geomechanics, 19(3): 07018022.

HOLTZ R D, MASSARSCH K R, 1976. Improvement of the stability of an embankment by piling and reinforced earth[C]//Proceedings of the 6th European Conference on Soil Mechanics and Foundation Engineering, Vienna, Austria, 1.2, 473-478.

IGLESIA G R, 1991. Trapdoor experiments on the centrifuge: A study of arching in geomaterials and similitude in geotechnical models[D]. Cambrige: MIT.

JONES B M, PLAUT R H, FILZ G M, 2010. Analysis of geosynthetic reinforcement in pile-supported embankments. I: 3D plate model[J]. Geosynthetics International, 17(2): 59-67.

MARSTON A, ANDERSON A O, 1913. The Theory of loads on pipes in ditches and tests of cement and clay drain tile and sewer pipe[R]. Ames Iowa: Iowa Engineering Experiment Station Bulletin No. 31, Iowa State College.

RUSSELL D, NAUGHTON P J, KEMPTON G T, 2003. A new design procedure for piled embankments[C]//Proceeding of the 56th Canadian Geotechnical Conference, Winnipeg, Canada.

SHEN P P, XU C, HAN J, 2018. Model tests investigating spatial tensile behavior of simulated geosynthetic reinforcement material over rigid supports[J]. Journal of Materials in Civil Engineering, 30(2): 04017288.

TERZAGHI K, 1936. Stress distribution in dry and in saturated sand above a yielding trap-door[C]//Proceedings of the International Conference of Soil Mechanics, Harvard University, Cambridge, USA, 307-311.

TERZAGHI K, 1943. Theoretical soil mechanics[M]. New York: John Wiley and Sons.

VAN EEKELEN S J M, 2015. Basal reinforced piled embankments[D]. Delft: Delft University of Technology.

VAN EEKELEN S J M, HAN J, 2020. Geosynthetic-reinforced pile-supported embankments: State of the art[J]. Geosynthetics International, 27(2): 112-141.

XU C, ZHANG X Y, HAN J, et al., 2019. Two-dimensional soil-arching behavior under static and cyclic loading[J]. International Journal of Geomechanics, 19(8): 04019091.

第 4 章　桩承式加筋路堤中的土拱效应

4.1　土拱效应概述

4.1.1　土拱与土拱效应

土拱是自然界土体和土工结构中的常见现象。土拱现象广泛存在于各类土工建（构）筑物中，如隧道、挡土墙、涵洞、抗滑桩及桩承式路堤和桩承式加筋路堤等（王将 等，2021；彭述权 等，2008；Al-Naddaf et al.，2018；Zhang et al.，2021；任翔 等，2022；van Eekelen et al.，2003；杨广庆 等，2022）。土拱效应是活动土体与其相邻的稳定土体间由于相对位移引起的从活动土体向稳定土体的荷载转移（Terzaghi，1943）。土拱效应的本质是通过调动土中剪应力引起的应力重分布现象，而土中应力重分布的结果取决于剪切位移的方向和剪切位移的大小。当活动土体相对稳定土体产生向下的位移时，两部分土体的界面上将产生向上的剪应力，从而使活动土体受到的力向稳定部分转移，这种应力重分布现象称为“正土拱”。由于“正土拱”的形成，活动土体下方作用的竖向应力减小，而距离活动土体较小范围内的稳定土体底部作用的竖向应力增大；对于距离活动土体较远的稳定土体，其底部作用的竖向应力仍与上覆超载相等，如图 4.1（a）所示。与“正土拱”相反，当活动土体相对稳定土体产生向上的位移时，将形成“负土拱”。由于“负土拱”的形成，活动土体底部作用的竖向应力增大，而距离活动土体较小范围内的稳定土体底部作用的竖向应力减小。当土层厚度足够大时，活动土体上部将形成等沉面，在等沉面以上没有土拱效应产生，如图 4.1（b）所示。

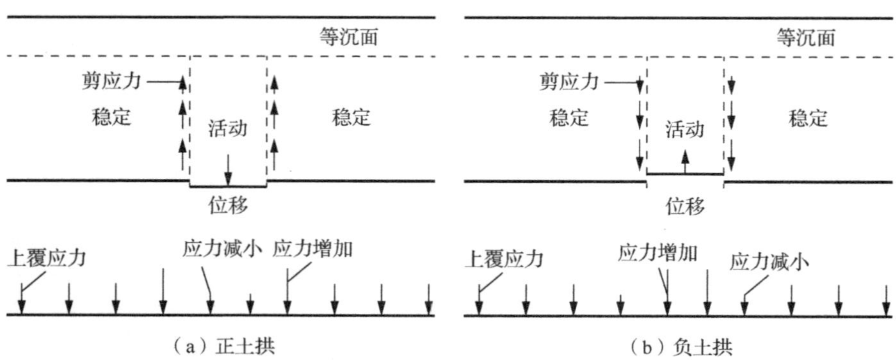

图 4.1　正负土拱（Han et al., 2017）

为了评价土拱效应的强弱，McNulty（1965）定义了土拱率以定量表示荷载的传递和应力重分布的程度。土拱率ρ的表达式为

$$\rho = \frac{\sigma_v}{\gamma H + q} \tag{4.1}$$

式中，σ_v——活动土体底部作用的平均竖向应力，kPa；

γ——活动土体重度，kN/m^3；

H——活动土体高度，m；

q——活动土体表面作用的均布超载，kPa。

由式（4.1）可知，$\rho = 0$ 表明相对位移产生后活动土体底部无竖向应力作用，表示土拱发挥到极致；$\rho = 1$ 表明活动土体底部的作用力等于活动土体自重与附加荷载之和，表示没有产生土拱效应。

在试验研究和工程实践中，人们已发现土拱效应并非固定不变，而是随着活动区与稳定区之间的相对位移和其他影响因素的变化而变化。在自重应力下的Trapdoor 试验中，土拱率ρ随 Trapdoor 位移增大而不断变化，最后趋于稳定。Iglesia（1991）基于离心 Trapdoor 试验结果绘制了土拱率ρ随归一化位移（Trapdoor 位移与其宽度的比值，d）的变化曲线（图 4.2 中实线），即地基反应曲线（ground reaction curve，GRC），根据土拱率的大小将土拱的变化过程划分为初始拱（initial arching）、最大拱（maximum arching）、应力恢复（stress recovery）和极限状态（ultimate state）4 个阶段。为了便于应用，Han 等（2017）对 GRC 进行了简化，如图 4.2 中虚线所示。简化后的 GRC 由 4 个参数确定：最小土拱率（ρ_m）、极限土拱率（ρ_u）及其对应的归一化位移（d_m 和 d_u）。这些成果使人们认识到土工结构中的土拱效应（包括土拱形态）不是一成不变的，应在多种因素影响下从过程性视角分析和评价土拱效应。

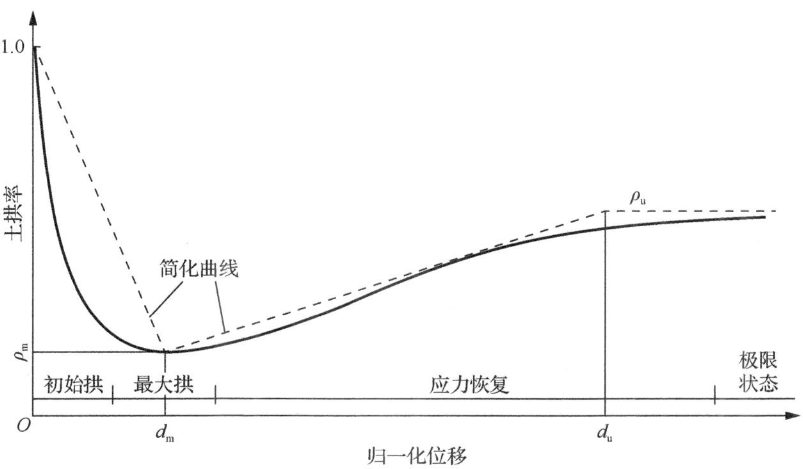

图 4.2　GRC 及简化曲线（Han et al., 2017）

4.1.2　土拱模型概述

关于土拱、土拱效应和土拱模型的研究文献已浩如烟海，所以全面论述该内容不是本书的初衷。本节结合桩承式路堤和桩承式加筋路堤的应用场景，根据假设条件不同，将现行技术标准中使用的土拱模型划分为经验模型、刚性拱模型、摩擦模型和极限状态模型，进行简要的论述和讨论。

1. 经验模型

Marston 和 Anderson（1913）根据地埋管道的工程经验与试验结果，提出了评价土拱效应的经验分析模型（称为 M&A 模型），如图 4.3 所示。刚性地埋管上的竖向压力 σ_v 按下式计算：

$$\sigma_v = \left(\frac{C_c a}{H}\right)(\gamma H + q) \tag{4.2}$$

式中，C_c——土拱效应经验系数；

a——结构物宽度，m；

H——结构物上方填土高度，m；

γ——填土重度，kN/m^3；

q——填土表面均布荷载，kPa。

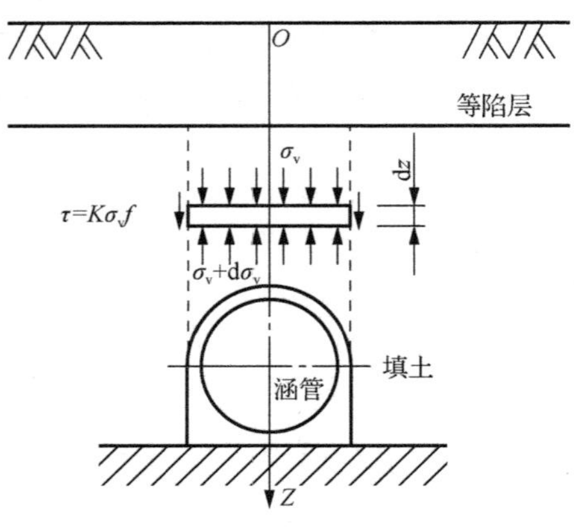

图 4.3　M&A 模型

Jones 等（1990）将 M&A 模型应用于桩承式加筋路堤的设计中，提出了三维条件下作用在桩帽上的平均竖向应力 σ_v 的计算公式：

$$\sigma_v = \left(\frac{C_c a}{H}\right)^2(\gamma H + q) \tag{4.3}$$

根据实践经验，对于端承桩，$C_c = 1.95(H/a)-0.18$；对于摩擦桩，$C_c = 1.5(H/a)-0.07$。M&A 模型被英国规范（BSI，2010）采用，以评价土拱效应，确定桩与桩间的荷载分担。

2. 刚性拱模型

Evans（1983）在试验中观察到 Trapdoor 下移时三角形拱形成，拱内土体在竖向呈明显的剪胀而侧向有轻微的剪缩。通过应力测量发现，Trapdoor 上方最大主应力方向为水平方向；Trapdoor 两侧稳定土体沿竖向剪缩，水平向剪胀，最大主应力方向为竖直方向。基于试验结果，Evans（1983）利用塑性理论推导建立了土拱模型。

当填土的剪胀角（ν）与内摩擦角（φ）相等时，土拱处于最大拱阶段。此时，作用在 Trapdoor 上的力等于三角形隔离体的重力。

当 $0° < \nu < \varphi$时，土拱处于应力恢复阶段。在该条件下，由于作用在自由体边界上的法向应力值未知，因此作用在 Trapdoor 上的应力无法求解。

当 $\nu = 0°$ 时，土拱处于极限状态。此时土体内不连续性起始于 Trapdoor 两端并沿竖直方向发展，自由体形态与 Terzaghi（1943）假定一致。

Rogbeck 等（1998）认为在桩承式加筋路堤中土拱形态应为楔形体，在平面应变条件下为顶角等于 30° 的楔形土拱［图 4.4（a)]，三维条件下楔形体在平面上的投影如图 4.4（b）所示。该土拱模型被北欧指南（NGG，2004）采用，作为桩承式加筋路堤中土拱效应的计算方法。

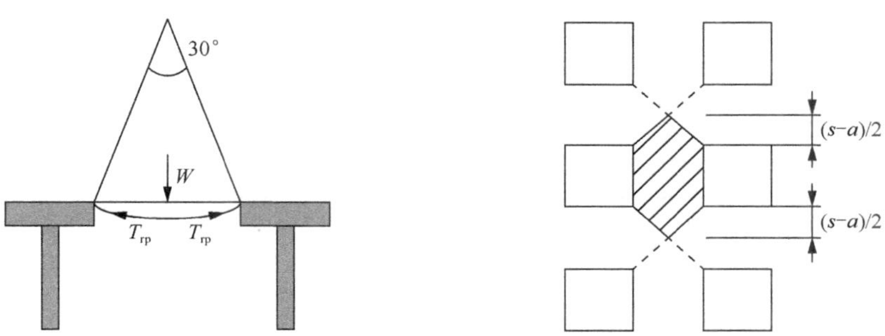

（a）二维问题　　　　（b）三维问题

图 4.4　Rogbeck 刚性拱模型（Rogbeck et al., 1998）

1）在平面应变条件下，相邻桩间筋材承担的荷载为拱下土体的重量 W_{2D}（单位为 kN/m），根据楔形体面积可知：

$$W_{2D} = \frac{(s-a)^2}{4\tan 15°}\gamma = 0.93(s-a)^2\gamma \tag{4.4}$$

式中，s——桩间距，m；

a——桩帽尺寸，m；

γ——路堤填土重度，kN/m^3。

2）三维条件下，楔形体的重量 W_{3D} 与 W_{2D} 有如下转换关系：

$$W_{3D}=\frac{1+\frac{s}{a}}{2}W_{2D} \tag{4.5}$$

3. 摩擦模型

摩擦模型源于 Janssen（1895）提出的用在弹药仓、谷仓等储存颗粒材料的圆柱形筒仓设计中的筒仓理论（silo theory）。该类模型中的主要假设条件为活动土体通过与其相邻的稳定土体之间的竖向剪切面上的摩擦力将荷载传递至稳定土体。

摩擦模型中最具代表性的是 Terzaghi（1943）提出的土拱模型（称为 Terzaghi 模型）。后续研究者（Mckelvey，1994；Russel 和 Pierpoint，1997；Naughton，2007；Britton 和 Naughton，2008；McGuire et al.，2012）提出的摩擦模型大多是在 Terzaghi 模型的基础上做出的具体工况下的应用和进一步延伸。

Terzaghi（1943）在 Trapdoor 试验中观察到，土拱形成过程中土体内部的真实滑动面为曲面［图 4.5（a）中 ac、bd］。但为了简化计算，假设滑动面为通过 Trapdoor 两边的竖直面［图 4.5（a）中 ae、bf］，Trapdoor 向下位移会引起其上方滑动土体与两侧稳定土体间的相对位移，从而使滑动面上产生摩擦力。滑动土体的荷载通过滑动面上的摩擦力传递到稳定土体中，从而形成土拱效应。

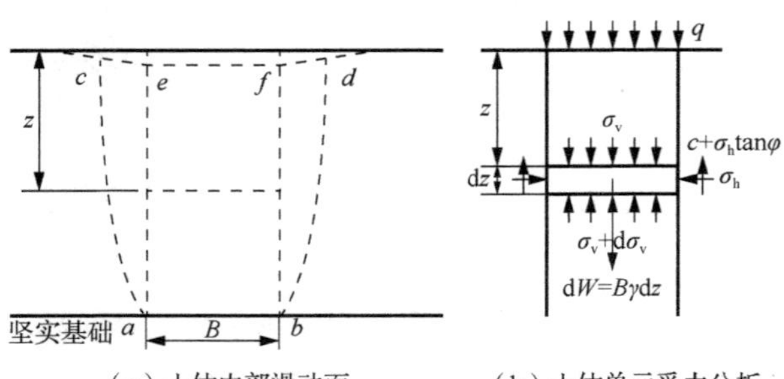

（a）土体内部滑动面　　（b）土体单元受力分析

图 4.5　Terzaghi 模型

滑动面内距离等沉面深度为 z 的土体单元的受力如图 4.5（b）所示，等沉面以上土体被视为作用在等沉面上的超载。Terzaghi（1943）假设，同一水平面内的竖向应力均匀分布且侧向土压力系数 K 为一常数。Trapdoor 上方 z 深度处的竖向应力按下式计算：

$$\sigma_{\mathrm{v}}=\frac{B(\gamma-c/B)}{K\tan\varphi}\left[1-\mathrm{e}^{-K\tan\varphi(z/B)}\right]+q\mathrm{e}^{-K\tan\varphi(z/B)} \tag{4.6}$$

式中，B——Trapdoor 宽，m；

γ——土体单位重度，$\mathrm{kN/m^3}$；

σ_{v}——竖向应力，kPa；

c——土的黏聚力，kPa；

φ——土的内摩擦角（°）；

q——超载，kPa；

K——土压力系数。

在桩承式路堤中，Russel 和 Pierpoint（1997）假设沿方形桩帽边缘的竖直面上存在摩擦力，将 Terzaghi 模型拓展至三维条件，提出了桩承式路堤中的三维 Terzaghi 土拱模型，如图 4.6 所示。

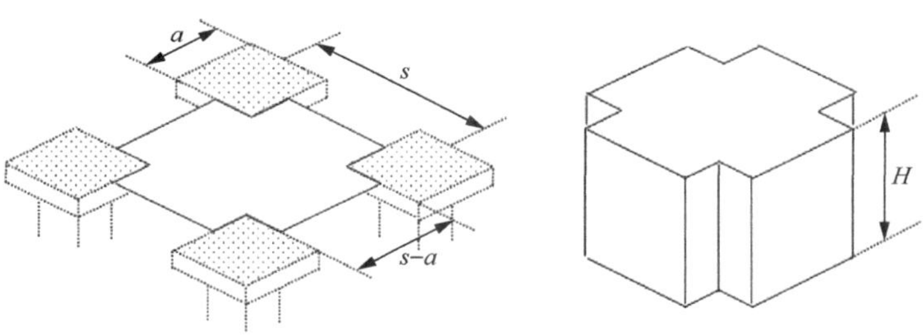

图 4.6　Russel 和 Pierpoint（1997）提出的三维 Terzaghi 土拱模型

Terzaghi 模型在实际工程的应用中，水平土压力系数 K 的取值对计算结果影响较大，而科技人员对此却难以达成共识，因而限制了该模型计算理论在实际工程（包括桩承式加筋路堤）中的应用。

4. 极限状态模型

极限状态模型假设土体中存在具有一定厚度的处于极限状态的应力拱，通过应力拱的受力平衡计算土拱效应引起的应力传递。

Hewlett 和 Randolph（1988）在桩承式路堤单元试验中观察到了土拱的形成，在二维条件下设想在一定区域内（“土拱区域”）有一排支撑在桩顶的互不重叠的半圆形拱，研究建立了适合于桩承式路堤的土拱模型（称为 H&R 模型）。假设所有半圆形拱的厚度均为支撑物宽度的一半，拱之间没有重叠且满足静力平衡，并忽略“土拱区域”内土体的重力、拱间和拱下土体剪应力，通过建立拱顶达到极限平衡时拱顶单元的径向平衡微分方程，结合拱顶边界条件可求得土拱内边界上作用的竖向应力（σ_i），即为作用在相邻桩间地基土上的竖向应力。

在三维条件下，土拱形状呈半球壳形（图 4.7）。试验发现支撑体部分区域上方出现较高的应力集中，可能导致土拱破坏，因此土拱的整体承载力应为两个位置土体承载力的较小值。

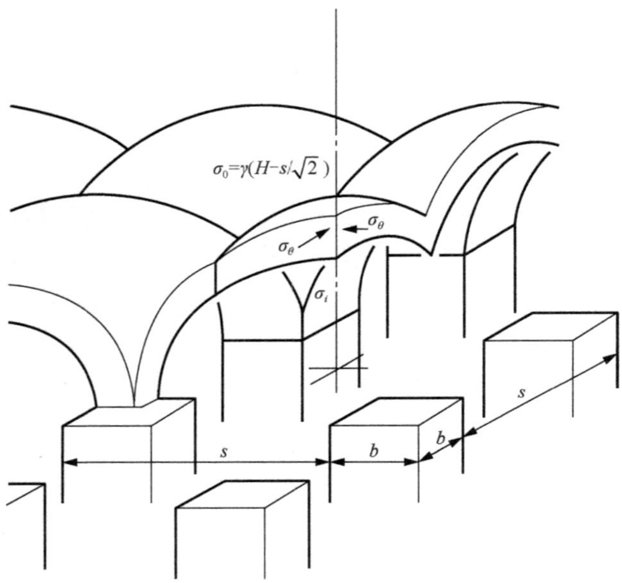

图 4.7　H&R 模型中的土拱形态（Hewlett 和 Randolph, 1988）

Low 等（1994）考虑了“土拱区域”内土体的重力，对 H&R 模型进行了改进。H&R 模型被英国规范（BSI，2010）采纳，用于桩承式路堤中土拱效应的分析计算。

Zaeske（2001）认为土拱是由多个相邻的具有相同直径的圆弧状拱组成的，这些拱的拱脚均位于桩帽上，圆弧的中心均位于桩的对称线上，越靠内层的圆弧拱高越低（图 4.8）。根据每个拱顶单元体的径向受力平衡及边界条件，可求得单元体内边界上作用的竖向应力；通过对所有单元体竖向应力进行积分，可以求出作用在桩间土上的竖向应力（σ_{zo}）。该模型被德国规范（DGGT，2010）及荷兰规范（CUR 266，2010）采纳，用于桩承式路堤中土拱效应的计算。

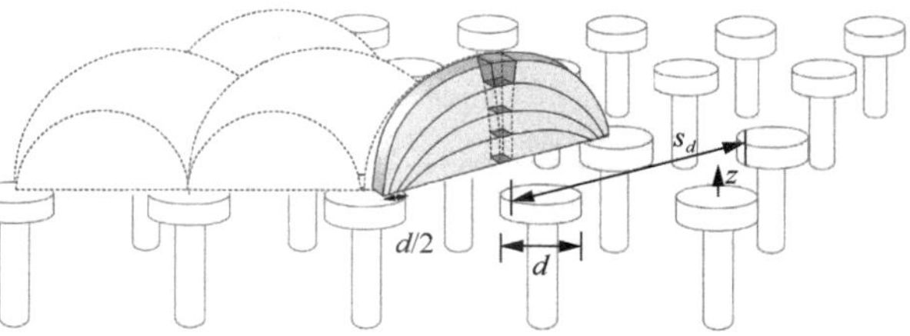

图 4.8　Zaeske 模型（Zaeske，2001）

van Eekelen 等（2013）考虑了加筋材料和地基固结变形对土拱效应发挥程度的影响，提出了同心拱模型，在二维条件下，土拱随着桩间土固结和筋材应变的发展而发展，如图 4.9 所示。

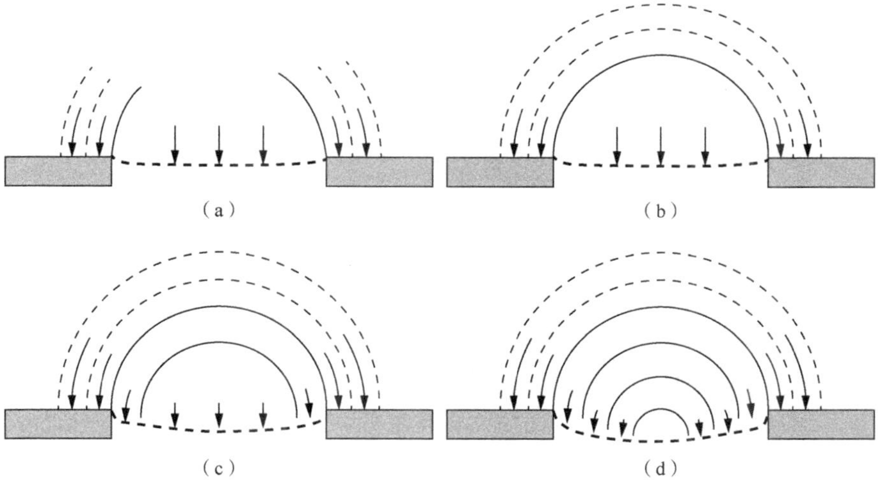

图 4.9　同心拱模型（van Eekelen et al., 2013）

图 4.10 所示为同心拱拱顶受力分析。假设整个拱内的应力状态一致且均处于极限状态，同心圆拱中环向应力处处相等。根据拱顶单元径向极限平衡条件可建立径向应力（σ_r）的平衡微分方程，从而得到拱顶单元体下边界上作用的竖向应力。通过对筋材表面至最外层拱高度内的竖向应力进行积分并代入边界条件，可以求解出作用在桩间土（筋材）上的竖向应力。

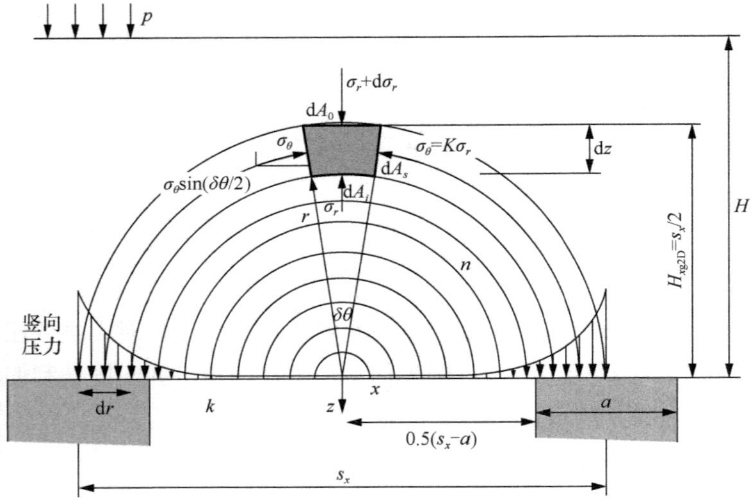

（a）二维

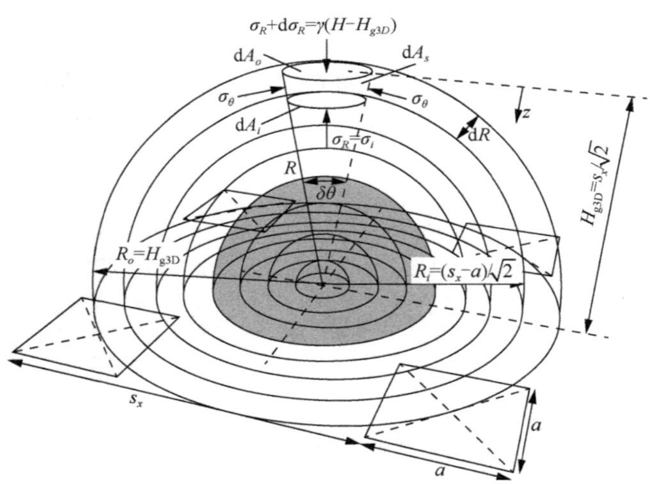

（b）三维

图 4.10　同心拱拱顶受力分析（van Eekelen et al., 2013）

注：σ_r 为径向应力；σ_θ 为切向应力；K 为土压力系数；H 为路堤高度；H_{g2D} 为二维条件下土拱高度；H_{g3D} 为三维条件下土拱高度。

芮瑞等（2020）和 Rui 等（2019）基于模型试验结果提出桩承式路堤中土拱结构在二维条件下是由若干个相同圆心的椭圆拱组成的，同心椭圆拱模型如图 4.11 所示。引入土拱高径比 m，采用与 van Eekelen 等（2013）相同的假设条件，建立拱顶单元的径向平衡微分方程，利用边界条件求解，得到作用在桩间土（筋材）上的平均竖向应力（σ_{av}）。

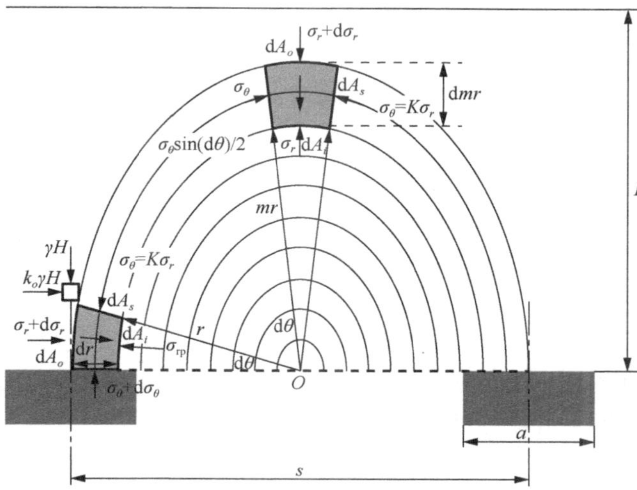

图4.11　同心椭圆拱模型（芮瑞 等, 2020）

在桩承式路堤中，桩与桩间土由于存在极大的刚度差异，因此易于发生差异沉降，从而在路堤填土中诱发土拱效应，形成正土拱。通过土拱效应，更多的上覆荷载（填土重力和附加荷载）传递到桩顶，而桩间土承受较少的荷载。在桩承式加筋路堤中，同样由于桩与桩间土的差异沉降会在填土中产生土拱效应，但情况就更复杂一些。桩间上覆荷载不是直接作用在桩间土上的，而是首先由加筋材料承担。加筋层承担的荷载有一部分会传递给桩基（张力膜效应），剩余荷载由桩间土承担。需要指出的是，在竖向应力作用下筋材的挠度具有明显的三维特征，在相邻桩间筋带的挠度小于中间部位，筋带之上越靠近桩（桩帽）挠度越小。筋材挠度的差异将引起上覆填土的差异沉降，同样会引发填土中的土拱效应。在桩承式加筋路堤设计时，不管采用何种土拱模型，都是为了解决填方自重和附加荷载在桩-土之间的分配问题。

从上述土拱模型的简述可以看出，各国现行的关于桩承式加筋路堤设计标准采用了不同的土拱模型，采用这些土拱模型分析评价土拱效应，人为分配桩（帽）上和桩间土（筋材）上的荷载时，所得结果存在差异。考虑到桩承式路堤中土拱及土拱效应随着桩-土差异变形而演变，正如 Iglesia（1991）描述的那样，把土拱形态和土拱效应看成固定的、一成不变的，是不符合实际的。从这一角度出发，相信 van Eekelen 等（2013）和 Rui 等（2019）提出的不断演化的土拱模型可能更接近实际，刚性拱模型只是土拱演变过程中的一种状态。应认识到，摩擦模型与极限状态模型之间本质上是一致的，即土拱形态和土拱效应随着活动土体与稳定土体（或结构物）相对位移的发展而发展，其中 H&R 模型及其改进模型可看作拱顶（拱脚）达到极限状态时的理想化描述。在桩承式加筋路堤中，由于加筋材料在稳定区（桩帽或桩梁）之间的沉降不均匀（挠度不同）且受桩间土支承的影响，路堤填土内应该会形成一组土拱。至于土拱形态，在二维平面内更可能是同心椭圆，同心圆只是高径比等于 1 时的特例；在三维空间的土拱形态与布桩形式有关。

土拱理论模型对桩承式路堤或桩承式加筋路堤的工程应用具有指导作用，但工程师在设计时的首要任务是保证工程安全。因此，在应用成拱基本原理的同时，必须考虑实际条件和主要影响因素。围绕桩承式加筋路堤的土拱效应，首先通过构造设计满足成拱条件，其次考虑相关因素对土拱效应的影响。van Eekelen 等（2009）通过对运营中的桩承式加筋路堤的监测发现，桩土荷载分担受交通荷载的影响而处于变动之中。在实际工程中，由于浅层地基土找不到可靠的桩基持力层或为调节沉降而采用悬浮桩，桩基沉降及由此引起的桩土差异沉降的调整会从本质上影响土拱形态和土拱效应。桩（帽）与桩间土上铺设的加筋材料限制了上覆填土的沉降，即对桩土差异沉降产生直接影响，进而影响土拱的发展；加筋材料的这种限制作用又受到桩间土支承作用制约。对这些影响因素的研究，有助于人们深化实际工况下土拱效应的认识，有利于桩承式加筋路堤的安全运营。

4.2　附加荷载作用下填土中的土拱效应

Trapdoor 试验是研究土拱的经典方法，其与现代监测手段相结合，不仅可以更清楚地揭示土拱的形成与发展过程，也能够深入探讨相关因素对土拱效应的影响及其规律。这里简要介绍采用 Trapdoor 试验方法，对比分析动静局部荷载下和有无加筋措施情况下土拱效应的变化规律（张兴亚，2019）。

4.2.1　试验研究方法

1. 试验装置与试验材料

为了研究土拱效应在局部重复荷载条件下的演变规律，作者专门研制了试验装置（图 4.12）。试验装置的核心部件是 Trapdoor 试验箱。试验箱内部尺寸为 900mm×700mm×51mm（长×高×宽）。试验箱底部安装有 7 个 128mm×50mm（长×宽）的硬木块（B1～B7）。7 个木块底部均安装有一个旋转电动机，每个旋转电动机与位移控制器相连，通过位移控制器带动相应的木块作为 Trapdoor 独立地上下移动，其位移的精度为 0.1mm。可以通过单个或多个木块的位移生成不同尺寸的 Trapdoor 或不同数量的 Trapdoor。在土拱形成过程中，每个木块上作用力的变化通过其底部安装的 S 形力传感器测得。

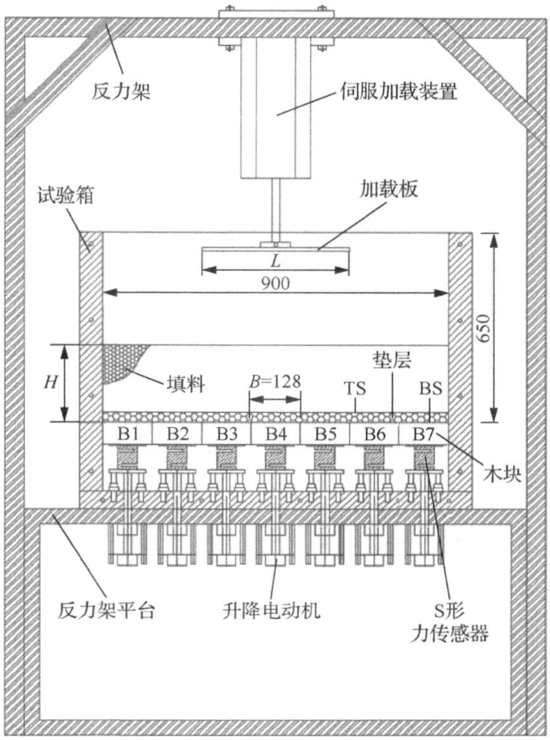

（a）结构图（单位：mm）

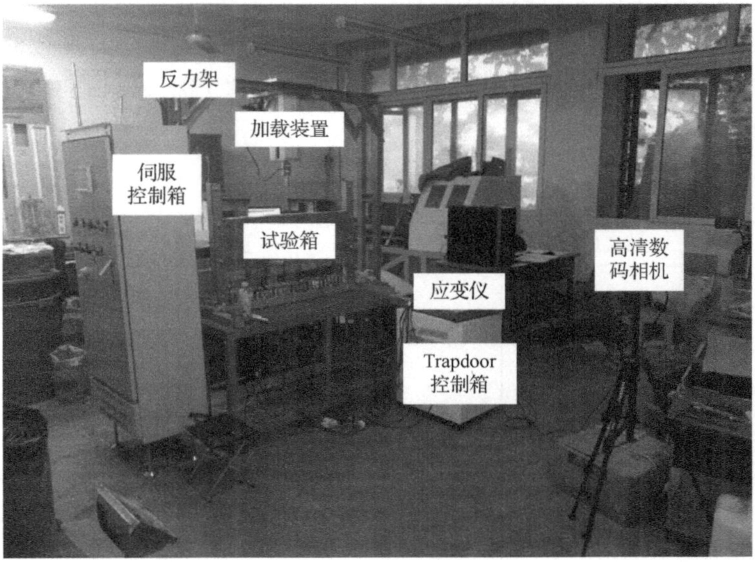

（b）实物照片

图 4.12　定制的 Trapdoor 试验装置

试验中选择使用 2D 相似土作为填料代替砂土，保证试验在平面应变条件下进行。2D 相似土为圆形铝棒，铝棒共有 3 种直径：3mm、4mm 和 5mm，按质量比 1∶1∶1 进行混合，测得单位重度为 22.4kN/m^3，孔隙率约为 17%。铝棒长度与木块宽度相等，均为 50mm。采用平面应变双轴试验仪（张连卫，2007）进行测试，填料的内摩擦角为 25°，黏聚力为 0kPa。

为研究加筋材料对土拱效应的影响，试验中使用两种规格（两种刚度）的牛皮纸模拟加筋材料。刚度较小的牛皮纸（筋材 1）的最大延伸率约为 1.90%，对应的抗拉强度约为 21.5kN/m，平均拉伸模量约为 1131kN/m；刚度较大的牛皮纸（筋材 2）的最大延伸率约为 2.08%，对应的抗拉强度约为 46.5kN/m，平均拉伸模量约为 2236kN/m。

2. *试验方法*

无论加筋与否，首先通过 Trapdoor 试验装置将木块 B4 作为 Trapdoor 生成“正土拱”（Trapdoor 宽度为 128mm），其余 6 个木块固定，模拟重力场中土拱的形成过程；然后对已有土拱的试样表面施加局部静荷载和动荷载，以对比分析两种类型的荷载对土拱效应的影响。

试验研究分为不考虑加筋作用和考虑加筋作用两个部分，试验方案分别如表 4.1 和表 4.2 所示。不考虑加筋作用的试验共 13 组，包括 4 组填料自重荷载作用下的 Trapdoor 试验、4 组局部静荷载作用下的 Trapdoor 试验和 5 组局部动荷载作用下的 Trapdoor 试验。局部静荷载下的试验考虑了荷载幅值、加载范围和填料高度的影响，局部动荷载作用下的 Trapdoor 试验考虑了荷载幅值、荷载频率、加载范围和填料高度的影响。

表 4.1 Trapdoor 试验方案（不加筋）

编号	荷载幅值/kPa	荷载频率/Hz	加载范围/mm	填料高度/mm
T1	0	0	0	64（0.5*B*）
T2				128（1*B*）
T3				256（2*B*）
T4				384（3*B*）
ST1（SR1）#	8、10、12	0	384（3*B*）	128（1*B*）
ST2（SR2）				256（2*B*）
ST3（SR3）				384（3*B*）
ST4（SR4）			256（2*B*）	256（2*B*）

续表

编号	荷载幅值/kPa	荷载频率/Hz	加载范围/mm	填料高度/mm
CT1（CR1）	8、10、12	0.5	384（3*B*）	128（1*B*）
CT2（CR2）				256（2*B*）
CT3（CR3）				384（3*B*）
CT4（CR4）			256（2*B*）	256（2*B*）
CT5（CR5）	8	0.1、0.5、2.0	384（3*B*）	256（2*B*）

注：括号内的 SR1~SR4 和 CR1~CR5 分别为对应静载和循环荷载下 Trapdoor 试验的为辅助试验，用于测定无土拱时局部荷载作用下填料底部木块上的应力（$\gamma H+q$）。

表 4.2　Trapdoor 模型试验方案（加筋）

编号	荷载幅值/kPa	荷载频率/Hz	加筋条件
RT1	0	0	下表面 1 层（筋材 1）
RT2			上表面 1 层（筋材 1）
RT3			上下表面各 1 层（筋材 1）
RT4			下表面 1 层（筋材 2）
RST1（RSR1）#	8、10、12	0	下表面 1 层（筋材 1）
RST2（RSR2）			上表面 1 层（筋材 1）
RST3（RSR3）			上下表面各 1 层（筋材 1）
RST4（RSR4）			下表面 1 层（筋材 2）
RCT1（RCR1）	8、10、12	0.5	下表面 1 层（筋材 1）
RCT2（RCR2）			上表面 1 层（筋材 1）
RCT3（RCR3）			上下表面各 1 层（筋材 1）
RCT4（RCR4）			下表面 1 层（筋材 2）

注：括号内的 RSR1～RSR4 和 RCR1～RCR4 分别为对应静载和循环荷载下 Trapdoor 试验的为辅助试验，用于测定无土拱时局部荷载作用下筋材表面上的应力（$\gamma H+q$）。

考虑加筋作用的 Trapdoor 试验共完成了 12 组，其中自重应力下、静荷载及动荷载作用下的试验各 4 组，并与不加筋的试验结果进行对比。这些试验中，填料高度 H 均为 2 倍 Trapdoor 宽，加载板长度 L 均为 3 倍 Trapdoor 宽。

将 7 个木块调至同一水平高度，保证 Trapdoor 下拉前无土拱产生。在不加筋试验中，先在木块上铺设直径为 5mm 的铝棒作为垫层，然后用 3 种直径铝棒混合而成的相似土填筑到指定高度；在加筋试验中，先在指定位置铺设牛皮纸，再铺设垫层和相似土。

不加筋试验时，在自重应力下的 Trapdoor 试验中，先每次下移 Trapdoor（木块 B4）0.2mm 至总位移达到 2mm，再每次下移 Trapdoor 1.2mm 直至总位移达到

30mm。加筋条件下，在自重应力下的 Trapdoor 试验中，每次下移 Trapdoor 0.2mm，直至总位移达到 8mm。在动、静局部荷载下的 Trapdoor 试验中，均按每次下移 Trapdoor 0.2mm 至总位移达到 8mm，再加载。

分 3 级（8kPa、10kPa 和 12kPa）施加静荷载，每级荷载维持 50s，卸载后间隔 50s，施加下一级荷载［图 4.13（a）］。施加的局部动荷载分变幅动荷载和变频动荷载两种，它们的加载历程分别如图 4.13（b）和图 4.13（c）所示。

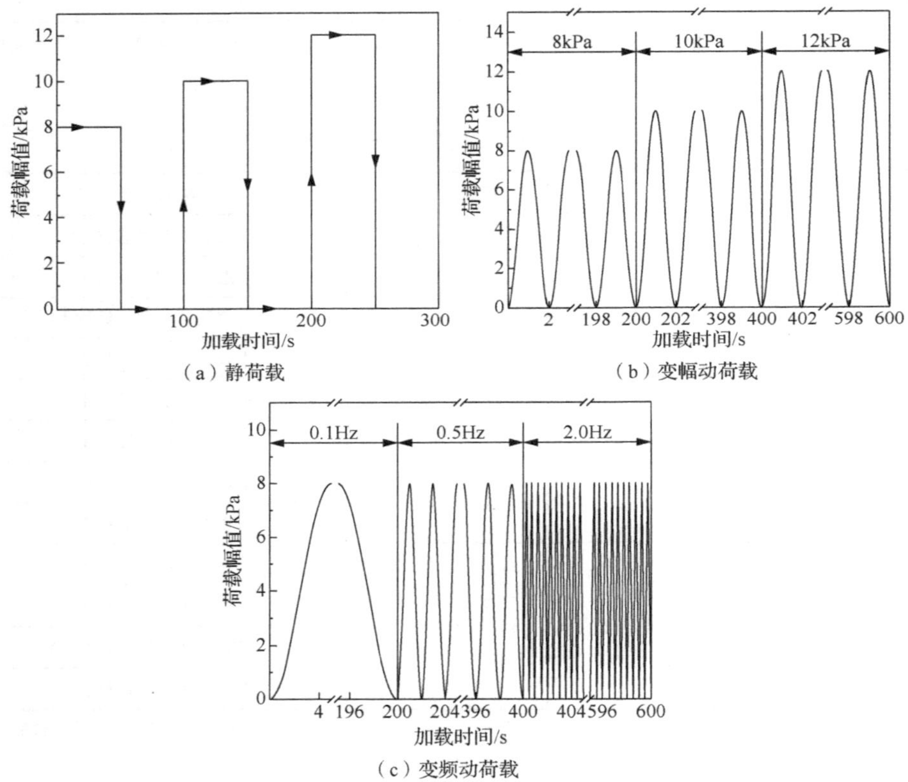

（a）静荷载　（b）变幅动荷载　（c）变频动荷载

图 4.13　加载曲线

试验过程中，除了利用 S 形力传感器测得每个木块（包括 Trapdoor B4）的受力外，使用高清数码相机对 Trapdoor 附近填料的变位过程进行了录制，提取主要节点对应的关键帧，利用粒子图像测速（particle image velocimetry，PIV）技术进行分析，从细观角度认识土拱形成过程中的形态变化。筋材挠曲段上方作用的竖向应力通过竖直方向的受力平衡求解，其中筋材轴力可通过 PIV 测量挠曲段两端筋材应变 ε 并乘以筋材刚度而求得。

4.2.2　动静荷载对土拱效应的影响

在实际工程中，路堤上的荷载形式更接近于局部条形荷载。因此，采用长度 L=3B 及 L=2B 的加载板对填料施加局部表面动静荷载，以使荷载条件更接近真实情况。

1. *应力分布*

图 4.14 所示为静荷载作用下试验各阶段 Trapdoor（B4）及两侧木块上应力的分布，其中“8mm 位移”表示 Trapdoor 下拉 8mm 且顶面无荷载时的阶段。Trapdoor 下拉 8mm 后，Trapdoor（B4）上的应力明显减小，而两侧木块（B3、B5）上的应力增大，说明已经产生了土拱效应。在施加静荷载阶段，Trapdoor 上作用的应力始终小于两侧木块上作用的应力。可以发现，随着静荷载增大，Trapdoor 及其两侧木块上的应力趋于一致，证明土拱效应被削弱；在 H=3B 的 ST3 试验中，荷载的增大对土拱效应的削弱作用并不明显，说明一定的填料高度是保持土拱稳定的必备条件。

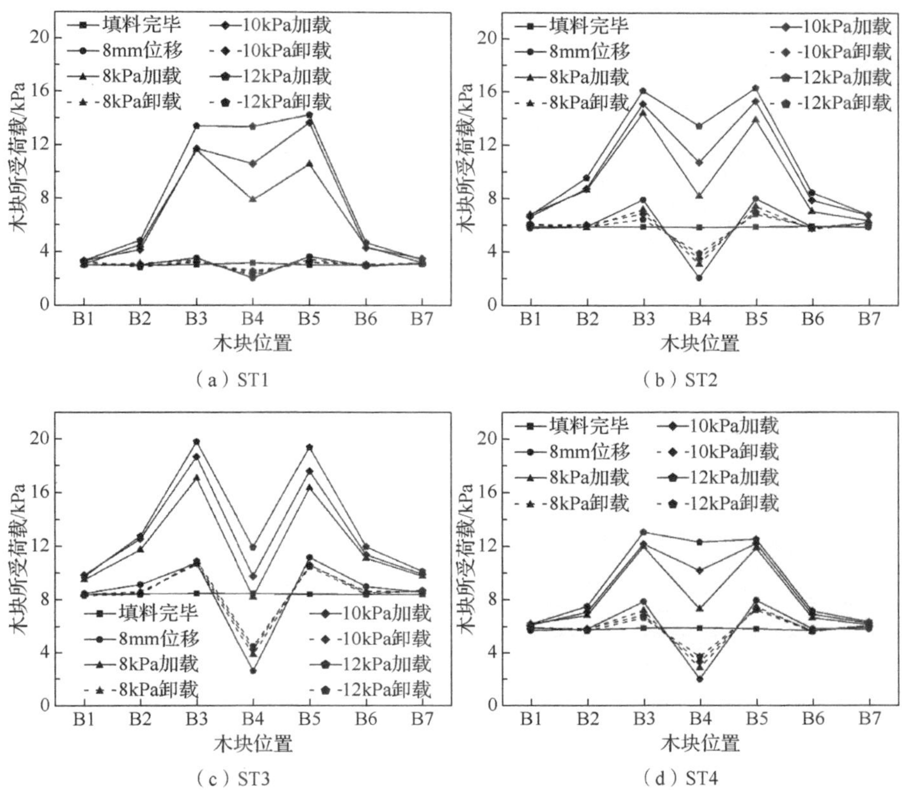

（a）ST1　（b）ST2　（c）ST3　（d）ST4

图 4.14　静荷载作用下试验各阶段 Trapdoor（B4）及两侧木块上应力的分布

在动荷载作用下的 Trapdoor 试验中，可以监测到 Trapdoor 和两侧木块上的作用力随着 3 个阶段循环荷载的变化而变化，在每级加载初始阶段，Trapdoor 上的荷载迅速增大，而后随加载循环逐渐趋于稳定；Trapdoor 上的荷载大小明显受到循环荷载和填料高度的影响，其所受应力的峰谷值随着荷载频率的增加而有小幅增加。

2. 土拱率

为了对比动静荷载对土拱效应的影响，根据基准试验和 Trapdoor 试验的监测结果计算不同条件下的土拱率。图 4.15 给出了土拱率（ρ）随着荷载幅值及频率的变化。图 4.15 中，ρ_{trap}、ρ_{load} 和 ρ_{unload} 分别为静荷载作用下 Trapdoor 下拉 8mm 时、加载阶段和卸载阶段的土拱率，ρ_{peak} 和 ρ_{valley} 分别为动荷载作用下峰值荷载与谷值荷载下的土拱率；实线为 ρ_{load} 及 ρ_{unload} 的拟合线，虚线为 ρ_{peak} 及 ρ_{valley} 的拟合线。

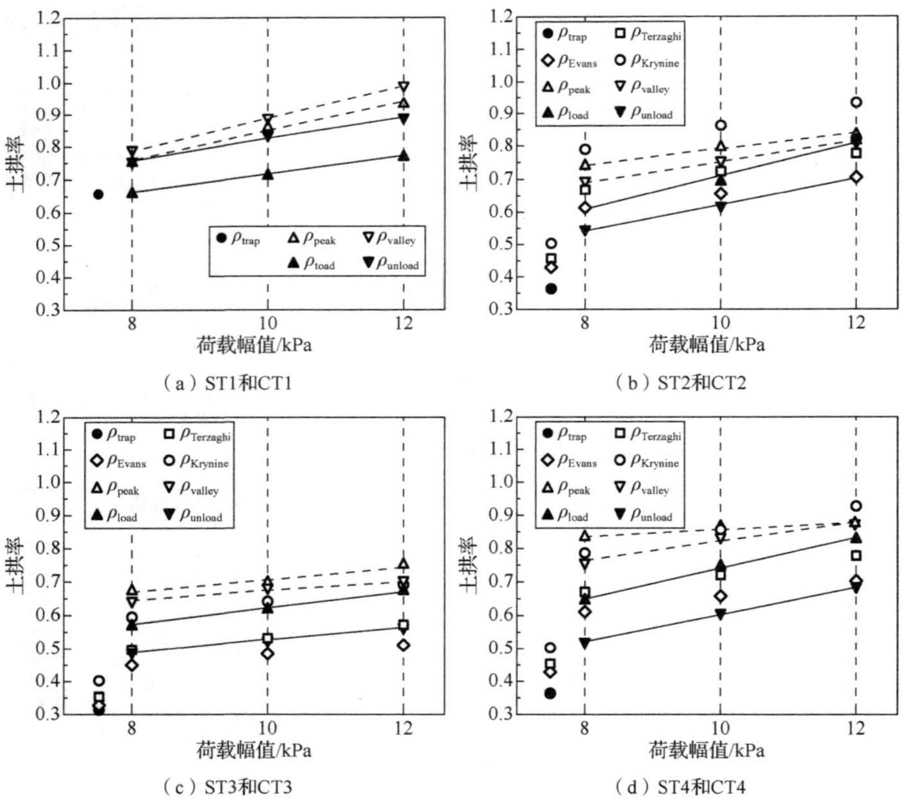

图 4.15　土拱率随荷载幅值及频率的变化

由图 4.15 可知，在自重应力作用下，Trapdoor 下移时的土拱率（ρ_{trap}）小于加载阶段的土拱率，无论静荷载还是动荷载，而且小于卸载后的土拱率（ρ_{unload}），这表明施加荷载会使土拱受到损伤，土拱效应减弱。卸掉荷载后土拱可能会恢复，但需要时间。对比动静荷载下的土拱率（ρ_{load}与ρ_{peak}、ρ_{unload}与ρ_{valley}），可明显发现各组试验中对应荷载阶段动荷载下的土拱率均大于静荷载下的土拱率，证明动荷载对土拱影响更大，对土拱效应削弱更明显。

图 4.15 同时给出了静动荷载下应力恢复阶段和极限状态对应的土拱率的计算值，包括取 K=1 的土拱率计算值ρ_{Terzaghi}、$K\approx0.7$ 的土拱率计算值ρ_{Krynine}和 K=1.2 极限状态下土拱率计算值ρ_{Evans}（Evans，1983）。通过与基于试验结果的土拱率对比可以发现，对于 H=1B 的试样，3 个计算值远大于试验值；对于 H=2B 的试样，ρ_{Terzaghi}和ρ_{Krynine}分别与ρ_{load}和ρ_{peak}非常接近；对于 H=3B 的试样，由于试样高度较高，局部荷载应力扩散程度较大，因此基于均布静荷载的 Terzaghi（1943）公式的适用性较差。

图 4.16 是根据 CT5 试验结果绘制的土拱率随动荷载频率的变化曲线。从图 4.16 中可以发现，荷载频率越高，土拱率越大，对土拱效应的削弱越明显，而且ρ_{peak}与ρ_{valley}的差值随着频率增大而减小。在 CT1～CT4 试验中（图 4.15），ρ_{peak}与ρ_{valley}的差值均小于对应静荷载下ρ_{load}与ρ_{unload}的差值，说明在循环荷载下，特别是频率较高时，受到损伤的土拱在卸载阶段很难恢复。

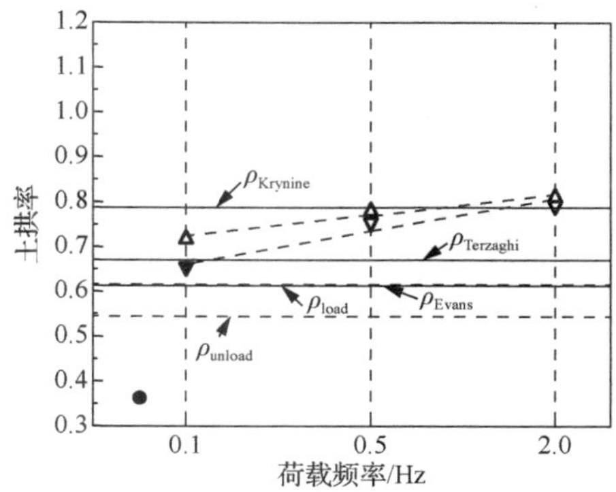

图 4.16　土拱率随动荷载频率的变化

3. 土拱形态及其在荷载作用下的变化

图 4.17 所示为静荷载作用下的 Trapdoor 试验中每个试样在“8mm 位移”“8kPa 加载”“8kPa 卸载”3 个阶段的位移云图。从图 4.17 中可以看到，当 8kPa 加载时，“初始拱区域”的高度增大。该现象表明，施加静荷载破坏了已有的稳定拱，在初始拱结构上部的填料发生塌落，从而形成新的稳定拱。这一新形成的变形拱使荷载传递程度减小，导致土拱效应减弱。当荷载被移除后，填料的回弹引

起其内部应力的重新分布，从而促使另一个新的稳定拱形成。新形成的稳定拱相对于静荷载加载时的拱有着更好的荷载传递能力，土拱效应有了一定的恢复。H=1B 的试样中拱的高度受荷载的影响并不明显，证明了填料高度较低的试样中不稳定的土拱在卸载后基本没有恢复，而填料较高试样中的拱受荷载影响较小。

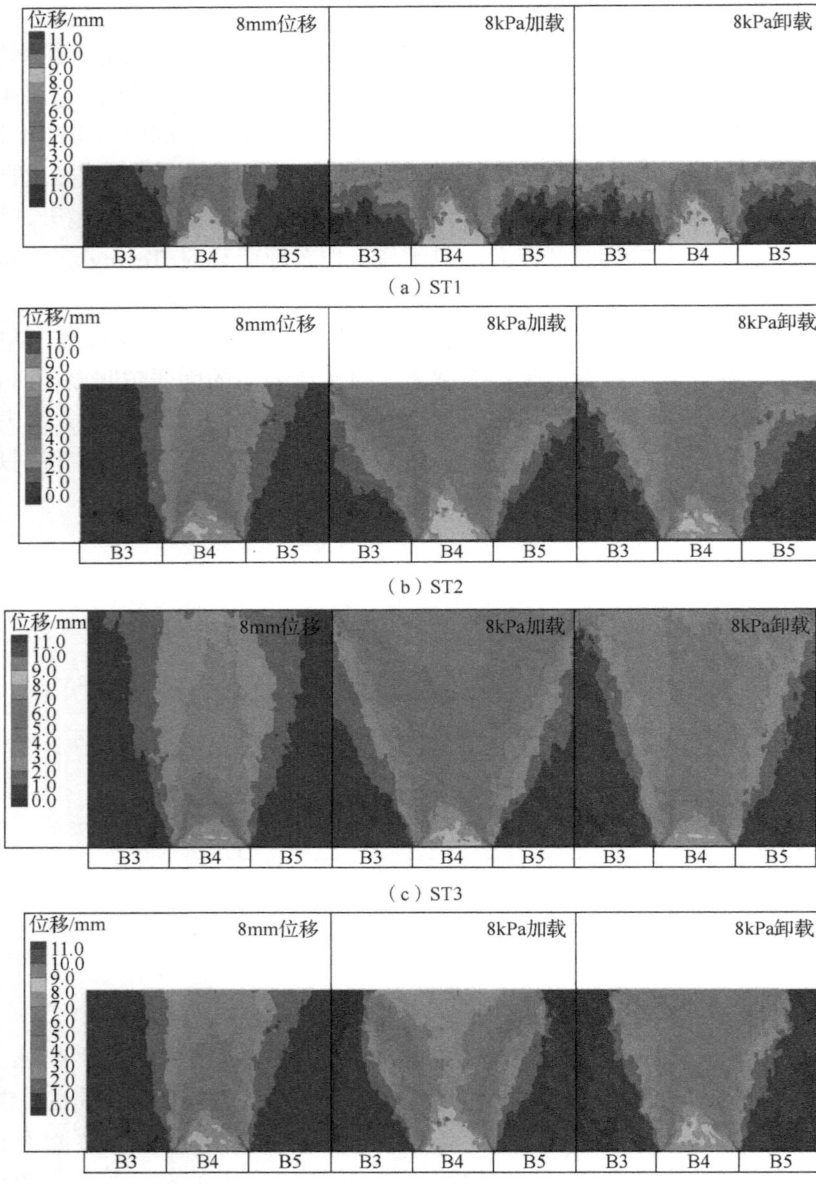

（a）ST1

（b）ST2

（c）ST3

（d）ST4

图 4.17　静荷载作用下 Trapdoor 试验中试样填料的竖向位移云图

图 4.18 为循环荷载下试验 CT1～CT4 中 Trapdoor“8mm 位移”对应的位移云图及 8kPa 循环加载阶段最后一个循环中应力峰值和谷值对应的位移云图。与图 4.17 中静荷载加卸载后的位移云图相比，循环荷载对土拱结构的影响（Trapdoor 上方填料位移大小）更显著，而卸载后土拱结构的恢复程度也明显小于静荷载卸载后的情形。与静荷载下的情况相似，对填料较低（H=2B）的试样［图 4.18（a）］，循环荷载对土拱结构的破坏更严重，且卸载后土拱基本没有恢复；当局部荷载分布范围较小（L=2B）时［图 4.18（d）］，循环荷载造成填料顶面沉降量增大，对土拱结构也造成了严重的破坏。

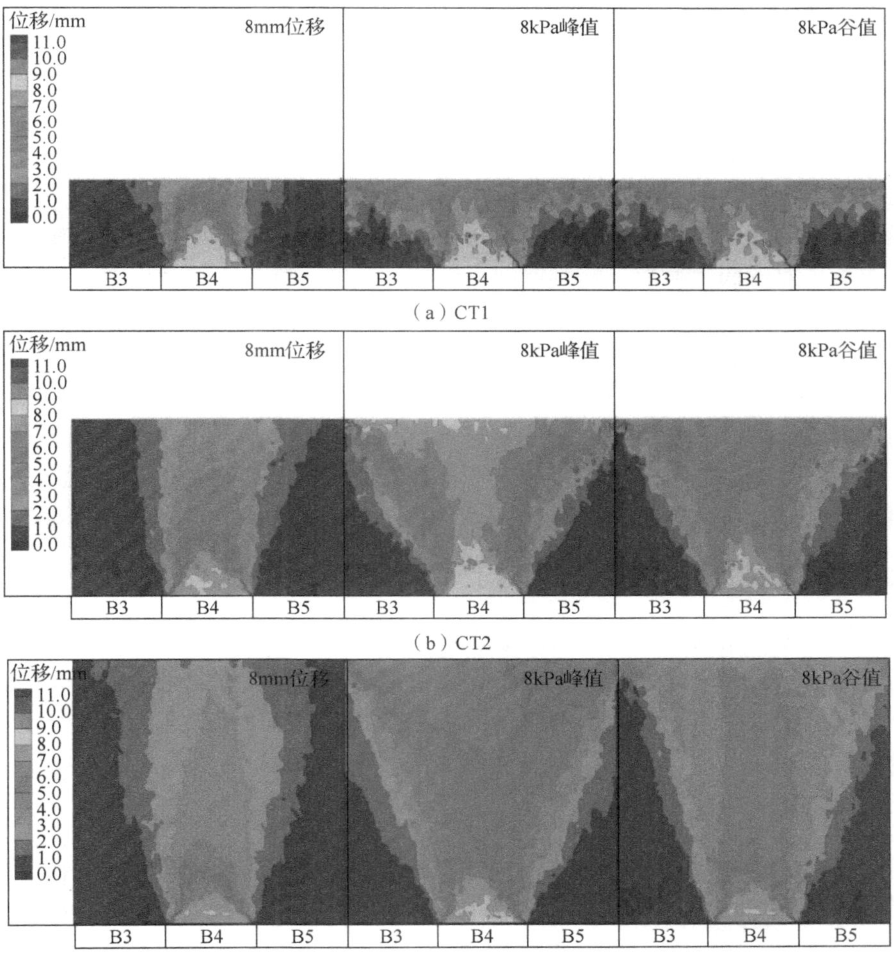

（a）CT1

（b）CT2

（c）CT3

图 4.18　动荷载作用下 Trapdoor 试验中试样填料的位移云图

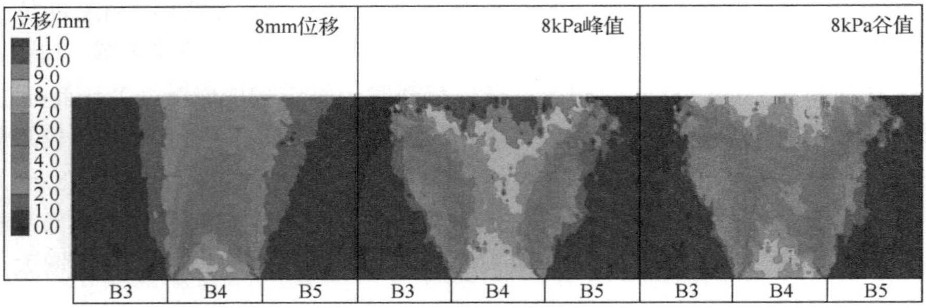

（d）CT1

图 4.18（续）

基于 Trapdoor 试验结果，关于荷载性质、荷载特征及填料高度对土拱结构和土拱效应的影响，可以得到以下几点基本结论。

1）静荷载和动荷载的施加均会引起自重应力下稳定土拱结构的改变，对土拱效应的削弱程度随荷载幅值和循环荷载频率的增大而增大。在相同条件下，循环荷载对土拱的削弱作用大于静荷载。在静荷载和循环荷载作用下，荷载施加阶段对应的土拱效应弱于荷载移除阶段的土拱效应，即卸载后土拱效应有一定程度的恢复。

2）作用范围较小的荷载相对作用范围较大的荷载对土拱效应的削弱程度更明显。当 Trapdoor 上方填料较高时，土拱效应更明显，土拱具有更强的抵抗表面荷载的能力。

3）对于填料较高的情形，由于局部荷载沿深度的应力扩散，因此 Terzaghi（1943）基于填料顶面均布静荷载下试验结果提出的土拱率计算公式并不适用。

4.2.3　加筋措施对土拱效应的影响

加筋措施对路堤填土中土拱的形成和土拱效应有何影响也是工程应用和理论研究需要回答的课题。仍采用 Trapdoor 试验方法，下面从筋材铺设位置、加筋层数及筋材刚度 3 个方面研究局部静动荷载下加筋措施对土拱效应的影响（试验方案参见表 4.2）。

1. 自重应力作用下加筋对土拱的影响

图 4.19 是基于 PIV 技术绘制的 Trapdoor 试验过程中填料内部的位移云图。图 4.19（c）中的虚线代表筋材的初始位置，图 4.19（d）中的水平虚线标识两层筋材中上层的初始位置。图 4.19（a）所示为不加筋时在初始阶段、应力恢复阶段和极限状态下的位移云图，图中对应的 Trapdoor 归一化位移分别为 1.09%、6.25% 和 14.22%；图 4.19（b）、（d）和（e）所示为在不同加筋布置情况下最大拱形成前、最大拱状态下和筋材脱离接触后的位移云图，对应的归一化位移分别为

0.78%、1.25%和 2.50%。可见，在 Trapdoor 下移过程中，加筋的存在明显限制了上方填料的位移和相对位移，这必将影响活动体内部应力的传递和荷载的转移。图 4.19（c）所示为单层筋材布置在垫层顶部的试验中初步稳定阶段、应力恢复阶段和筋材与 Trapdoor 脱离时的位移云图，由于筋材下垫层内填料随 Trapdoor 一起下移，上方填料之间的相对位移和应力传递变得复杂，因此达到稳定状态需要更大的位移，上述各阶段对应的归一化位移分别为 1.56%、2.81%和 4.69%。

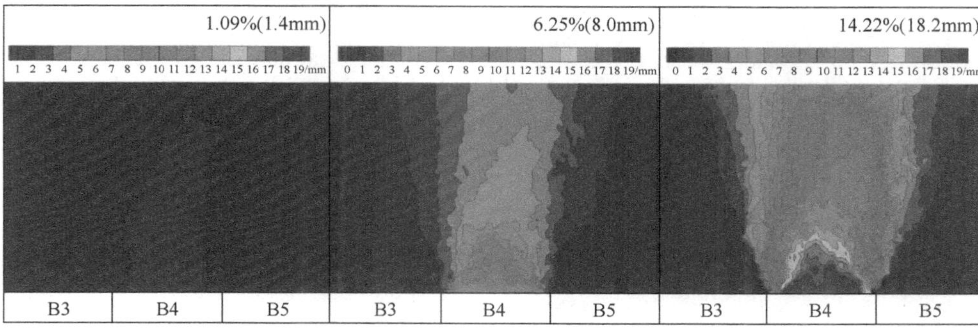

（a）不加筋

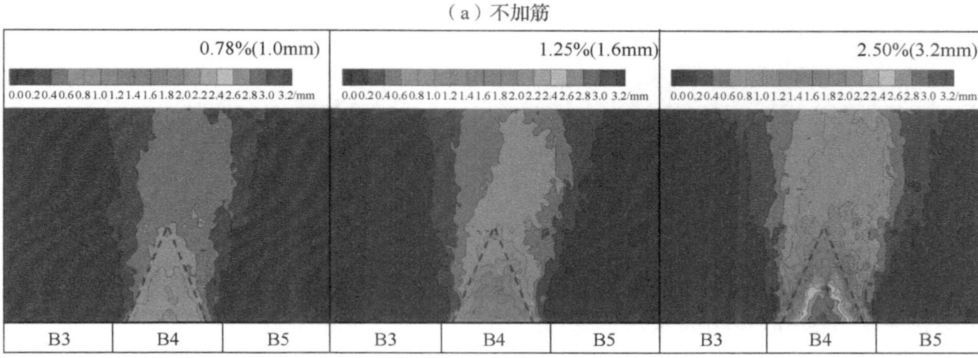

（b）1倍加筋

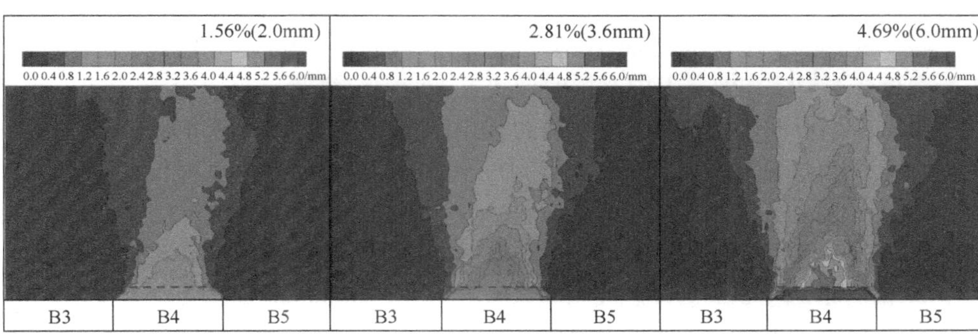

（c）顶部加筋

图 4.19　自重作用下的加筋 Trapdoor 试验中试样填料的竖向位移云图

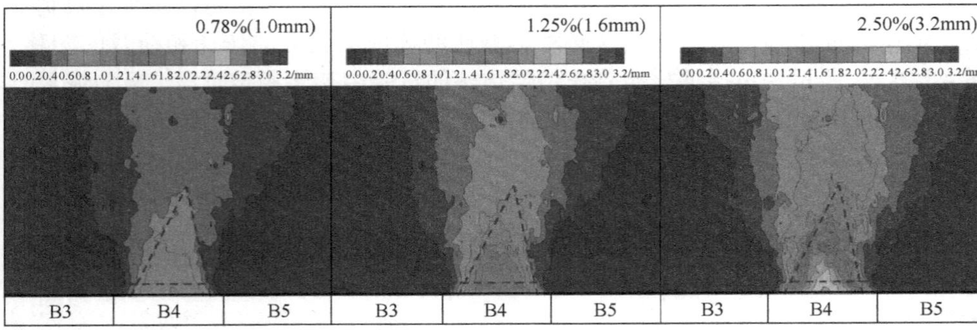

（d）2层加筋

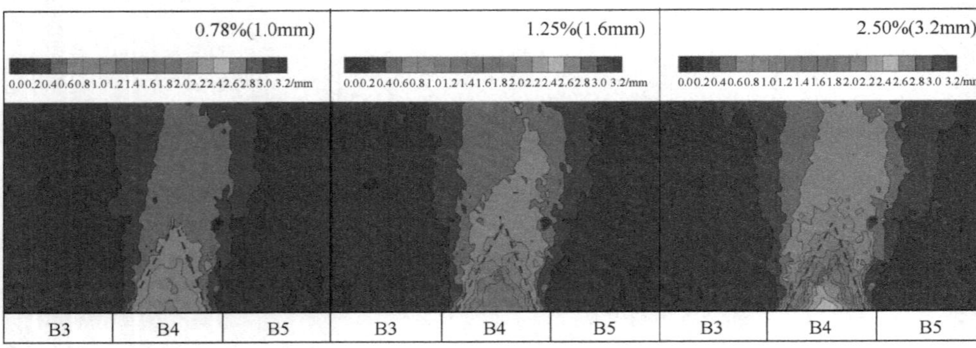

（e）2倍加筋

图 4.19（续）

由图 4.19（a）可知，不加筋试验中，填料内部活动体与稳定体之间的相对位移均起始于 Trapdoor 相邻木块的边缘，滑面的数量随着 Trapdoor 位移的增大，自下而上逐渐增多；加筋试验中［图 4.19（c）除外］，滑面起始于挠曲段筋材上的不同位置，随着 Trapdoor 位移的增大，其数量由外向内不断增多。这种变形模式与 van Eekelen 等（2013）提出的 2D 同心圆拱变形模式及 Rui 等（2019）提出的同心椭圆拱变形模式相似，但同心拱的形状更接近于三角形。

图 4.20 是根据垫层底部一层加筋的试验结果绘制的土拱随着 Trapdoor 下移和筋材挠度的形态变化。当 Trapdoor 只有很小的向下位移量时，筋材仅在 Trapdoor 边缘附近小范围内产生挠曲［图 4.20（a）］，挠曲段筋材与 Trapdoor 两侧木块边缘间的相对位移初步形成土拱，并导致填料内应力重分布；随着筋材挠度增大，一个三角形变形拱完全形成［图 4.20（b）］；随着 Trapdoor 位移的进一步增大，筋材挠度增大，筋材长度也有所增加，发生挠曲的筋材不同段上方填料发生差异沉降和相对位移，形成新的三角形变形拱［图 4.20（c）］；如果 Trapdoor 持续下移，并与筋材脱离接触，筋材挠度达到最大，三角形变形拱由外向内不断生成，

同时靠外的变形拱不断扩张，应力重分布也持续地进行，直至相对稳定的外部竖向滑面形成［图 4.20（d）］，土拱效应充分发挥。

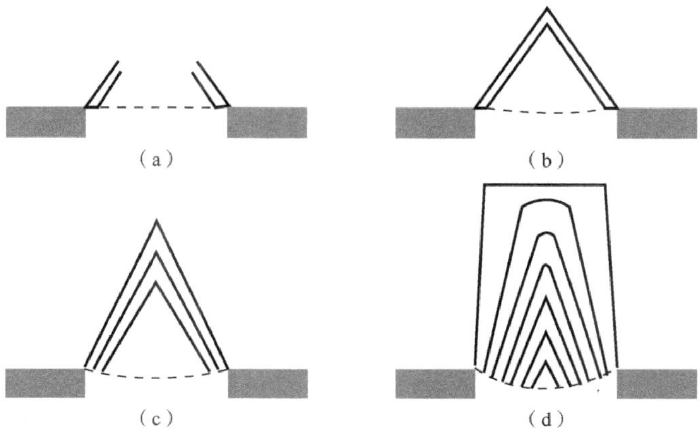

图 4.20　垫层底部一层筋材时土拱形态随筋材挠度的变化

2. 附加荷载作用下加筋对土拱的影响

从自重作用下的试验结果可以看出，加筋改变了土拱效应的作用机理，不同加筋布置方式使土拱效应的发挥程度也不相同。

（1）挠度曲线

图 4.21 所示为静荷载各阶段结束时和动荷载各阶段最后一个循环的峰谷值对应的加筋试样中筋材的挠度曲线。图 4.21（a）显示在静荷载作用下，随着荷载幅值的增大，挠度逐渐增大，荷载移除后，筋材挠度减小，但加载与卸载下筋材挠度的差值随着荷载幅值的增大而增大。在动荷载作用下，8kPa 阶段荷载施加时（图中 8kPa 峰值）筋材就产生了很大的挠曲变形；8kPa 阶段荷载移除后（图中 8kPa 谷值），筋材挠度虽有恢复，但变化不大。随着动荷载的增大，筋材挠度进一步增大，但荷载移除后挠度的增加并不明显。图 4.21（b）显示了顶部加筋的试样的筋材挠度曲线（由于筋材挠度较大，该图中纵坐标轴对应的挠度最大值为-9mm，大于其他情形下的扰度），静荷载作用下挠度曲线的变化规律与 1 倍加筋试样的筋材挠度曲线在静荷载作用下的变化规律一致。在动荷载作用下，8kPa 阶段荷载施加时，筋材即产生了很大的挠曲变形，此时挠曲线的最大挠度已经大于静荷载作用下 12kPa 荷载阶段对应的最大挠度，8kPa 阶段荷载移除后对应的挠度与 8kPa 荷载施加时对应的挠度非常接近。在 10kPa 和 12kPa 阶段，筋材的挠度几乎没有产生变化。图 4.21（c）和（d）给出了采用 2 层加筋时上层和下层筋材的挠度曲线。可以看到，在动荷载和静荷载作用的各阶段，荷载施加时对应的筋材挠度均大于荷载移除后对应的筋材挠度，且筋材挠度均随着荷载幅值的增大而增大；相同幅值的荷载作用下，动荷载对应的筋材挠度明显大于静荷载对应的筋材挠度，但随

着荷载幅值的增大，动荷载与静荷载对应的筋材挠度间的差距在减小。更重要的是，上下两层筋材的挠度曲线存在差别：上层筋材挠曲主要集中在中段，而两侧挠度较小，这归因于两层筋材之间存在填料。尽管如此，在荷载性质和大小相同的情况下，上下层筋材的最大挠度也基本相同。图 4.21（e）展示了 2 倍加筋试验中筋材在动静荷载下的挠度曲线，可以看出，刚度大的“2 倍加筋”试验中筋材挠度明显小于 1 倍加筋试验中筋材的挠度，且与 1 倍加筋试验筋材挠度随着荷载增大的变化规律不同，而是与 2 层加筋试验中下层筋材挠度曲线的变化规律相似。这证明了在荷载作用下筋材的变形模式与筋材刚度有着很强的相关性。

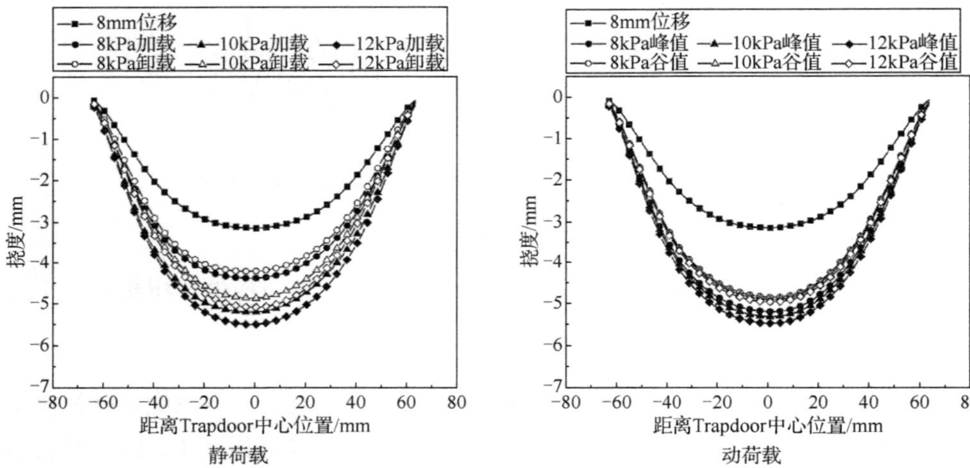

（a）1倍加筋

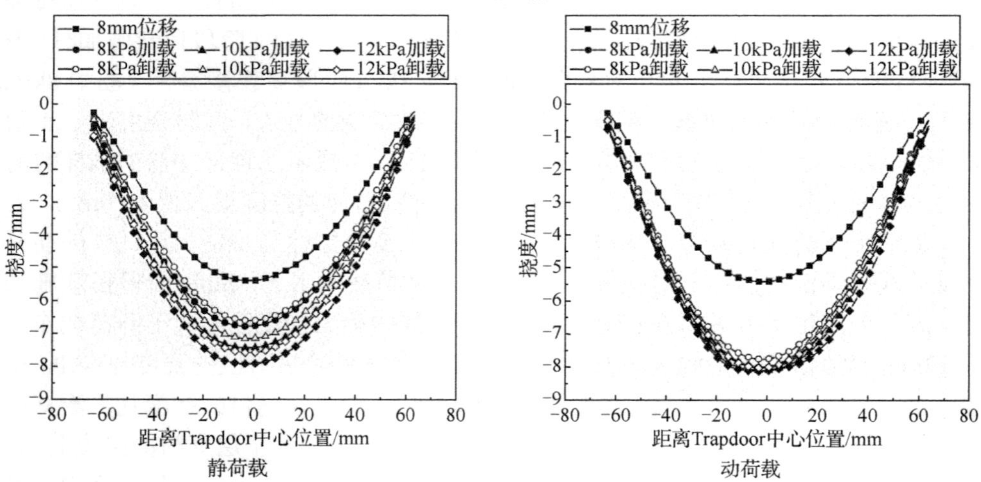

（b）顶部加筋

图 4.21　动静荷载下不同加载阶段筋材的挠度曲线

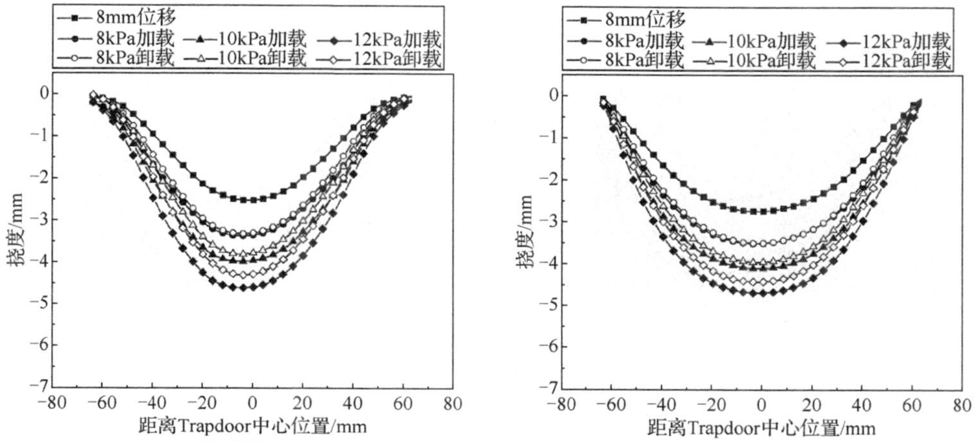

静荷载　　动荷载

（c）2层加筋（上层）

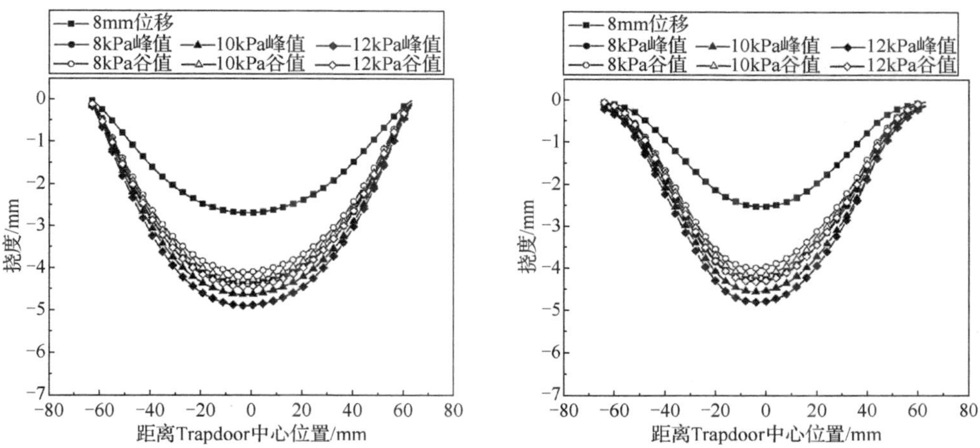

静荷载　　动荷载

（d）2层加筋（下层）

图 4.21（续）

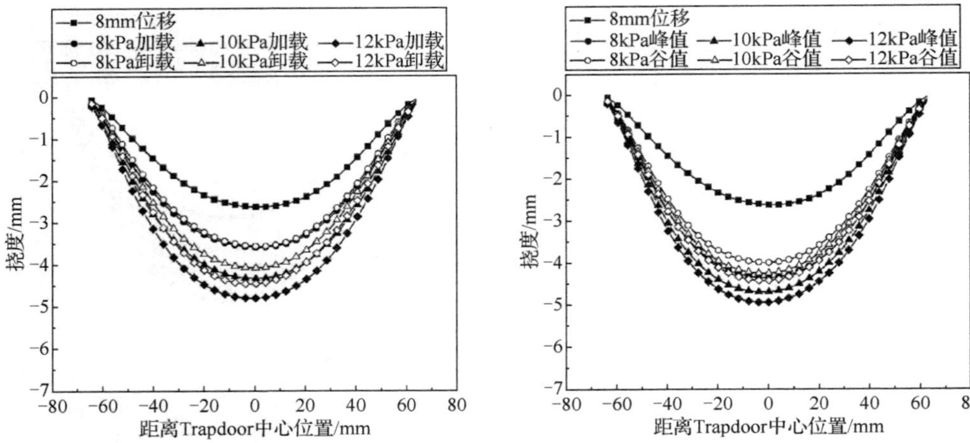

静荷载　　动荷载

（e）2倍加筋

图 4.21（续）

（2）土拱率

筋材上方作用的竖向应力通过筋材挠曲段的竖向受力平衡求得，Trapdoor 位移前筋材上的竖向平均应力根据参考试验获得，据此计算 Trapdoor 位移 8mm 后、静荷载加载阶段、静荷载卸载阶段、动荷载峰值荷载与谷值荷载下的土拱率，如图 4.22 所示。图 4.22 中符号含义如前文所述，实线为ρ_{load}和ρ_{unload}的拟合线，虚线为ρ_{peak}和ρ_{valley}的拟合线；K_{Chen}和K_E为土压力系数。

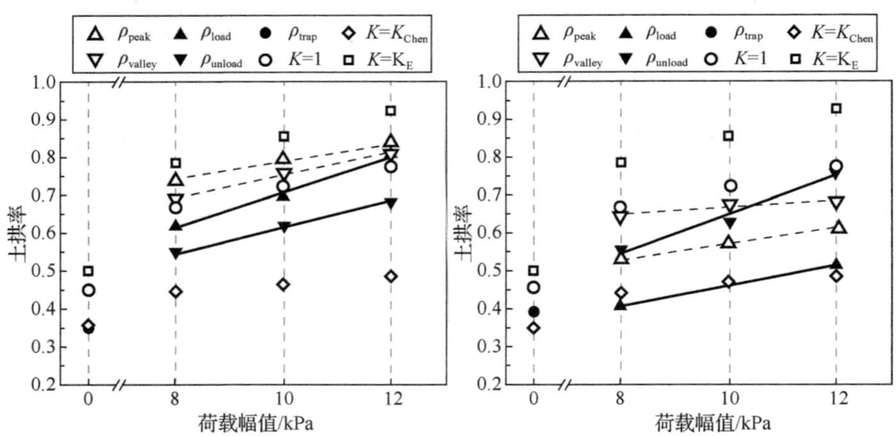

（a）不加筋　　（b）顶部加筋

图 4.22　荷载作用下的 Trapdoor 试验中土拱率随荷载幅值的变化

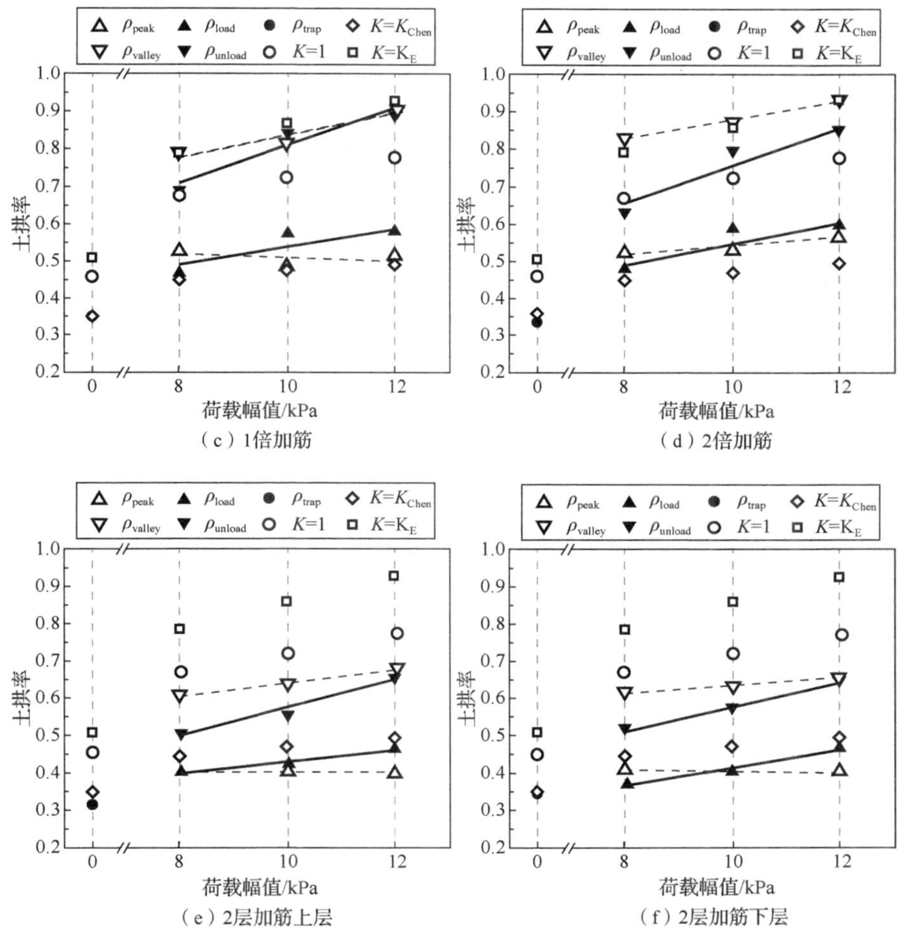

（c）1倍加筋　（d）2倍加筋

（e）2层加筋上层　（f）2层加筋下层

图 4.22（续）

结果显示，加筋情形下，无论是动荷载还是静荷载，加载时对应的土拱率（ρ_{load}和ρ_{peak}）均远小于不加筋的情形，说明加筋措施增强了土拱抵抗附加荷载的能力。不加筋时，荷载的施加会使土拱效应明显减弱；荷载移除后，土拱效应会得到一定的恢复。有加筋时，荷载施加同样会削弱土拱效应，但荷载移除后对应的土拱率（ρ_{unload}和ρ_{valley}）反而大于加载阶段的土拱率（ρ_{load}和ρ_{peak}）。这种现象与不加筋情况下的刚好相反，这是筋材的张力膜效应造成的正常现象。在附加荷载卸除后，承受张拉力的挠曲筋材对上方填料的兜提作用使筋材上的竖向应力并没有相应减小，因此卸载后土拱率的增大不能解释为土拱效应的进一步削弱。

由图 4.22（b）可知，当筋材布置在垫层顶部时，土拱率均随着荷载幅值的增大而增大，且动荷载对土拱效应的削弱程度明显强于静荷载；但是，当筋材布置在垫层底部时，动荷载和静荷载对土拱效应的削弱程度相当。这表明筋材布置位置对土拱效应存在影响，但其中机制仍需进一步探讨。至于土拱率随着荷载的增大而增大，同样可以用张力膜效应解释。在布置 2 层筋材的情形下［图 4.22（e）和（f)］，土拱率小于单层筋材的情形，表明双层筋材增强了土拱抵抗附加荷载的能力。不管是按上层或下层筋材受力计算的土拱率大小均接近，说明各层筋材上的竖向应力差别不大。

图 4.22 中也给出了 K 取 1、K_{Chen}（陈若曦 等，2010）和 K_{E} 时按 Terzaghi（1943）公式求得的土拱率计算值。对于顶部加筋的试样，$K=K_{\mathrm{Chen}}$ 对应的计算值与ρ_{load}的试验值较为接近，但明显小于ρ_{peak}的试验值；对于 1 倍加筋和 2 倍加筋的试样，$K=K_{\mathrm{Chen}}$ 对应的计算值均略小于ρ_{peak}和ρ_{load}的试验值；对于 2 层加筋试样中的上层和下层筋材，$K=K_{\mathrm{Chen}}$ 对应的计算值均略大于ρ_{peak}和ρ_{load}的试验值。而 $K=K_{\mathrm{E}}$ 时，计算值明显偏离加载阶段的试验值；相对地，$K=1$ 对应的计算值均大于ρ_{peak}和ρ_{load}的试验值，且与试验值相差较小。因此，可以使用 $K=1$ 对应的计算值保守地估计加筋时动静荷载作用下的土拱率。

（3）土拱形态在附加荷载下的演变

图 4.23 所示为 8kPa 静荷载作用下的 Trapdoor 试验中各阶段各试样内部的竖向位移云图。有加筋时，8kPa 荷载的施加对“同心三角拱”的拱顶造成了一定程度的破坏，但由于筋材有着一定的挠曲变形能力，因此相对于不加筋时拱顶遭受的破坏程度较轻。荷载的施加使填料内部的应力水平增大而被压密，会增大“同心拱”间的摩擦力，从而引起更多的荷载传递，这应该是加载后有加筋的试验中土拱效应没有被大幅削弱的原因。当荷载移除后，试样内部的应力水平减小，从而使“同心三角拱”间的摩擦力减小。加载时，“同心三角拱”的初始结构已经被破坏，其传递荷载的能力减弱，因此荷载卸载后土拱效应明显减弱。

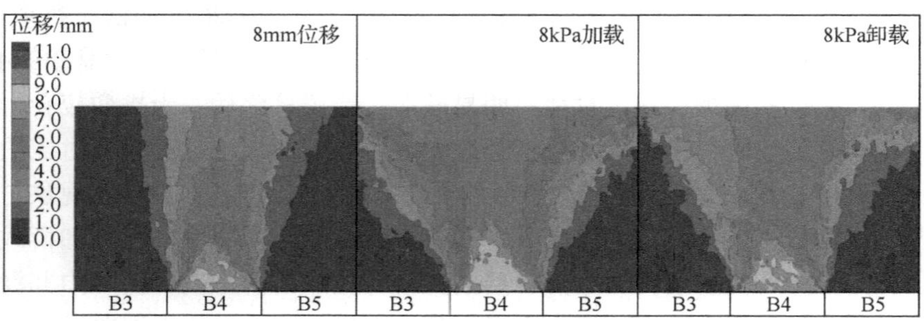

（a）不加筋

图 4.23　8kPa 静荷载作用下的 Trapdoor 试验中各阶段各试样内部的竖向位移云图

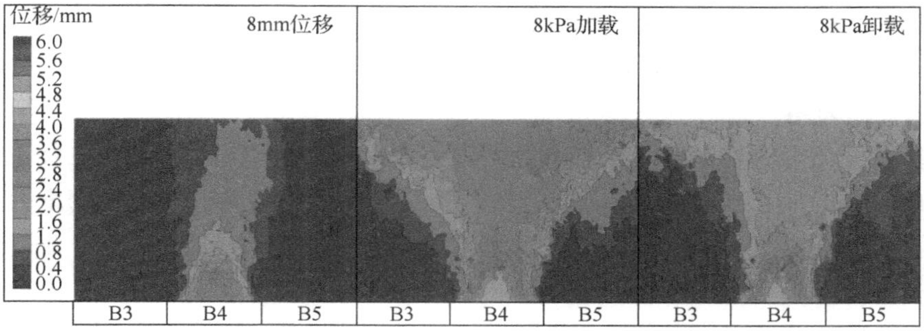

（b）1倍加筋

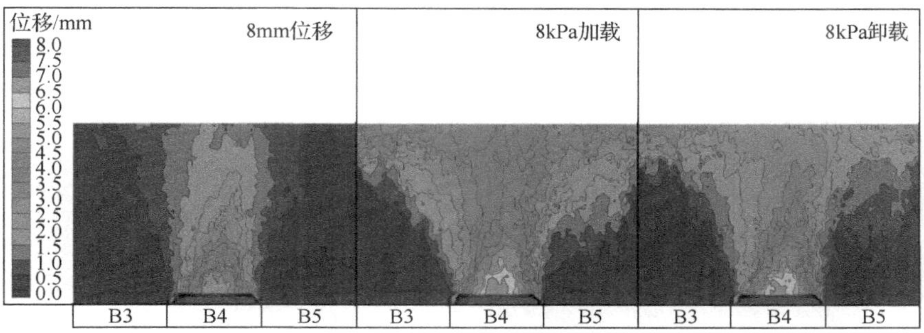

（c）顶部加筋

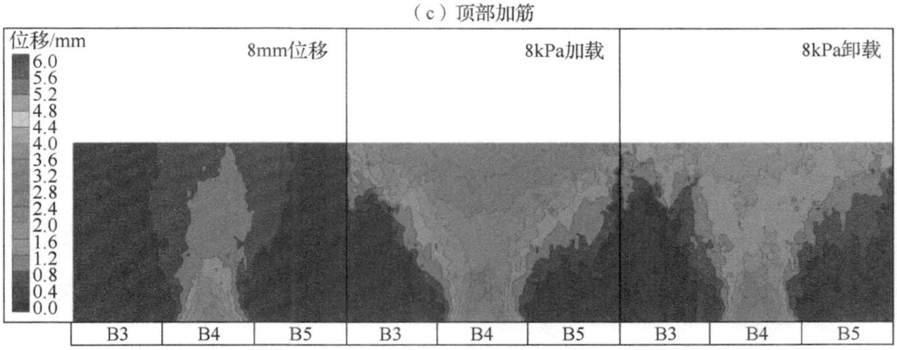

（d）2层加筋

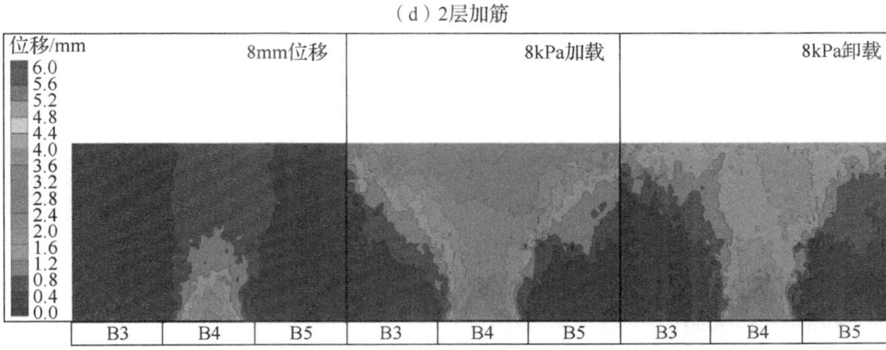

（e）2倍加筋

图 4.23（续）

动荷载对土拱结构的破坏程度较静荷载大一些，在相同幅值的荷载作用下，动荷载对土拱效应的削弱程度大于静荷载。限于篇幅，这里不再展示 8kPa 循环荷载下的位移云图。

图 4.24 所示为静荷载和动荷载作用下 3 个加载阶段（8kPa、10kPa 和 12kPa）中不加筋试样内部的竖向位移云图。从图 4.24 中可知，随着荷载幅值的增大，“初始拱区域”明显受到了更大的破坏，无论是静荷载还是动荷载作用下，12kPa 荷载作用阶段在试样内部均几乎出现了竖向贯通面。对比图 4.24（a）和（b）可知，相同荷载水平下，动荷载对拱结构的破坏程度均明显大于静荷载，且随着荷载水平的提高，动荷载和静荷载对土拱破坏程度的差异增大。

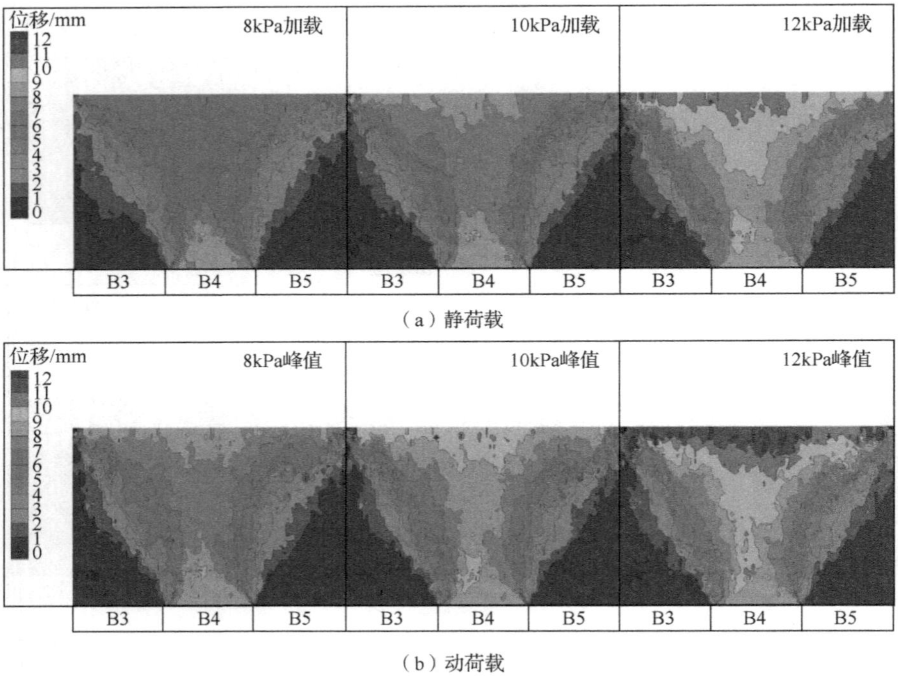

图 4.24　静荷载和动荷载作用下 3 个加载阶段中不加筋试样内部的竖向位移云图

图 4.25 所示为静荷载和动荷载下 3 个加载阶段中 1 倍加筋试验中试样内部的竖向位移云图。“同心拱结构”在 8kPa 静荷载和动荷载作用阶段有着一定的差别。然而，在 10kPa 和 12kPa 荷载作用阶段，尽管动荷载作用下“同心拱结构”上方填料的变形明显大于静荷载作用下对应的填料变形，但“同心拱结构”本身并没有明显差别。“2 层加筋”和“2 倍加筋”情形下的试验结果与“1 倍加筋”的相似，这里不再单独列出。

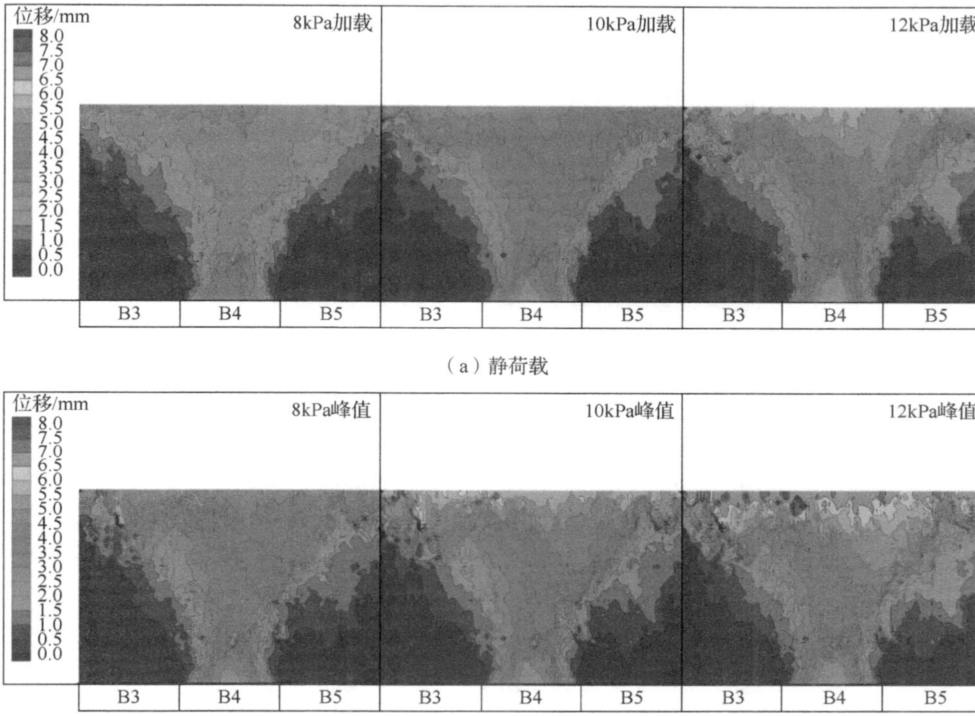

（a）静荷载

（b）动荷载

图 4.25　静荷载和动荷载下 3 个加载阶段中 1 倍加筋试样内部的竖向位移云图

4.3　桩承式加筋路堤土拱效应的变化规律

在基于 Trapdoor 试验获得的土拱理论研究成果基础上，本节重点论述桩承式加筋路堤中土拱的影响因素及土拱效应的变化规律（宋世彤，2016）。

4.3.1　研究方法

采用缩尺模型试验方法开展桩承式加筋路堤土拱效应影响因素研究，这些影响因素包括桩基类型（端承桩与悬浮桩）、路堤填料类型（无黏聚力与有黏聚力）和附加荷载类型（静荷载与循环荷载）等。

模型箱尺寸为 3000mm×1000mm×1800mm（长×宽×高），由型钢焊接而成，侧壁采用透明钢化玻璃以便观察。根据模型箱尺寸制作全断面桩承式加筋路堤模型，模型中路堤按 1∶1.5 放坡。试验装置及不同桩基的模型如图 4.26 所示。

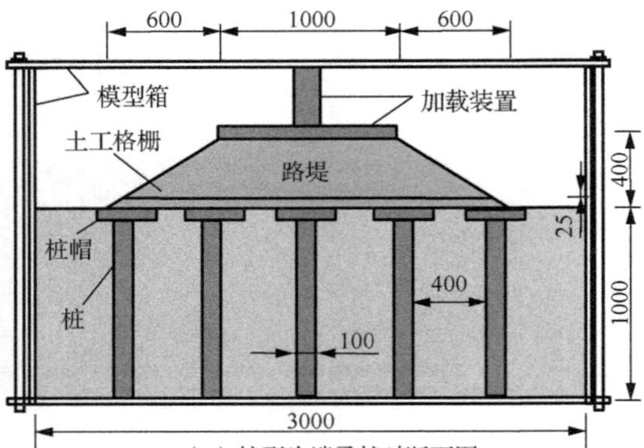

（a）桩型为端承桩时断面图

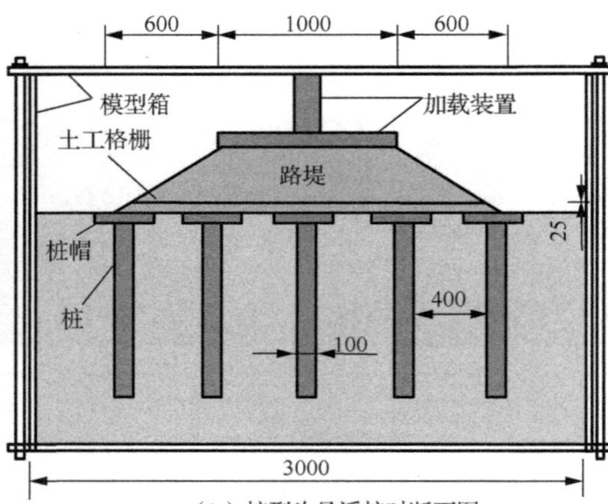

（b）桩型为悬浮桩时断面图

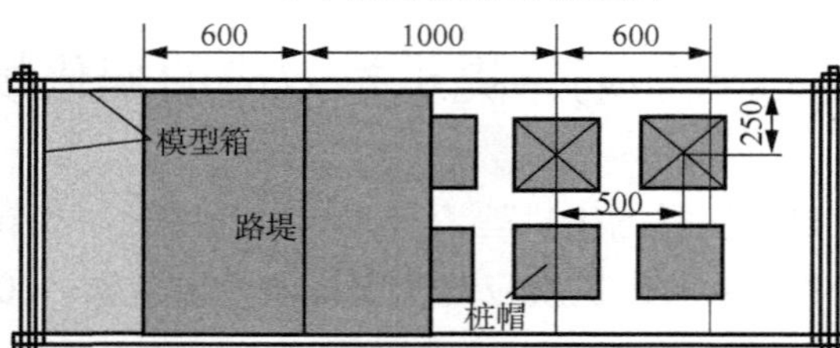

（c）俯视图

图 4.26　试验装置及不同桩基的模型（单位：mm）

1. 模型材料

路堤填土和地基土均采用中细砂，不均匀系数为 2.73，最大干密度为 $1.99g/mm^3$。为模拟地基土的可压缩性，在中细砂中掺入 EPS 颗粒形成混合土，EPS 颗粒直径为 3～4mm，EPS 掺入量为 0.5%，最大干密度为 $1.91g/mm^3$。经测试，混合土的内摩擦角为 27°，黏聚力为 0kPa，压缩模量为 2.58～3.04MPa。为研究路堤填土的黏聚力对土拱效应的影响，采用在中细砂中掺入纤维，形成具有黏聚力的填土，纤维丝长度为 30～40mm，掺入量为 0.3%，最大干密度为 $1.98g/mm^3$。经测试，掺入纤维后填土的内摩擦角为 38°，黏聚力为 15kPa。

采用塑料拉伸双向土工格栅作为加筋材料，在延伸率为 5%时，抗拉强度为 25kN/m，拉伸模量为 500kN/m。

模型桩为自制的 C15 素混凝土桩，直径为 100mm，桩长为 1000mm。桩帽采用厚钢板，尺寸有 3 种：120mm×120mm、240mm×240mm 和 300mm×300mm；钢板下焊接的圆环可包裹住桩顶，防止桩帽与桩之间产生滑动。

2. 试验方案

缩尺模型试验共 12 组（表 4.3），各模型均按正方形布桩，桩间距等于 500mm，路堤高度为 400mm。表 4.3 中，h 为路堤高度，a 为桩帽边长，s 为桩间距。通过改变桩帽尺寸，从而改变桩帽净间距（$s-a$）与填土高度（h）之比。仅铺设一层双向土拱格栅，距桩帽顶 25mm。模型 T1 作为基准试验（reference test），其他模型的试验可以与 T1 的结果进行对比，以分析桩基端承条件和荷载类型等因素对桩承式加筋路堤工作机理的影响。鉴于在桩间距和路堤高度不变情形下，桩帽尺寸决定了桩间净间距与路堤高度的比值，因此桩帽尺寸实质上直接影响桩承式加筋路堤的成拱条件。

表 4.3　桩承式加筋路堤模型试验方案

编号	路堤填土黏聚力/kPa	桩帽边长 a/mm	$h:(s-a)$	桩型	荷载类型
T1	0	300	2.0∶1	端承桩	静荷载
T2	15	300	2.0∶1	端承桩	静荷载
T3	15	240	1.5∶1	端承桩	静荷载
T4	15	120	1.1∶1	端承桩	静荷载
T5	15	300	2.0∶1	悬浮桩	静荷载
T6	15	240	1.5∶1	悬浮桩	静荷载
T7	0	300	2.0∶1	端承桩	循环荷载
T8	15	300	2.0∶1	端承桩	循环荷载
T9	15	240	1.5∶1	端承桩	循环荷载
T10	15	120	1.1∶1	端承桩	循环荷载
T11	15	300	2.0∶1	悬浮桩	循环荷载
T12	15	240	1.5∶1	悬浮桩	循环荷载

3. 加载与监测

采用分级加载法进行加载。分级加载量为 2kPa，每级加载后等待 30min，再施加下一级加载。静荷载直至 20kPa 为止，循环荷载直至 10kPa 为止。

自行研制的加载系统，由加载和控制两部分组成，既可静荷载，也可施加循环荷载。加载板尺寸为1000mm×950mm，由5mm厚钢板制成，通过液压系统采用应变控制加载，最大加载量为40kN，最大频率为5Hz。本次模型试验中，循环荷载的频率为1Hz，波形为正弦波。

模型试验中，通过对路堤总沉降、桩顶与桩间土沉降、桩顶与桩间土竖向压力的监测，揭示填料类型、桩基类型等对土拱效应在内的桩承式加筋路堤工作机理的影响。监测布置如图4.27所示，其中S1和S2为百分表，用于量测路堤表面填土竖向位移，S1位于路堤中心，S2位于路肩。ss1、ss2和sp1为沉降标，用于量测路堤内部桩间土和桩的竖向位移，ss1位于四桩单元中心位置，ss2位于相邻两桩的正中间，sp1位于桩帽边缘。epc1～epc5为微型土压力计，epc1、epc2和epc3均位于四桩中心的路堤填土中，距桩顶平面分别为100mm、50mm和0mm；ecp4和epc5在桩帽上，epc4位于桩帽中心，epc5位于桩帽边缘。

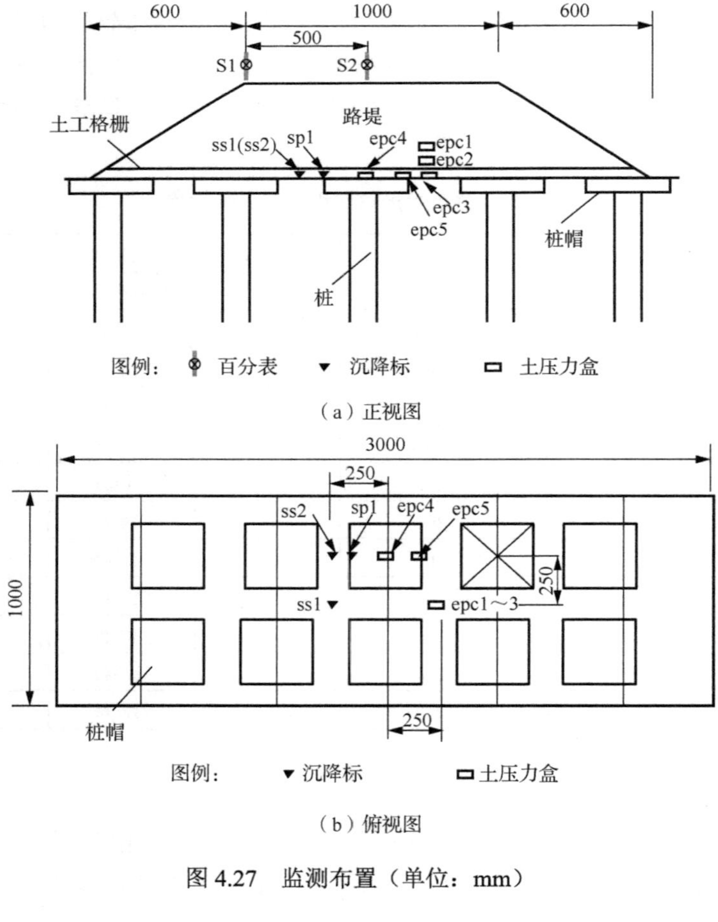

图4.27　监测布置（单位：mm）

4. 土拱效应的评价方法

这里借用桩体荷载分担比（DGGT，2010）定量描述由于土拱效应和张力膜效应使桩体承担上覆荷载的比例，定义为作用在单桩上的荷载与单桩分担范围内总荷载的比值，用百分数表示。模型中土工格栅铺设在桩顶之上 25mm 的高度，根据土压力盒与土工格栅的相对位置（图 4.27），桩体荷载分担比有两种表达方式，即不考虑张力膜效应传递给桩基的荷载（E_{pA}）和计入这部分荷载（$E_{p(A+B)}$）。假设桩间竖向应力均匀分布，根据土压力量测结果，两种桩体荷载分担比可近似表达为

$$E_{pA}=1-\frac{(s^2-a^2)\times \mathrm{ep}_2}{(s^2-a^2)\times \mathrm{ep}_3+a^2\times(\mathrm{ep}_4+\mathrm{ep}_5)/2} \tag{4.7}$$

$$E_{p(A+B)}=\frac{a^2\times(\mathrm{ep}_4+\mathrm{ep}_5)/2}{(s^2-a^2)\times \mathrm{ep}_3+a^2\times(\mathrm{ep}_4+\mathrm{ep}_5)/2} \tag{4.8}$$

式中，ep_2、ep_3、ep_4和ep_5——对应土压力盒在所在位置测得的竖向压力，kPa。

4.3.2 路堤填土黏聚力对土拱效应的影响

根据 T1 和 T2 试验中土压力监测结果，计算桩体荷载分担比。图 4.28（a）和（b）分别为模型 1 和模型 2 桩体荷载分担比随路堤填筑高度和附加荷载的变化曲线。当填筑高度不超过 100mm 时，$E_{p(A+B)}$≈36%，相当于按桩帽面积比分担的上部荷载。随着路堤高度增加，无论路堤填土是否具有黏聚力，桩体荷载分担比都随填筑高度的增大而增大，均大于 36%，说明当路堤高度超过 100mm 时产生了土拱效应和张力膜效应，使后续的填土荷载更多地转移至桩基，而且填土高度越大，这些作用越明显。同时，当路堤高度超过 100mm 后，两组试验的 E_p～h 曲线分离，T2 的桩体荷载分担比大于 T1 的桩体荷载分担比，说明在桩承式加筋路堤中，填土的黏聚力增强了填土的土拱效应，将更多上覆荷载传递到了桩上。

图 4.28（b）显示，随着堤顶附加荷载增大，桩体荷载分担比继续增大，但增长趋势逐渐变缓，且 T2 的桩体荷载分担比总是大于 T1 的桩体荷载分担比。这同样说明具有黏聚力的路堤填土产生的土拱具有更强的抵抗附加荷载的能力。

假定路堤填筑完成后，此时 h:(s–a)=2.0，满足全拱条件，后续施加的附加荷载通过路堤填土的土拱效应和土工格栅的张力膜效应全部传递给桩基，计算得到桩土应力比随附加荷载的变化曲线［图 4.28（b）中 E_p'曲线］，可见此值远大于两个试验中的实测值。这说明即使满足全拱条件，施加的附加荷载也会造成土拱效应减弱，这与 Trapdoor 试验结果一致；加筋材料的张力膜效应会随着土拱效应的变化而调整，仍有部分附加荷载最终传递给桩间土承担。根据这些试验结果，可

以认为在进行实际工程设计时不考虑填土的黏聚力将低估土拱效应，增加了筋材承担的荷载。

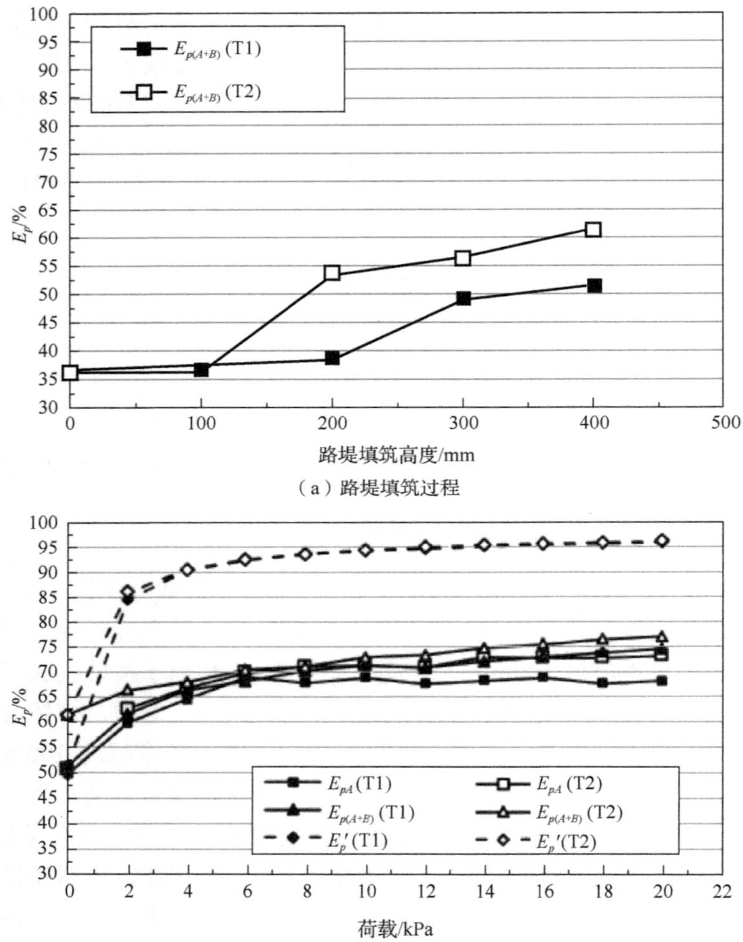

（a）路堤填筑过程

（b）加载过程

图 4.28　模型 1 和模型 2 桩体荷载分担比随路堤填筑及附加荷载的变化曲线

4.3.3　桩基类型对土拱效应的影响

这里用 T2 和 T5 模型试验结果对比端承桩与悬浮桩桩承式加筋路堤中的土拱效应。图 4.29 给出了 T2 和 T5 在填筑阶段和加载过程中桩体荷载分担比变化曲线。在填筑阶段，$E_{p(A+B)}$相差不大；在加载阶段，则差异明显。图 4.29（b）显示，当附加荷载超过 6kPa 以后，悬浮桩情况下的桩体荷载分担比均开始减小。这一结果证明在填筑阶段及附加荷载较小时，两模型中桩基承担的荷载差别不大，即土拱的形成和土拱效应相似。进一步分析，应该是在此阶段悬浮桩的沉降量与端承桩差别不大。当加载超过 6kPa 以后，端承桩的压缩可以忽略不计，而悬浮桩刺入持力层，沉降量明显增加。桩基沉降相当于土拱和张力膜失去稳定区支撑，已形成的土拱将会遭到破坏，削弱土拱效应；加筋材料松弛，张力膜效应可能基本消失，而把桩基原来承担的荷载转移至桩间，造成桩间地基土承担的荷载大幅增加。这一点可以从悬浮桩情形下，当附加荷载大于等于 14kPa 时 $E_{p(A+B)}= E_{p(A)}$得到证明。

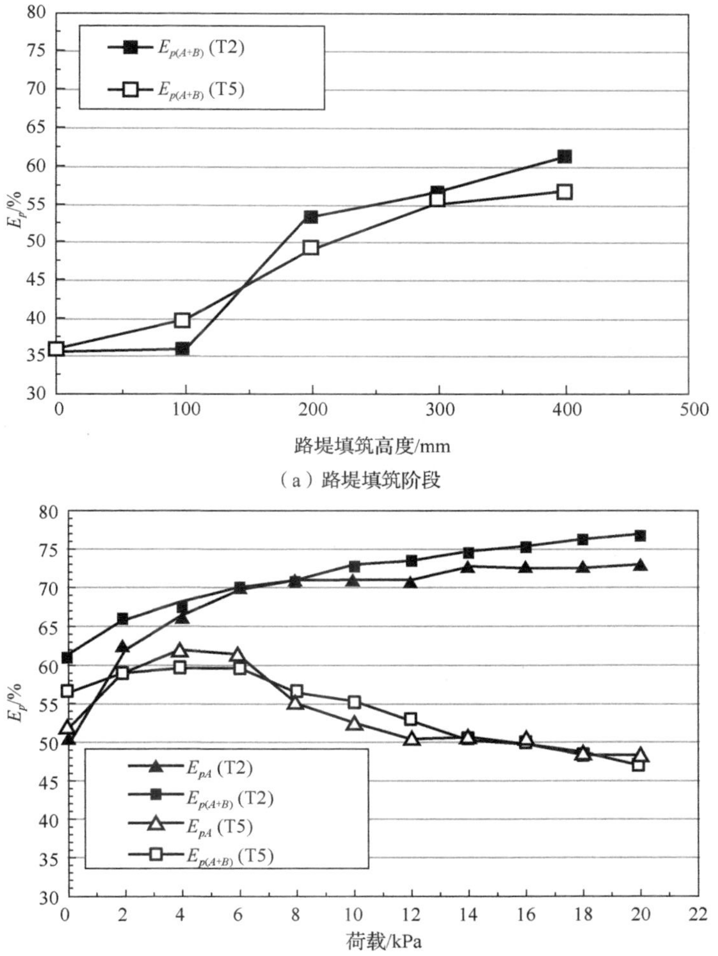

（a）路堤填筑阶段

（b）加载阶段

图 4.29　T2 和 T5 在路堤填筑和加载阶段的桩体荷载分担比变化曲线

4.3.4　荷载类型对土拱效应的影响

图 4.30 所示，T1 在施加静荷载和 T7 在施加循环荷载下桩体荷载分担比

（$E_{p(A+B)}$）随着附加荷载的增大而增大，但是速率逐渐减小，且 T7 中 $E_{p(A+B)}$的增长速率小于 T1。根据前述有加筋措施的 Trapdoor 试验研究结果，动静荷载均会一定程度上削弱土拱效应，且动荷载影响更显著。在端承桩情形下，土拱效应弱化反而会强化筋材的张力膜效应，以及桩间土分担更多荷载。$E_{p(A+B)}$反映的是土拱效应和张力膜效应综合作用的结果，在加载后期尽管桩基承担的荷载增加，但由于循环荷载对土拱的削弱作用更强，造成 T7 中 $E_{p(A+B)}$的增长缓慢。

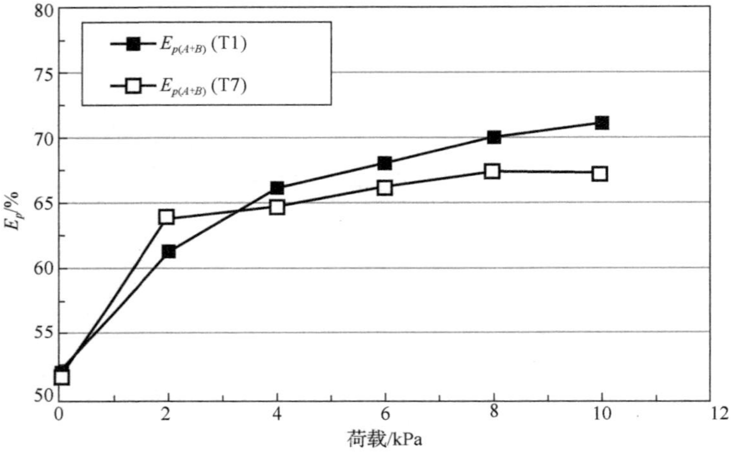

图 4.30 T1 和 T7 在加载阶段桩体荷载分担比变化曲线

最后需要指出的是，式（4.7）和式（4.8）中采用土压力计 ep3 的监测结果计算桩体荷载分担比，而该 ep3 并不能反映桩间加筋材料上竖向应力分布的不均性，因此用此二式的计算值难以准确描述相关因素对土拱效应的影响。

至此，对土拱的认识做一小结。

抛开实际工程背景，就土拱本身来说，随着活动土体与稳定土体之间的位移增大，不仅土拱的形态会发生变化，拱高逐渐增加，甚至剪切面最后变为直立状；土拱效应也随之变化，Iglesia（1991）指出的土拱 4 种状态及绘制的 GRC 曲线可以认为是对土拱变化过程的真实描述。因此，将土拱看作固定形状的刚性拱，土拱效应用定值评价，是不符合实际的。

对于桩承式加筋路堤，在竖向应力作用下，支撑于桩（帽）上的加筋材料呈现出显著的沉降不均匀性，桩与桩间（土）之间存在明显的刚度差异，随着路堤填筑和自重应力增大，在两桩之间平面内形成一组同心拱，同心拱的形态应该是类三角形或椭圆形，不太可能是一组同心圆。在抗滑桩、隧道、挡土墙等实际工程背景中，由于没有类似于桩承式加筋路堤中加筋材料的存在，因此没有形成一组同心拱的条件。

在桩承式加筋路堤中，土拱受一系列因素的影响，除了要满足全拱条件外，还包括路堤填料和地基土的特性、附加荷载、桩基类型等。从 Terzaghi 摩擦土拱模型很容易理解，路基填土的 c、φ 值越大，土拱效应越强。桩间地基土的力学特性将直接影响桩间上方路堤填土的位移量和加筋材料的挠曲变形特征，地基土压缩性低，则加筋材料挠度小，路堤填土沉降量小，进而影响土拱的状态和土拱效应的强弱。附加荷载对土拱有一定的削弱作用，这也是 van Eekelen 等（2009）在实体工程中观测到的现象。尽管在 Trapdoor 试验和缩尺模型试验中能清晰监测到这种影响的存在，但在实际工程中，当交通荷载（live load）相对于恒载（dead load）较小时，这种影响很小，设计时可将交通荷载看作拟静荷载进行考虑。在路堤垫层中设置加筋材料能够增强土拱抵抗上覆荷载的能力，其本质是限制活动土体的相对位移。关于桩基类型的影响，无论是本章谈到的悬浮桩与端承桩，还是不同刚度的桩，主要是在桩顶荷载作用下桩基会否产生刺入沉降或压缩变形；当桩头在荷载作用下发生明显沉降时，已形成的土拱就会随之调整，但只要桩与桩间土之间的沉降差存在，就能形成新的土拱，只是土拱效应会减弱。

参 考 文 献

陈若曦，朱斌，陈云敏，等，2010. 基于主应力轴旋转理论的修正 Terzaghi 松动土压力[J]. 岩土力学，31(5): 1402-1406.

彭述权，周健，樊玲，等，2008. 考虑土拱效应刚性挡墙土压力研究[J]. 岩土力学，154(10): 2701-2707.

任翔，罗丽娟，李芳涛，等，2022. 黄土地区抗滑桩嵌固段桩前被动土拱形成演化过程试验[J]. 中国公路学报，35(11): 86-96.

芮瑞，万亿，陈成，等，2020. 加筋对桩承式路堤变形模式与土拱效应影响试验[J]. 中国公路学报，33(1): 41-50.

宋世彤，2016. 桩承式加筋路堤土拱形态与土拱效应演变规律[D]. 上海：同济大学.

王将，袁大军，金大龙，等，2021. 基于非线型滑动面假设的盾构隧道松动土压力计算模型研究[J]. 铁道学报，43(6): 165-172.

杨广庆，王昕，王锡朝，等，2022. 软土地区桩承式加筋路堤力学行为现场试验研究[J]. 岩土工程学报，44(11): 2089-2096.

张连卫，2007. 各向异性粒状材料破坏规律与强度准则及应用[D]. 北京：清华大学.

张兴亚，2019. 局部静动荷载下二维土拱特性的演变规律及影响因素[D]. 上海：同济大学.

AL-NADDAF M, HAN J, XU C, et al., 2018. Effect of geofoam on vertical stress distribution on buried structures subjected to static and cyclic footing loads[J]. Journal of pipeline systems engineering and practice, 10(1): 04018027.

British Standard Institute (BSI), 2010. Code of practice for strengthened/reinforced soils and other fills: BS 8006-1[S]. London: BSI Standard Publication.

BRITTON E, NAUGHTON P J, 2008. An experimental investigation of arching in piled embankments[C]//Proceedings of the 4th European Geosynthetics Congress EuroGeo 4: 106.

CUR 226, 2010. Design Guideline Piled Embankments[S]. Gouda: Stichting CUR.

EVANS C H, 1983. An examination of arching in granular soils[D]. Cambridge: Massachusetts Institute of Technology.

HAN J, WANG F, AL-NADDAF M, et al., 2017. Progressive development of two-dimensional soil arching with displacement[J]. International Journal of Geomechanics, 17(12): 04017112.

HEWLETT W J, RANDOLPH M F, 1988. Analysis of piled embankments[J]. Ground Engineering, 21(3): 12-18.

IGLESIA G R, 1991. Trapdoor experiments on the centrifuge: A study of arching in geomaterials and similitude in geotechnical models[D]. Cambridge: Massachusetts Institute of Technology.

JANSSEN H A, 1895. Versuche uber getreidedruck in silozellen[J]. Zeitschrift Verein Deutscher Ingenieure, 39: 1045-1049.

JONES C, LAWSON C, AYRES D, 1990. Geotextile reinforced piled embankments[C]//Proceedings of the 4th International Conference on Geotextiles, Geomembranes and Related Products. Rotterdam: 155-160.

LOW B K, TANG S K, CHOA V, 1994. Arching in piled embankment[J]. Journal of Geotechnical Engineering, 120(11): 1917-1938.

MARSTON A, ANDERSON A O, 1913. The theory of loads on pipes in ditches, and tests of cement and clay drain tile and sewer pipe[R]. Ames Iowa: Iowa Engineering Experiment Station Bulletin No. 31, Iowa State College.

MCGUIRE M, SLOAN J, COLLIN J, et al., 2012. Critical height of column-supported embankments from Bench-Scale and field-scale tests[C]//Proceedings of TC 211 International Symposium on Ground Improvement IS-GI Brussels. ISSMGE.

MCKELVEY J A, 1994. The anatomy of soil arching[J]. Geotextiles and Geomembranes, 13: 317-329.

MCNULTY J W, 1965. An experimental study of arching in sand[D]. Illinois: University of Illinois.

NAUGHTON P J, 2007. The significance of critical height in the design of piled embankments[C]//Proceedings GeoDenver 2007, Soil Improvement: 1-10.

Nordic Geosynthetic Group(NGG), 2004. Nordic guidelines for reinforced soils and fills[S]. Budapest: Nordic Geotechnical Society.

ROGBECK Y, GUSTAVSSON S, SÖDERGREN I, et al., 1998. Reinforced piled embankments in Sweden – design aspects[C]//Proceedings of the Sixth International Conference on Geosynthetics. Atlanta, Georgia, USA: 755-762.

RUI R, HAN J, VAN EEKELEN S J M, et al., 2019. Experimental investigation of soil-arching development in unreinforced and geosynthetic-reinforced pile-supported embankments[J]. Journal of Geotechnical and Geoenvironmental Engineering, 145(1): 04018103.

RUSSEL D, PIERPOINT N D, 1997. An assessment of design methods for piled embankments[J]. Ground Engineering, 30(10): 39-44.

TERZAGHI K, 1943. Theoretical soil mechanics[M]. New York: John Wiley and Sons.

The German Geotechnical Society(DGGT), 2010. Recommendation for reinforcement with geosynthetics(EBGEO)[S]. Berlin: Ernst & Sohn.

VAN EEKELEN S J M, BENZUIJEN A, JANSEN H L, 2009. Piled embankment using geosynthetic reinforcement in the Netherlands: design, monitoring & evaluation[C]//Proceedings of the 17th International Conference on Soil Mechanics and Geotechnical Engineering: 1690-1693.

VAN EEKELEN S J M, BEZUIJEN A, OUNG O, 2003. Arching in piled embankments; experiments and design calculations[C]//Proceedings of the ICOF Conference, Dundee, Scotland. Thomas Telford, London, UK: 885-894.

VAN EEKELEN S J M, BEZUIJEN A, VAN TOL A F, 2013. An analytical model for arching in piled embankments[J]. Geotextiles and Geomembranes, 39: 78-102.

ZAESKE D, 2001. Zur wirkungsweise von unbewehrten und bewehrten mineralischen tragschichten über pfahlartigen gründungselementen[D]. Kassel, Germany: Schriftenreihe Geotechnik, Universität Gh Kassel.

ZHANG Z, TAO F, HAN J, et al., 2021. Influence of surface footing loading on soil arching above multiple buried structures in transparent sand[J]. Canadian Journal of Civil Engineering, 48(2): 124-133.

第 5 章　桩承式加筋垫层中的张力膜效应

5.1　张力膜效应概述

土工合成材料在桩承式加筋垫层中的作用主要通过张力膜效应来体现。在桩承式加筋路堤体系中，张力膜效应是指加筋垫层中水平加筋材料（土工织物或土工格栅）在上覆荷载作用下产生挠曲变形而承担荷载的作用机制，同时将承担的上覆荷载传递给临近桩顶，使桩分担更多荷载。张力膜效应的结果使桩的荷载分担比增大，而桩间土上荷载减小，可以更加有效地控制地基的沉降变形。因此，加筋材料的张力膜效应也是桩承式加筋路堤的主要工作机制之一。

人们基于日常生活中的观察发现，把质量均匀的薄膜的 4 个角或 3 个角固定在同一水平面，在自重作用下相邻两个角之间的条带绷得很紧，应变较大，挠度较小；相反，中间位置的薄膜挠度较大，而应变较小。工程实践中的量测结果也证实上覆荷载主要由两桩（帽）之间筋带承担（van Eekelen and Han，2020）。因此，在桩承式加筋路堤设计时，将上覆荷载集中在相邻两桩（帽）之间的筋带上。例如，英国规范（BSI，2010）据此来分析计算桩承式加筋路堤体系中筋材的应变和受力。对加筋材料张力膜效应的研究没有像土拱效应那样受到人们的广泛关注，但也受到了一些学者的关注和研究，并取得了重要的研究成果。Han 和 Gabr（2002）通过数值模拟发现相邻两桩（帽）之间筋带的应变分布是不均匀的，在桩帽边沿处应变最大；Zhang 等（2019）通过 3D 数值模拟，不仅发现加筋材料应变在空间上的不均匀分布特征，而且筋材最大应变还会受布桩形式（三角形或正方形）和桩帽几何形状（圆形或方形）的影响。

从理论研究的角度来看，人们不仅关注加筋材料在桩承式加筋路堤体系中的功能和作用机理，而且有兴趣探究加筋材料的应力应变状态和空间分布特征。从实用角度来看，进行桩承式加筋路堤设计时，一方面，在上覆荷载作用和下部桩间土支撑下，只有弄清筋材承担多少荷载，又传递给桩多少荷载，才能进行桩基设计验算；另一方面，在筋材发挥张力膜效应和荷载传递过程中，只有弄清楚筋材应变的空间分布特征，掌握筋材的最大应变（受力）的情况下才能进行加筋材料选择和加筋垫层设计。

基于理论和实际两方面的需求，作者所在研究团队研制了专门的筋材胀破试验装置，模拟加筋材料在桩承式加筋路堤中的受力状况，开展了一系列试验工作，以识别桩承式加筋垫层中筋材在荷载作用下的受力和变形的空间分布特征，为筋材受力的定量化计算提供依据。

5.2　桩承式加筋垫层张力膜效应的物理模拟

5.2.1　试验装置研制

为了模拟桩承式加筋路堤中筋材的张力膜效应，采用可以模拟桩承特征的筋材胀破试验装置（图 5.1）。该装置克服了传统胀破试验装置只显示材料本身力学性能，而不能反映加筋材料在实际工况下与桩共同作用的缺陷。

图 5.1　胀破仪

胀破仪主要包括机架、加压夹持单元、模型桩、采集控制单元及测量单元等部分。被测加筋材料水平放置在机架上方并通过加压夹持单元固定，加压夹持单元连接至采集控制单元，模型桩垂直机架底面布置，并与被测加筋材料接触，测量单元负责量测加筋材料的性能数据。

1）胀破仪机架包括上板、底板和机架柱。上板和底板相对应，由机架柱通过螺口垂直刚性连接在一起，起到支撑上板和底板的作用。整个机架为可拆卸式，结构简单，方便拆装，便于实验使用。上板为圆环板，其上表面沿内环边缘设有一圈凹槽，加筋材料水平放置在该圆环板上方，其边缘嵌入凹槽中，实现加筋材料的初步固定。

2）加压夹持单元包括盖板及设置在盖板上的进气通道和测压通道。盖板覆盖在加筋材料上方，采用螺栓与上板相连。加压夹持单元设置在加筋材料上方，并与加筋材料紧密固定形成密闭空间。进气通道和测压通道均连接至采集控制单元，利用采集控制单元进行加压，模拟加筋材料承受的上覆荷载，从而进行加筋材料的张力膜效应测试。

鉴于桩承式加筋路堤中常常采用土工格栅或有纺土工织物作为加筋材料，为使施加的荷载作用在加筋材料上，在实验中需要在加筋材料和盖板之间设置高弹性低强度橡皮膜或塑料薄膜，以便在加筋材料与盖板之间形成密闭空间。如果被测土工合成材料不透气，则无须设置橡皮膜或塑料薄膜，可直接进行测试。

3）底板上设有固定孔位，用来固定模型桩。固定孔位分行分列均匀设置在底板上，使模型桩安装间距可以自由调控，进而更好地模拟实际工况下不同桩间距对加筋材料张力膜效应的影响。模型桩分为可拆卸的 3 段，包括固定端、桩身和桩帽。其中，固定端固定在底板孔位内；桩身连接固定端；桩帽固定在桩身顶部，并与加筋材料接触。

4）采集控制单元包括控制器、加压电磁阀、降压电磁阀、气泵和气压传感器。在加压电磁阀和降压电磁阀上设置连通进气通道，并分别连接控制器。气泵连接进气通道，气压传感器设置在测压通道中，并连接控制器。采集控制单元可以实时监测施加的压力大小，可以根据实验需要调节和控制施加压力的大小。

5）测量单元包括土压力计、应变片、位移计和高速静态应变测试仪。土压力计设置在桩帽顶端，监测桩顶受到的压力和加筋材料上下表面的应力；应变片分别粘贴于加筋材料上表面和下表面，可更好地监测筋材处于挠曲变形状态下的应变。土压力计和应变片的监测结果由高速静态应变测试仪记录。位移计垂直设置在底板上，其上端与加筋材料接触，用于监测筋材挠曲状态下不同位置的挠度。根据这些监测结果，可以分析筋材在上覆荷载作用下的空间形态和加筋材料应变的空间分布特征。

5.2.2　张力膜效应的物理模拟

1. 试验方案与材料选择

采用专门研制的胀破仪，开展桩承式加筋路堤中加筋材料的张力膜效应的物理模拟，研究筋材的受力与变形特征及其主要影响因素。参考桩承式加筋路堤的工程实际，如基桩常按正方形布置，且在桩顶设置方形桩帽等，在本次物理模拟中基桩按正方形布置，桩顶设置方形桩帽，重点研究桩间距的变化对筋材挠度、应变和张力膜效应的影响。桩间距（s）分别取 100mm、125mm 和 150mm，共设置 3 组试验。基桩和桩帽均采用不锈钢制成，基桩直径为 25mm，桩帽边长（a）等于 50mm。

模拟试验中，采用 0.5mm 厚透明的均质各向同性 PET 膜材模拟实际工程中的单层加筋材料。通过宽条拉伸试验，得到 PET 膜材的宽条拉伸曲线，如图 5.2 所示。

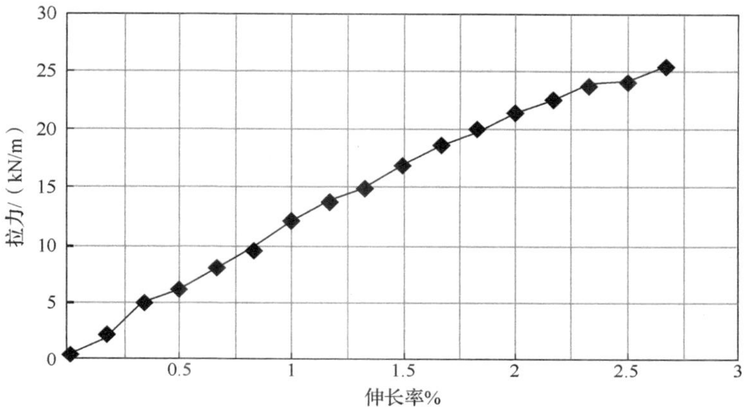

图 5.2　PET 膜材宽条拉伸试验曲线

模拟研究中，采用均布气压加载模拟实际工况中桩承式加筋垫层上分布的荷载。采用分级方式进行逐级加载，每级加载 10kPa，并在每级加载后稳定 15s，待各监测数据稳定后施加下一级荷载。在试验中膜下为“空穴”，相当于实际工程中不考虑桩间地基土的支撑作用，实质上是模拟了实际工程中的最不利情况。在此情形下，膜下脱空，筋土分离，加筋垫层上荷载全部由筋材承担，并通过筋材的张力膜效应传递给相邻基桩。

2. 试验监测

为了研究桩承式加筋垫层中筋材的张力膜效应，需要掌握筋材在三维空间下的竖向位移和筋材应变。因此，在试验中精细设计了监测方案和内容，采用竖向位移计测量筋材在荷载作用下的张拉变形，以了解筋材变形的空间特征。根据已有研究成果对筋材变形和受力特征进行分区，采用应变片监测筋材不同区域的应变及其空间分布特征。

图 5.3 为模拟试验中监测点布置，其中图 5.3（a）为应变片布置，图 5.3（b）为位移计布置。基于正方形布桩情形下实际工程和试验中筋材受力和变形的对称性，监测点布置在核心区域，但仅考虑一半的区域。图 5.3（c）展示了研究区域的分区，相邻桩间筋带组成的区域为区域 1，除相邻桩间条带以外的区域为区域 2。为了消除边界条件的影响，在重点研究和监测区域四周按同样间距和分布模式布设了 12 根模型桩。

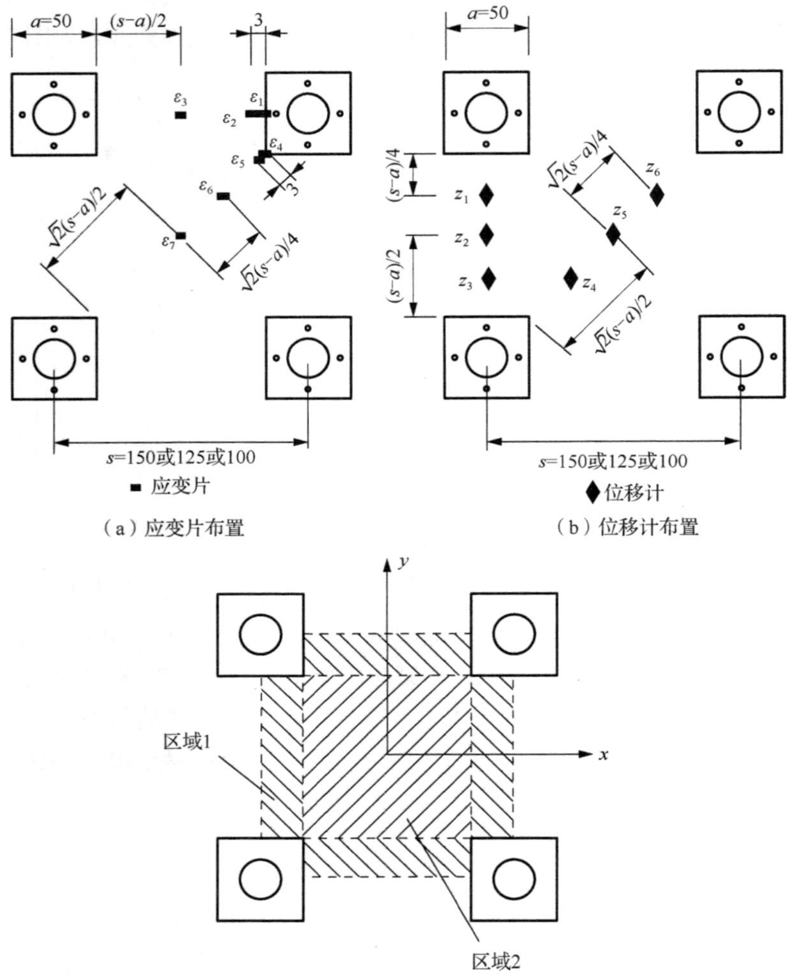

（a）应变片布置　（b）位移计布置

（c）研究区域的分区

图 5.3　模拟试验中监测点布置（单位：mm）

如图 5.3（a）所示，应变片 ε_1～ε_3 用于监测区域 1 相邻桩间筋带在荷载作用下的应变分布。其中，ε_1 布置在桩帽上，靠近桩帽边缘；将 ε_2 布置在紧靠桩帽边缘位置，距 ε_1 仅 3mm；ε_3 布置在两桩中心处。应变片 ε_4～ε_7 用于监测区域 2 对角线上筋材在荷载作用下的应变分布情况。其中，ε_4 布置在桩帽上，靠近桩帽角点，ε_5 布置在靠近桩帽角点，与 ε_4 相距 3mm 的位置；ε_6 布置在对角线 1/4 长度处；而 ε_7 布置在对角线中点位置。

根据已有的相关研究成果（Almeida et al.，2007；van Eekelen et al.，2012），

在区域 1 中，筋材应变主要集中在相邻桩间的筋带上，筋材主要受力方向平行于相邻桩之间的连线，而筋材在四桩中间的区域应变较小，且筋材受力并不局限于一个方向。因此，在区域 1 粘贴应变片时，其长轴方向应平行于相邻桩连线方向。在区域 2，考虑试验中用于模拟加筋材料的 PET 膜材为均质各向同性材料，以及布桩形态具有几何对称性，在相互垂直的 x、y 方向上［图 5.3（c）］筋材应变是相等的，因此仅在 x 方向粘贴应变片。

位移计 z_1～z_3 用于监测区域 1 中相邻桩间筋带的竖向变形，其中 z_2 位于两桩中心处，z_1 和 z_3 分别位于距相邻两桩 1/4 位置处；位移计 z_4～z_6 用于监测区域 2 内筋材的竖向变形，其中 z_5 布置在四桩中心处，z_4 和 z_6 分别位于对角线上两桩之间 1/4 处。

3. 应变片的标定

已有的研究实践表明（Perkins et al.，1997；Bathurst et al.，2002；Jiang et al.，2016），采用应变片测得的材料局部应变与材料的整体应变并不同。主要原因在于应变片测得的材料应变往往仅代表应变片粘贴位置附近的局部应变，而且粘贴应变片所用黏结剂、应变片与被测材料的刚度差异也会影响监测结果。因此，在试验研究和工程实践中，需要对应变片监测的筋材局部应变与整体应变之间的关系进行标定。

通过对贴有应变片的 PET 膜材进行宽条拉伸试验，可以得到本次模拟试验中 PET 膜材整体应变与监测的局部应变之间的关系，测试结果如图 5.4 所示。可以看出，由应变片采集的膜材局部应变小于整体应变［图 5.4（a）］。通过拟合分析，可以建立本次模拟试验中膜材整体应变与局部应变的关系［图 5.4（b）］，筋材整体-局部应变之间的标定系数等于 1.4703。

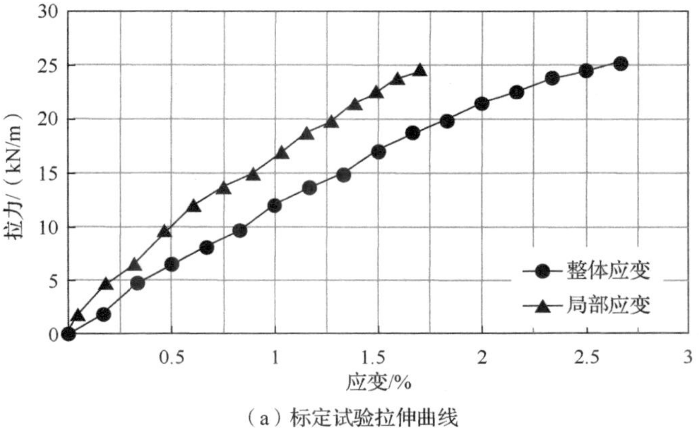

（a）标定试验拉伸曲线

图 5.4　PET 膜材整体应变与局部应变标定试验结果

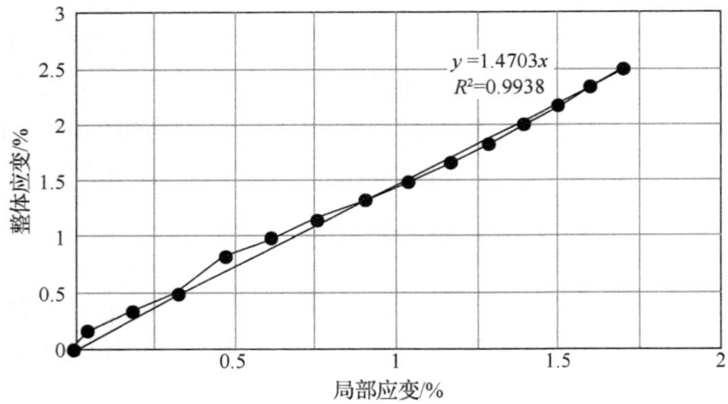

（b）PET膜材在同一拉力下整体应变与局部应变的关系

图 5.4（续）

4. 试验方法

采用研制的胀破仪对桩承式加筋路堤中筋材的张力膜效应进行模拟，其试验原理类似于常规的胀破仪试验，所不同的是膜下有基桩的支撑。首先应根据筋材的材质和力学特性，以及布桩形式和桩间距，预估施加的总压力，并设定分级压力，制定加载方案。然后将粘贴有应变片的筋材（本次模拟试验中为 PET 膜材）夹持在胀破仪上。在做好设备安装和监测系统准备后，即可按加载方案进行模拟试验，做好 PET 膜材应变和挠度变形的监测记录。

通过模拟试验，可以获得类似实际工况下筋材在不同荷载作用时的变形形态；获取在不同荷载作用下桩帽顶端压力、筋材上下表面压力和筋材应变分布信息，据此监测结果，能够更加深入地研究桩承式加筋路堤中筋材的张力膜效应。

5.2.3 桩承式加筋路堤中的张力膜效应

1. 张力膜的空间形态

根据模拟试验中膜下位移计的监测结果，可以绘制不同桩间距时膜材在不同位置处的竖向位移分布（图 5.5）。需要指出的是，当桩间距为 100mm 时，由于空间限制只布置了两个位移计。从图 5.5 中可以看出，PET 膜材各处的竖向位移均随压力的增大而增大；比较 3 组试验的监测结果，膜材各处的竖向位移随桩间距的增大而增大；在相同压力下所有的监测点中，由于相邻对角桩的间距大于相邻两桩间距，因此四桩中心处（z_5）膜材的位移最大，且远大于相邻两桩中心处膜材的竖向位移（z_2）；在相邻两桩之间的筋带上，中心点（z_2）的竖向位移最大。

这些监测结果均表明，在竖向压力作用下，桩承式加筋垫层中筋材的变形具有显著的三维空间特征。

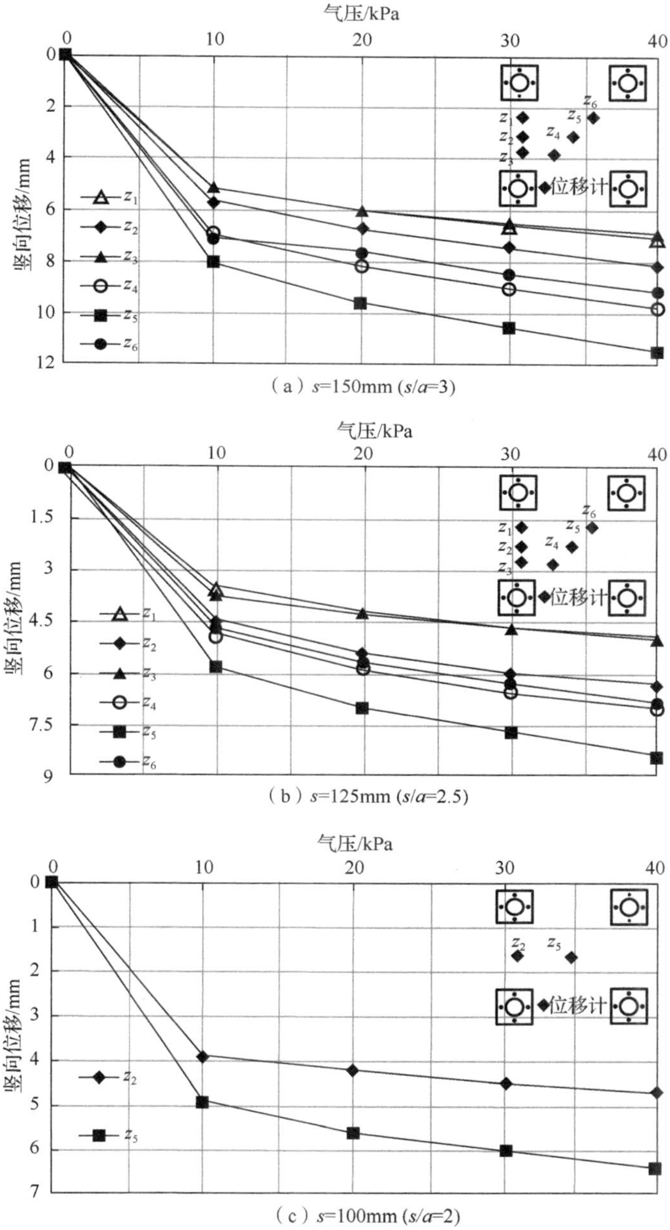

（a）s=150mm (s/a=3)

（b）s=125mm (s/a=2.5)

（c）s=100mm (s/a=2)

图 5.5　不同桩间距时膜材竖向位移分布（s 为桩间距，a 为桩帽边长）

如何描述上覆荷载下桩承式加筋垫层中筋材的空间分布特征？这里尝试采用二次曲线、三次曲线和四次曲线对试验结果进行拟合，发现采用三次曲线拟合的结果与四次曲线拟合的结果基本一致。图 5.6 展示了桩间距为 150mm 时根据监测结果和拟合情况绘制的筋材竖向位移分布曲线。从图 5.6 中可以看出，当使用四次曲线进行拟合时，拟合结果与实测结果能够完美吻合；使用二次曲线拟合的结果与监测结果存在一定的误差（小于 10%）。

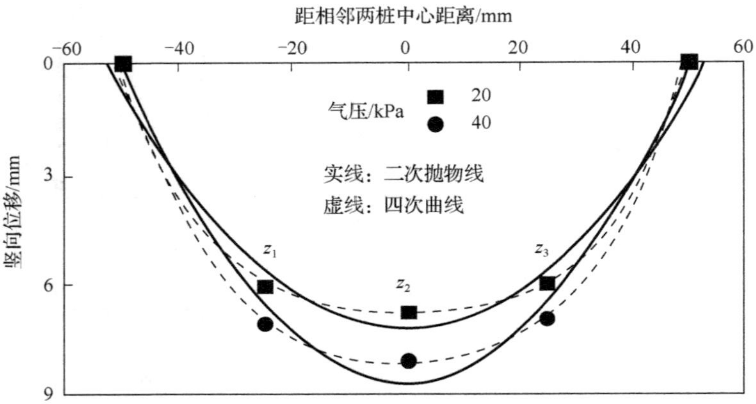

（a）区域 1

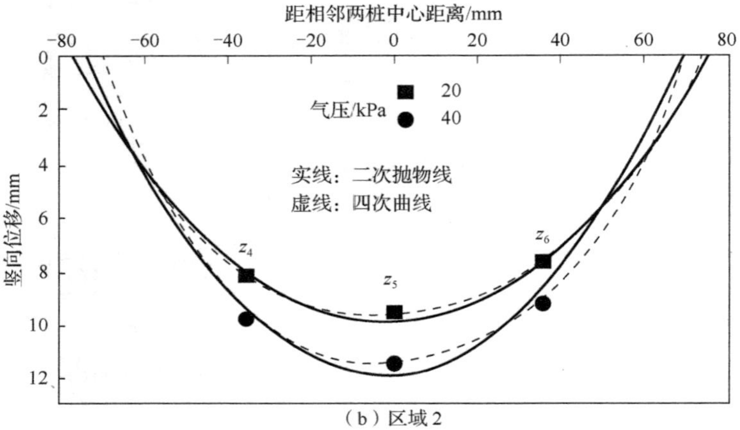

（b）区域 2

图 5.6　筋材竖向位移分布曲线（s=150mm, s/a=3）

2. 张力膜的应变与受力分布特征

根据模拟试验中应变片的监测结果和膜材局部应变-拉力标定曲线，可以绘制不同压力下张力膜的应变和受力分布，如图 5.7 和图 5.8 所示。

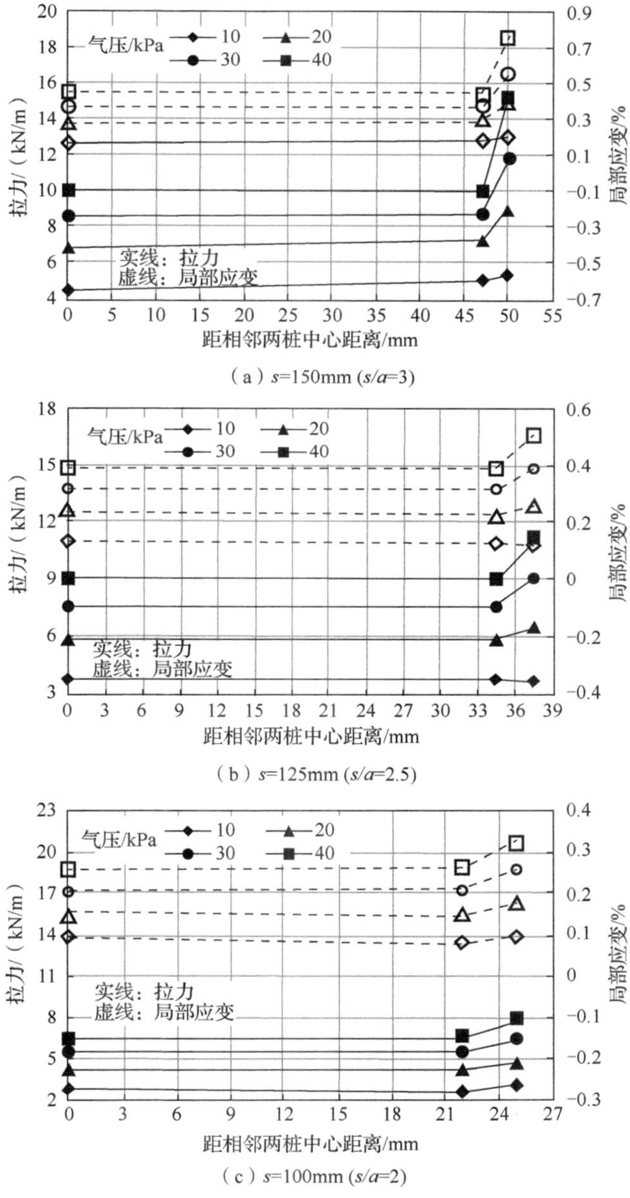

图 5.7　筋材区域 1 筋材应变与受力分布

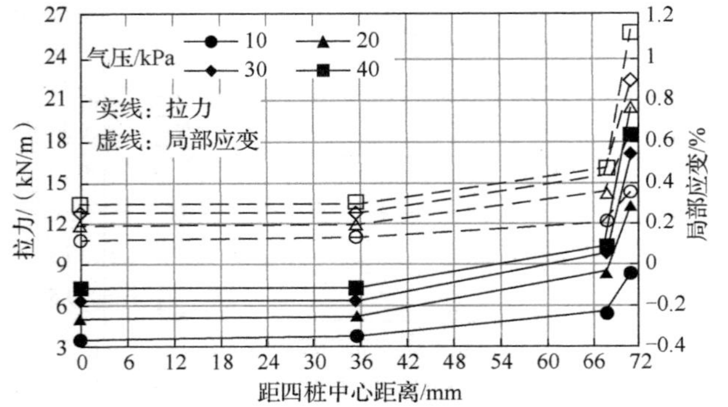

（a）s=150mm (s/a=3)

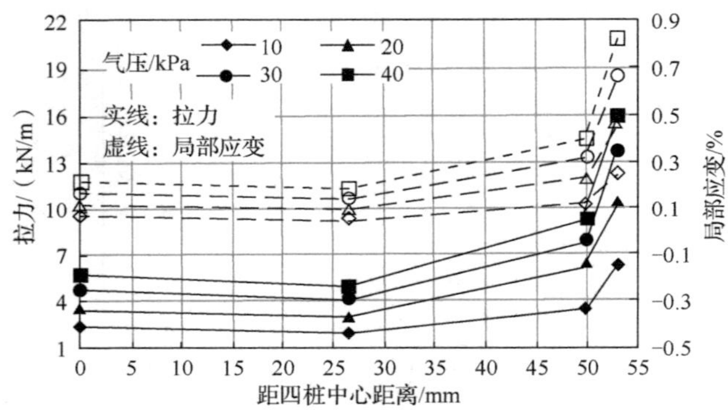

（b）s=125mm (s/a=2.5)

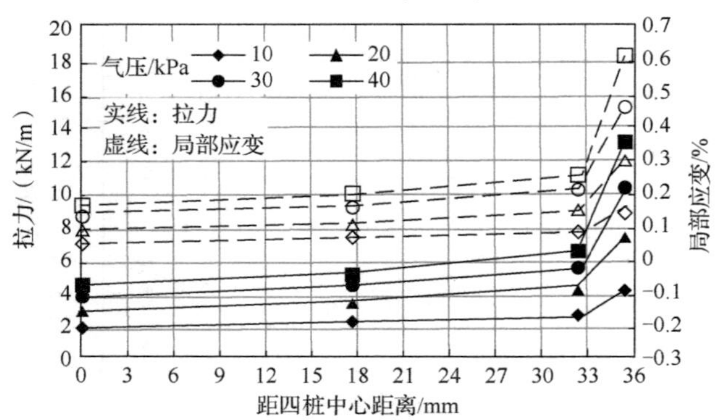

（c）s=100mm (s/a=2)

图 5.8　筋材区域 2 筋材应变与受力分布

从试验结果可以明显看出，在各个监测点位筋材的应变差异很大，展现出非常不均匀特性。在筋材区域 1，桩帽边缘处（ε_1）筋材应变最大，距桩帽边缘 3mm 处（ε_2）筋材应变则大幅度减小，与相邻两桩条带中心区域（ε_3）筋材应变大致相同（图 5.7）。关于桩间距对张力膜效应的影响，结果证明桩间距越大，对应各点位的筋材应变越大，桩帽边缘处于两桩中心处的筋材应变差异更大，显示出筋材应变分布更加不均匀。如何理解这一现象？这要从试验和实际工程中桩承式加筋垫层中筋材受到的约束条件来分析，在桩帽上筋材受到上覆压力后被桩帽所约束，不能自由伸长或变形，而离开桩帽，无论距离远近，筋材受到上覆压力后可以自由变形，两桩之间的筋材条带受到的拉力基本上是相同的，所以各处的应变非常接近。由于筋材受力大小是根据筋材拉伸试验中得到的应力应变转换过来的，因此筋材受力的分布特征与筋材应变一致，由此可知在两桩之间的筋带上桩帽边缘处的筋材受力最大。在筋材区域 2，桩帽角点处（ε_4）筋材应变最大，且明显大于四桩中心处（ε_7）的筋材应变。同时可以看到，在四桩单元的对角线上从中点到桩帽角点，越靠近桩帽角点处（$\varepsilon_7 \to \varepsilon_5$）筋材应变越大，出现这一现象主要是由于各监测点处受到两侧筋带的约束不同和自由度不同。同样地，可以认为沿筋材对角线方向桩帽角点处的筋材应变最大，而中心处应变最小。再对比图 5.7 和图 5.8 所示的局部应变监测结果，在桩间距相同的情形下，筋材在桩帽角点处的应变大于桩帽边缘处筋材应变，四桩单元中心处应变小于两桩之间筋带中点处的筋材应变。因此，桩帽角点处筋材应变最大，四桩单元中心处应变最小。

将筋材应变换算成筋材受力，以桩间距等于 150mm 的试验结果为例，绘制筋材受力分布（图 5.9）。从图 5.9 中可以更加明显地看出，在桩帽角点处筋材受力最大，其次为桩帽边缘处，其他位置受力较小。由此可见筋材受力的空间不均匀性，但图 5.9 无法反映桩承式加筋垫层中筋材发生张力膜效应时的三维受力特征。

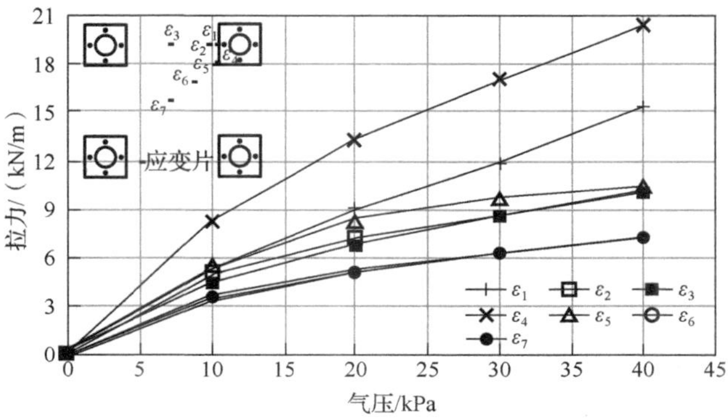

图 5.9　筋材不同位置处拉力分布（s=150mm，s/a=3）

图 5.10 为试验后 PET 膜材的变形特征，可以发现试验后 PET 膜材在桩帽边缘和桩帽角点处发生了明显的塑性变形。这一现象进一步印证了筋材在桩帽边缘和桩帽角点处应变很大，与图 5.7 和图 5.8 所示的局部应变监测结果一致。

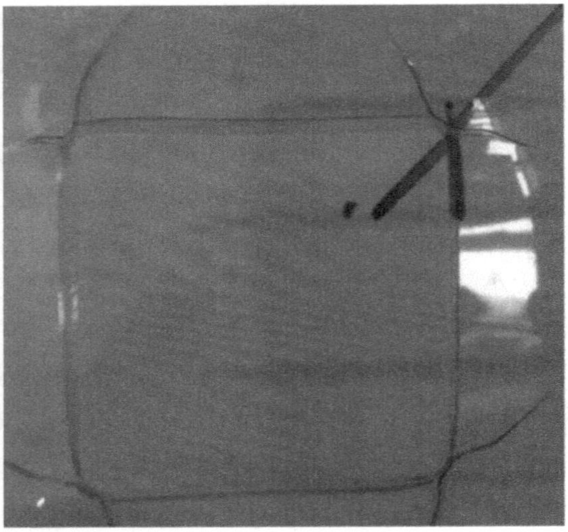

图 5.10　试验后 PET 膜材的变形特征

5.3　桩承式加筋垫层中筋材的变形与受力

桩承式加筋路堤已有数十年的应用历史，针对这一复杂的技术体系，世界各国陆续颁布了相关的技术标准。例如，英国 1995 年制定的加筋土/其他填料实施规范（BS 8006:1995）就包括桩承式加筋路堤，并于 2010 年进行了修订，即现行加筋土英国规范（BSI，2010）。现行的相关技术标准还有德国规范（DGGT，2010）和荷兰设计指南（van Eekelen 和 Brugman，2016）等。我国在 2012 年颁布的《复合地基技术规范》（GB/T 50783—2012）中涵盖了桩网复合地基，其设计方法主要借鉴了英国规范关于桩承式加筋路堤的设计方法。针对桩承式加筋路堤，这些技术标准不仅在设计理论方面存在明显差异，而且在加筋式垫层中筋材变形和受力的计算方法也不相同。

本节将基于筋材张力膜物理模拟试验结果，对比分析现行技术标准和相关文献关于筋材张力膜效应、筋材变形和受力的计算方法，为工程设计提供建议。

5.3.1　筋材变形

基于对桩承式加筋路堤中筋材变形和受力特征的已有认识，人们在进行筋材变形的定量分析时，现行技术标准和研究人员主要关注两桩之间筋带的变形特征，计算筋材受力。但是在设定（或假定）筋带上覆荷载分布特征时，不同的技术标准和文献成果之间存在明显的差异，甚至相反。英国规范假定筋材上覆荷载呈均布分布；van Eekelen 等（2011）认为应考虑桩承式加筋路堤中筋材变形的三维特征和筋材竖向受力的不平衡问题，对英国规范中的方法提出了修正（简称修改英国规范法）。德国规范假设筋材上覆荷载呈正三角形分布，也有学者认为筋带上覆荷载呈倒三角形分布（van Eekelen 和 Han，2020）。荷兰设计指南则并列给出了均布与三角形分布两种筋材上方荷载分布形式。鉴于在本次张力膜模拟试验中施加的是均布压力，因此这里只对比英国规范、修改英国规范法、荷兰设计指南的计算结果和 Smith（2005）提出的计算方法，通过试验实测值与计算值的对比分析来评价这些筋带变形分析方法的适用性。

英国规范给出了相邻两桩帽之间筋带挠度的计算公式，即

$$f=(s-a)\sqrt{\frac{3}{8}\varepsilon} \tag{5.1}$$

式中，f——相邻两桩帽之间筋带挠度，m；

s——相邻桩间距，m；

a——桩帽边长，m；

ε——筋材平均整体应变，即 $\varepsilon=\varepsilon_{\text{average}}$。

当运用式（5.1）计算筋带挠度时，式中的 ε 实质上是两桩之间筋材的平均整体应变。在模拟试验中，根据监测结果（图 5.7），发现筋材应变分布并不均匀。因此，考虑到筋带上应变的不均匀分布特征，区域 1 中筋带的平均整体应变应按下式计算：

$$\varepsilon_{\text{average}}=\text{CF}\frac{\int_0^s \varepsilon \mathrm{d}x}{s} \tag{5.2}$$

式中，CF——筋带整体应变-局部应变的标定系数，等于 1.4703。

在实际工程中，桩帽表面通常比较粗糙，可以假定当筋材在上覆荷载作用下发生挠曲时，筋材与桩帽之间不发生位移，那么在计算筋带平均整体应变时，筋带长度只考虑两桩帽之间的净间距（$s-a$）。在模拟试验中，桩帽表面和 PET 膜材都比较光滑，在用式（5.2）计算筋材平均整体应变时，筋带长度仍应按桩间距（s）考虑，且假定桩帽上方筋材应变与桩帽边缘筋材应变一致，桩帽之间筋带上应变处处相等，如图 5.11 所示。

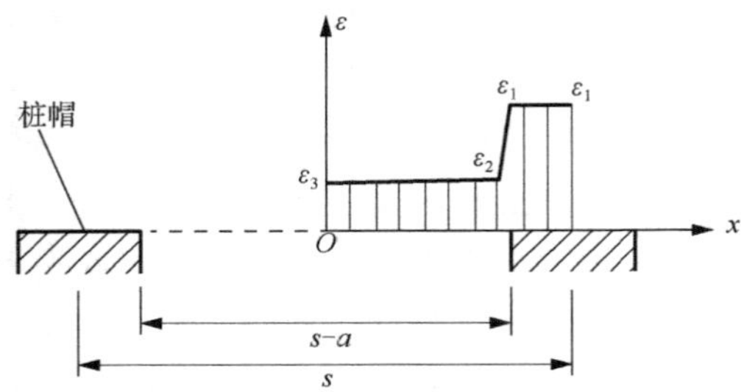

图 5.11　区域 1 筋材局部应变分布

图 5.12 给出了 40kPa 压力下两桩间筋带最大竖向位移实测值（z_2）和桩间筋带挠度及其随桩间距的变化。作为对比，图 5.12 中同时给出了四桩中心处张力膜的最大竖向位移（z_5）。

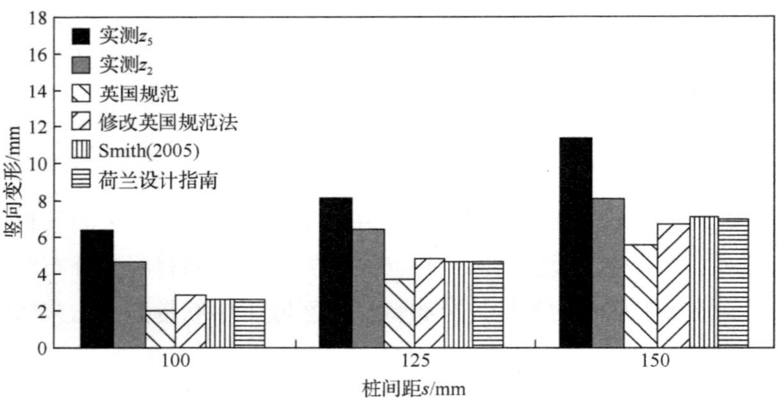

图 5.12　两桩间筋带实测竖向位移与筋带挠度计算值比较

从图 5.12 可以发现，式（5.1）计算所得的两桩间筋带挠度明显小于模拟试验的实测值（z_2）。究其原因，可能有 3 个方面：首先，英国规范假定桩帽上方的筋材由于摩阻力而被固定，因而在计算筋材变形时只考虑桩帽之间的净间距（$s-a$）长度内筋材的变形；模拟试验中，由于桩帽表面和膜材比较光滑，实质上发生挠曲的筋带长度等于桩间距（s），后者会造成筋带竖向位移增大。其次，式（5.1）并非是描述筋材变形后形态的精确数学表达式，而只是一个简化表达式，仅适用于 $f/(s-a)$较小的情况，在计算筋材变形时存在一定的误差。最后，英国规范采用了二维变形的假设，即假定筋材在二维情况下变形曲线为二次曲线，模拟试验证实筋材的变形具有显著的三维特征，也可能会造成较大的误差。

为了改进上述第一个缺陷，即考虑整个桩间距 s 长度内筋材在荷载作用下的变形，在计算相邻两桩帽之间筋材最大竖向变形时应将桩帽上方筋材的伸长考虑在内，可用下式计算两桩之间筋带伸长量Δl（m）：

$$\Delta l = \mathrm{CF}\left[\varepsilon_1 a + \frac{1}{2}(\varepsilon_2 + \varepsilon_3)(s-a)\right] \tag{5.3}$$

式中，ε_1——筋材桩帽边缘的整体应变；

ε_2——筋材桩帽边缘附近的整体应变；

ε_3——相邻两桩中心筋材整体应变。

Bouma（1989）曾采用二次抛物线描述水平加筋体在均布荷载作用下的变形形态，即

$$\Delta l = \frac{8}{3}\frac{f^2}{(s-a)} \tag{5.4}$$

将式（5.4）代入式（5.3），即可求解区域 1 内相邻两桩中心筋材的最大竖向位移 f（m）：

$$f = \sqrt{\frac{3}{8}(s-a)\mathrm{CF}\left[\varepsilon_1 a + \frac{1}{2}(\varepsilon_2 + \varepsilon_3)(s-a)\right]} \tag{5.5}$$

其实，式（5.5）与式（5.1）没有本质上的区别，前者唯一改进的地方是将桩帽上方筋带的伸长量考虑在内。

图 5.12 同时给出了其他几种方法的计算结果，可以看出这些方法计算的筋带挠度仍小于模拟试验的实测值（z_2），但要优于英国规范的计算结果。其中，Smith（2005）建议的方法是基于 FLAC^{2D} 软件进行的数值模拟方法，该法采用轴对称模型，模拟了水平铺设的筋材在均布荷载作用下的变形，用下式计算筋材的最大竖向位移：

$$l = \sqrt{\frac{s^2}{\pi}}\left\{\frac{2}{3}\left[1-\sqrt{\frac{a^2}{s^2}}+\left(1-\sqrt{\frac{a^2}{s^2}}\right)^4\right]\sqrt[3]{\sum g}+\left(1-\sqrt{\frac{a^2}{s^2}}\right)^3\sum g\right\} \tag{5.6}$$

式中，$\sum g$——标准化的筋材上方竖向压力，kPa。

式（5.6）中，$\sum g$ 可按下式计算：

$$\sum g = \frac{\left(\sigma_{\mathrm{soil,u}} - \sigma_{\mathrm{soil,l}}\right)\sqrt{\dfrac{s^2}{\pi}}}{J} \tag{5.7}$$

式中，$\sigma_{\text{soil,u}}$ ——筋材上方均布压力，kPa；

$\sigma_{\text{soil,l}}$ ——筋材下方均布荷载，kPa。

J ——筋材刚度，kN/m。

综合对比这几种计算方法可以发现，虽然 Smith（2005）提出的方法和荷兰设计指南都没有考虑桩帽上部筋材的伸长量，但采用这两种方法计算所得的筋材竖向位移与采用修改英国规范法计算所得的筋材竖向位移很接近。这两种方法的优点是考虑了筋材应力-应变的本构协调关系，将筋材的刚度作为计算参数考虑在内，而英国规范并未考虑筋材的本构协调关系。然而，Smith（2005）提出的方法和荷兰设计指南也都存在缺陷，前者采用轴对称数值模型简化筋材变形计算；后者假设筋材的变形集中在相邻两桩帽间的筋带，采用简化二维假定计算筋材的变形。这两种方法都未考虑筋材变形的三维特性，因此不能用来预测四桩中心处筋材的最大竖向位移（z_5）。

5.3.2 筋材受力

现有的桩承式加筋垫层设计方法中，德国规范假设筋材上方压力为三角形分布，该假设与 5.2 节中胀破试验所用的均布气压分布不同，因而此处筋材受力定量分析不采用德国规范的计算分析方法。英国规范假定筋材上部荷载为均布荷载，与本次试验所用均布气压形式一致。荷兰设计指南中给出了两种筋材上方荷载分布形式，分别是均布与三角形分布。因此，在筋材受力理论分析方面，这里主要借助英国规范和荷兰设计指南，并结合本章介绍的胀破试验相关成果进行综合分析评价。

英国规范有关筋材受力计算方法主要基于二维平面应变假设，具体计算方法为

$$T = \frac{W_T(s-a)}{2a}\sqrt{1+\frac{1}{6\varepsilon}} \tag{5.8}$$

式中，T ——相邻两桩帽间加筋条带单位宽度所受最大拉力，kN/m，在本次胀破试验中对应实测 ε_1 处筋材所受拉力；

W_T ——相邻两桩帽间加筋条带上方单位宽度均布荷载，kN/m；

ε ——筋材平均整体应变，即 $\varepsilon = \varepsilon_{\text{average}}$。

相邻两桩帽间加筋条带上方单位宽度均布荷载 W_T 可以按下式计算：

$$W_T = \frac{\sigma_s(s-a)s}{(s-a)} = \sigma_s s \tag{5.9}$$

式中，σ_s——筋材上方均布荷载，kPa，相当于本次模拟试验中施加的气压 p，kPa。

由于英国规范中筋材受力是基于二维平面应变假设推导而来的，因此在计算相邻两桩帽间加筋条带上方单位宽度均布荷载 W_T 时，需要从二维布桩形式转换为三维空间布桩。van Eekelen 等（2011）针对在二维向三维转换过程中涉及的筋材上方荷载竖向受力不平衡的问题，对此计算方法进行了改进，改进后的针对相邻两桩帽间加筋条带上方单位宽度均布荷载 W_T 的计算方法为

$$W_T = \frac{\sigma_s(s^2 - a^2)}{2(s-a)} = \frac{1}{2}\sigma_s(s+a) \tag{5.10}$$

需要注意的是，英国规范及修改英国规范法在计算筋材受力时都假定筋材受力集中在相邻两桩帽间的加筋条带上。因此，由此计算所得的筋材受力应与胀破试验中区域 1 位置处筋材的实测拉力数据进行对比。

假定加筋材料是线弹性的，其拉力与整体拉伸应变之间的关系可表示为

$$T = \varepsilon J \tag{5.11}$$

式中，J——筋材刚度，kN/m。

对于模拟试验所用膜材，$J = 1137$kN/m。

基于上述分析，McGuire 和 Filz（2008）提出采用下式求解筋材受力：

$$96T^3 - \frac{6(\sigma_s - \Delta\sigma_s)^2(s^2 - a^2)^2}{a^2}T - \frac{(\sigma_s - \Delta\sigma_s)^2(s^2 - a^2)^2}{a^2}J = 0 \tag{5.12}$$

式中，$\Delta\sigma_s$——筋材下表面受到的均布荷载，kPa。

式（5.12）不仅较好地满足了筋材的受力-应变协调关系，而且考虑了筋材下方桩间土支撑施加的压力。当筋材与地基土脱离，或者像模拟试验中张力膜下方没有地基土时，$\Delta\sigma_s = 0$。

荷兰设计指南在计算均布荷载作用下筋材的受力与变形时，假定筋材最大受力发生在桩帽边缘，使筋材平均几何应变（the average geometric strain）与本构应变（the constitutive strain）相等来求解筋材受力。其中，相邻两桩帽之间筋带上方均布荷载按下式计算：

$$q_{\text{average}} = \frac{p(s^2 - a^2)}{2a(s-a)} = p\frac{(s+a)}{2a} \tag{5.13}$$

式中，p——桩间土上方筋材上作用的压力，kPa。

图 5.13 为模拟试验中桩间距为 150mm 时筋材不同位置受力实测值与计算值

对比。由于试验实测桩帽角点处（ε_4）筋材受力最大，因此将桩帽角点处实测受力也绘于图 5.13 中，以与计算值对比。

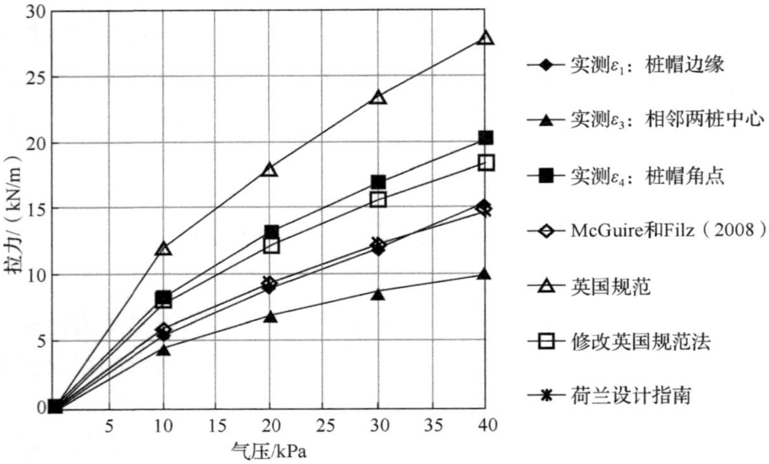

图 5.13　桩间距为 150mm 时筋材不同位置受力实测值与计算值对比

可以看出，英国规范计算所得的筋材拉力远大于实测筋材所受拉力，修改英国规范法在考虑竖向受力平衡的基础上重新计算了相邻桩帽之间筋带上方单位宽度均布荷载W_T，所得筋材受力小于英国规范，但仍然大于实测桩帽边缘处（ε_1）的筋材拉力。这主要是由于改进后的计算方法仍不满足筋材受力-应变的本构协调关系。McGuire 和 Filz（2008）提出的方法和荷兰设计指南的计算结果与试验监测的桩帽边缘处筋带受力十分吻合，这两种方法均假设筋材上荷载集中在相邻两桩帽之间的筋带上，计算方法满足筋材受力-应变的本构协调关系。

通过对比分析可以发现，英国规范关于两桩间筋带受力的计算结果比试验中桩帽角点处的筋材受力还要大，这说明英国规范关于筋材受力的计算方法过于保守。修改英国规范法的计算结果虽与试验中实测桩帽角点处（ε_4）筋材受力较为接近，但这并不意味着改进后的计算方法可以用来准确评价筋材受力。这是因为修改英国规范法计算的对象也是两桩间筋带在桩帽边缘处的受力，而非桩帽角点处的受力。

按目前技术标准的通行做法，假设在上覆荷载作用下筋材（张力膜）所受拉力集中到相邻两桩帽间的筋带上，如果能够考虑筋材受力-应变协调关系，则可以较好地预测桩帽边缘筋材所受拉力。但问题是，桩帽边缘处筋材受力并非最大值，最大值出现在桩帽角点处。现有技术标准和相关研究成果并未给出计算桩帽角点处筋材受力计算方法，而且布桩形式（正方形或三角形）和桩帽形状（方形和圆形）也会影响填土土拱效应和筋材张力膜效应的发挥，因此针对这一问题仍需要做进一步探讨。

Zhang 等（2019）采用 3D 数值模拟研究了布桩形式和桩帽形状对筋材张拉应变的影响，同样得出采用方形和长方形桩帽时筋材在桩帽角点的拉伸应变最大。模拟结果表明，采用三角形布桩时，筋材应变小于正方形布桩的情形；采用圆形桩帽时，筋材应变小于方形或长方形布桩的情况，即用圆形桩帽按三角形布桩时，筋材应变最小。这一结果与 Jones 等（2010）的结论一致。基于模拟结果，Zhang 等（2019）提出了考虑桩帽形状和布桩形式的筋材应变估算方法。

从工程应用的角度，为了避免加筋材料在上覆荷载作用下在桩帽角点和桩帽边沿出现应变（应力）集中现象，建议对桩帽角点和边沿进行必要的处理，把桩帽角点做成圆角，把桩帽边沿做成倒角。设计计算时，应考虑筋材受力-应变协调关系，可按式（5.12）和式（5.13）计算筋材的应变和受力。

参考文献

ALMEIDA M S S, EHRLICH M, SPOTTI A P, et al., 2007. Embankment supported on piles with biaxial geogrids[J]. Proceedings of the Institution of Civil Engineers - Geotechnical Engineering, 160(4): 185-192.

BATHURST R J, ALLEN T M, WALTERS D L, 2002. Short-term strain and deformation behavior of geosynthetic walls at working stress conditions[J]. Geosynthetics International, 9(5-6): 451-482.

BOUMA A L, 1989. Mechanica van constructies: Elasto-statica van slanken structuren[M]. Delft University Press, Delft, Netherlands. (in Dutch).

British Standard Institute(BSI), 2010. Code of practice for strengthened/reinforced soils and other fills: BS 2006-1[S]. London: BSI Standard Publication.

HAN J, GABR M A, 2002. Numerical analysis of geosynthetic-reinforced and pile-supported earth platforms over soft soil[J]. Journal of Geotechnical and Geoenvironmental Engineering, 128(1): 44-53.

JIANG Y, HAN J, PARSONS R L, et al., 2016. Field instrumentation and evaluation of modular-block MSE walls with secondary geogrid layers[J]. Journal of Geotechnical and Geoenvironmental Engineering, 142(12): 05016002.

JONES B M, PLAUT R H, FILZ G M, 2010. Analysis of geosynthetic reinforcement in pile-supported embankments. Part I: 3D plate model[J]. Geosynthetics International, 17(2): 59-67.

MCGUIRE M P, FILZ G M. 2008. Quantitative comparison of theories for geosynthetic reinforcement of column-supported embankments[C]//Proceedings of 1st Pan American Geosynthetics Conference and Exhibition, Industrial Fabrics Association International, Roseville, MN: 1303-1312.

PERKINS S W, SCHULZ J L, LAPEYRE J A, 1997. Local versus global strain measurement of a polymeric geogrid[J]. Journal of Testing and Evaluation, 25(6): 576-583.

SMITH M E, 2005. Design of bridging layers in geosynthetic-reinforced column-supported embankments[D]. Blacksburg: Virginia Polytechnic Institute and State University.

The German Geotechnical Society(DGGT), 2010. Recommendations for reinforcements with geosynthetics(EBGEO)[S]. Berlin: Ernst & Sohn.

VAN EEKELEN S J M, BEZUIJEN A, Lodder H J, et al., 2012. Model experiments on piled embankments[J]. Part I. Geotextiles and Geomembranes, 32(6): 69-81.

VAN EEKELEN S J M, BEZUIJEN A, VAN TOL A F, 2011. Analysis and modification of the British Standard BS 8006 for the design of piled embankments[J]. Geotextiles and Geomembranes, 29(3): 345-359.

VAN EEKELEN S J M, BRUGMAN M H A, 2016. Design guideline for basal reinforced piled embankments[S] Delft: SBRCUR net and CRC Press.

VAN EEKELEN S J M, HAN J, 2020. Geosynthetic-reinforced pile-supported embankments: State of the art[J]. Geosynthetics International, 27(2): 112-141.

ZHANG Z, WANG M, YE G B, et al., 2019. A novel 2D-3D conversion method for calculating maximum strain of geosynthetic reinforcement in pile-supported embankments[J]. Geotextiles and Geomembranes, 47(3): 336-351.

第 6 章　桩承式加筋路堤沉降控制原理和方法

正如第 1 章所述，软土地基上填方路基面临的挑战既包括稳定性问题，也涉及变形问题。由于桩承式路堤被认为是控制路堤变形，特别是控制工后沉降的终极手段，通常认为沉降量可控且有限，因此对桩承式加筋路堤，相对于荷载传递与分担，变形问题的关注和取得的成果少得多。然而，桩承式加筋路堤作为一种应用于高等级公路和铁路路基工程的土工结构，首先必须满足工程项目的变形要求，这在公路和铁路路基技术标准中均有明确的规定；其次，只有掌握桩承式加筋路堤的沉降发展规律，认识主要影响因素，才能利用这些客观规律有效地控制路基的工后沉降，调整不均匀沉降，更好地为工程建设服务。

本章基于桩承式加筋路堤工作机理和土力学与基础工程的一般原理，阐述路堤沉降控制的基本理论；基于桩承式加筋路堤离心模型试验成果，深入研究路堤沉降的主要影响因素；在已有成果基础上，提出桩承式加筋路堤沉降的计算方法和沉降控制方法。

6.1　桩承式加筋路堤沉降控制的基本原理

6.1.1　路堤沉降量的构成

桩承式加筋路堤是一个复杂的土工结构体系，其结构形式如图 6.1 所示，由地基土、桩与桩帽、一层或多层土工合成材料作为加筋材料和路堤填土所组成，各结构单元之间的相互作用影响着整个体系的受力及变形特征。对于该土工结构，引起变形的主要作用是路堤填土和路面的自重应力，但在分析工后沉降时还应考虑交通荷载的作用。在进行工后沉降计算或进行功能极限状态分析时，交通荷载往往采用拟静荷载，等效为一定厚度的填土。

在上述荷载的基本组合作用下，严格地说，路堤沉降由地表（或桩帽顶面）以上路堤的压缩变形量和地表以下人工地基沉降量构成。由于交通荷载下分层压实的填方路基压缩量有限，因此在进行路堤沉降计算时主要分析地表以下人工地基的沉降量。根据第 4 章和第 5 章所述，在路堤填土中土拱效应和加筋材料张力膜效应的共同作用下，如图 6.1 中箭头所示，由桩基承担大部分上覆荷载，剩余部分由桩间地基土分担。桩（帽）与桩间地基土模量差异巨大，受到的荷载（应力）不同，造成二者存在明显的差异沉降。

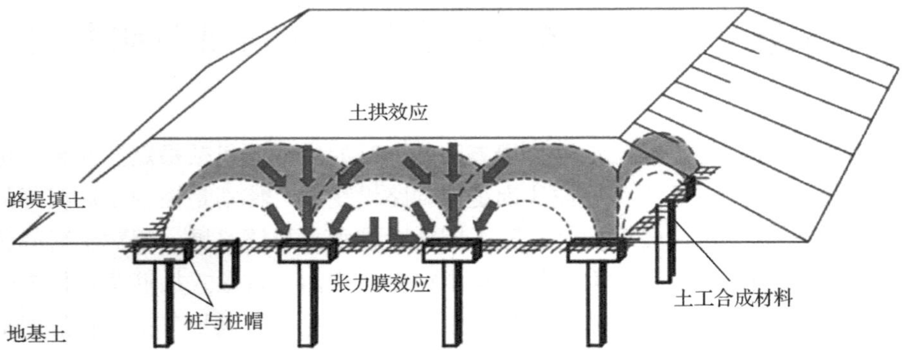

图 6.1　桩承式加筋路堤结构形式（van Eekelen，2015）

粗略地说，桩承式加筋路堤的沉降由地基加固区压缩量和桩基下卧层沉降量构成。在上覆荷载一定的情况下，加固区压缩量主要受桩基控制，包括桩长、桩身刚度、桩间距和桩端持力层性质等。桩基下卧层的沉降主要受桩端持力层工程性质（端承条件）的控制，同时也会受到桩基布置形式的影响。由于桩与桩间地基沉降量不同，因此在加固区沉降计算时其又可以细分为桩基沉降和桩间地基沉降，其中桩基沉降包括桩身压缩量和基桩向下刺入量。考虑到桩和桩间地基的沉降受一系列因素的影响，包括软土地基中桩基负摩阻力作用，使桩承式加筋路堤的沉降计算变得非常复杂，值得认真研究。

6.1.2　路堤沉降控制的基本原理

从桩承式加筋路堤沉降的构成可知，路堤沉降量大小取决于桩基和包括持力层的地基条件，核心是桩基，包括桩长、桩身刚度、桩间距和持力层的选择。但是，桩承式加筋路堤下桩基工作性状与房屋建筑下的桩基有所不同，因此发生沉降的机理也存在差异。由散体材料建造的路堤属于柔性荷载，在上覆荷载作用下桩（帽）会发生向上刺入，同时桩土差异沉降和加筋垫层的存在造成荷载重分配。正是由于大部分上覆荷载集中于桩基，桩承式路堤才能够有效控制路堤沉降。因此，要控制桩承式加筋路堤的沉降量，应从荷载和支撑作用两个角度进行分析。

在荷载端，应通过对填土的土拱效应、加筋材料张力膜和膜下地基支撑作用的合理分析，确定桩体荷载分担比和桩顶荷载，以及通过桩土相对位移和负摩阻力分析确定桩身截面应力沿桩身的分布。由第 4 章和第 5 章的讨论可知，土拱效应并不是一成不变的，会受到一系列因素的影响；张力膜效应的发挥程度与桩间地基土的支撑作用密切相关，桩间地基土性能越好，承担的荷载越大，则张力膜效应越弱。为了有效控制和减少路堤沉降，必须结合具体的工程地质条件，从实际出发，通过合理的设计增加桩体荷载分担比。在支撑端，与传统桩基类似，应关注桩身受力和地基的支撑作用，但从路堤沉降控制的角度来看，应合理确定桩身的压缩量和桩端下卧层的沉降量。至于调整路堤沉降，则可以通过调整桩身刚度和桩长等因素实现。在上覆荷载、桩体荷载分担比等确定的前提下，路堤沉降定量分析的准确性则取决于计算模型和分析方法的选择。

6.2　桩承式加筋路堤沉降影响因素研究

从路堤沉降的构成和沉降发生的基本原理看，无论是荷载传递与分担的影响因素，还是桩与地基支撑作用的影响因素，都是桩承式加筋路堤沉降的影响因素。基于已有的研究成果（Han and Gabr，2002；Chen et al.，2008；Hong et al.，2014；Bhasi and Rajagopal，2015；Xu et al.，2016；Cao et al.，2016），并从基础工程的常识出发，可归纳影响路堤沉降的因素，包括路堤高度、填土性质、桩间距与布置形式、桩帽尺寸与形状、桩的类型与端承条件、桩身刚度、加筋层数与筋材特性、桩间地基土和持力层的工程性质等。其中有些因素只影响荷载的大小，如路堤高度；而有些因素只与支撑作用有关，如桩间地基土和持力层的工程性质。对于给定的工程项目来说，路堤高度和桩间地基土往往是确定的，设计工程师无法改变。从桩承式加筋路堤的工程实践来看，一般采用正方形布桩形式和方形桩帽；筋材强度和延伸率必须满足特定要求，也没有太大的选择余地。因此，这些因素被排除在我们的研究对象之外。

在研究路堤沉降的影响因素时，首先路堤高度、桩间距和桩帽尺寸（边长）三者之间应满足全拱条件，这是工程应用的前提。本章将重点探讨桩的端承条件（摩擦桩与端承桩）和桩身刚度的影响，同时兼顾桩间距和加筋层数的作用。对于设计工程师来说，改变桩间距和加筋层数并不困难，通过调整桩长和选择桩型也可以实现桩基端承条件和桩身刚度的改变。因此，研究这些因素对路堤沉降的影响具有现实意义。

6.2.1　研究方法

采用离心模型试验手段，通过在离心场中还原包括路堤两侧边坡和软土地基在内的桩承式加筋路堤整体，研究桩的端承条件及桩身刚度对软土地基上桩承式加筋路堤沉降的影响。离心模型试验在同济大学 TLJ-150 复合型岩土离心试验机上进行，该离心机的最大离心加速度为 200*g*，有效旋转半径为 3m。

参照桩承式加筋路堤的实际工程案例（蔡德钩，等，2009），模型率（相似比）确定为21，选择的试验箱内部尺寸为0.9m（长）× 0.7m（宽）× 0.7m（高）。根据Garnier等（2007）提出的相似比原则进行模型设计。

1. 离心模型试验方案设计

对于桩承式加筋路堤模型，根据相似比$N=21$换算，模型桩间距$s=70$mm，正方形桩帽宽度$a=20$mm，分别对应原型1.5m桩间距及0.4m桩帽宽度，桩帽面积置换率为8.2%。桩顶铺设一层土工格栅作为筋材。模型试验共3组，表6.1给出了本次离心模型试验的方案。试验选择了两种模量差异较大的模型桩身材料：铝管和PVC管。对于刚度大的铝材模型桩，采用了不同的桩长，短桩即为悬浮桩。试验1采用端承桩，桩身刚度大；试验2采用悬浮桩，桩身刚度大；试验3采用端承桩，桩身刚度小。

表6.1 试验方案

序号	端承条件	模型桩长/mm	原型桩长/m	模型桩身材料
试验1	端承桩	312	6.5	铝管
试验2	悬浮桩	200	4.2	铝管
试验3	端承桩	312	6.5	PVC管

2. 模型材料

（1）持力层及路堤填土

桩端持力层采用石英砂模拟，加筋垫层填土和路堤填土均采用黄砂模拟。石英砂不均匀系数为5.0，曲率系数为0.94，平均粒径为0.24mm；路堤黄砂不均匀系数为2.9，曲率系数为0.88，平均粒径为0.25mm。持力层石英砂的最大与最小干密度分别为1920kg/m^{3}及1370kg/m^3，路堤黄砂的最大与最小干密度分别为1710kg/m^{3}及1400kg/m^3。根据室内直剪试验，在75%相对密实度下，持力层石英砂内摩擦角为33°，路堤黄砂内摩擦角为34°，两者黏聚力均为零。

（2）软土层

本试验软土层采用人工制备重塑土。将上海地区常见的第④层淤泥质黏土与第③层淤泥质粉质黏土按质量比1∶1混合。掺和后经过风干、粉碎、过筛、浸泡、搅拌等过程，保证土样的均一性。通过液塑限联合测定仪，得到人工制备软土的液限等于33%，塑限等于17%，塑性指数为16。

（3）刚性桩

刚性桩包括桩身与桩帽两部分，选用铝材作为模型桩材料，并通过参考原型桩的抗压刚度和抗弯刚度确定模型桩的截面尺寸。因此，确定模型桩桩身为空心铝管，截面尺寸为外径 10mm，壁厚 1mm；桩帽采用实心铝板，尺寸为 20mm×20mm×8mm。为了使模型桩与原型桩的密度保持一致，通过在空心铝管中填充钢珠与砂的方法来实现。采用角磨机打磨桩身表面，以增大铝管与黏性土界面间的摩擦系数，经角磨机打磨后的铝板与黏性土间的摩擦系数增大到 0.39。

为对比分析桩身刚度对路堤沉降的影响，在试验 3 中使用外径 10mm、内径 8mm 的 PVC 管材作为模型桩，PVC 管刚度较小。表 6.2 给出了两种模型桩的物理力学参数及对应相似比。由表 6.2 可以看出，PVC 管刚度较小，与铝管的刚度相差较大，抗压刚度及抗弯刚度均明显小于铝管（约为铝管的 1/20），可达到模拟低刚度桩的目的。

表 6.2　模型桩的相关参数及对应相似比

参数	铝管模型桩	铝管原型桩	PVC 管模型桩	PVC 管原型桩	相似比
桩径 d/mm	10	210	10	210	N
壁厚/mm	1	21	1	21	N
弹性模量 E/MPa	7.2×10^4	7.2×10^4	3.5×10^3	3.5×10^3	1
轴向刚度 EA/（$MPa\cdot mm^2$）	2.1×10^6	9.3×10^8	9.9×10^4	4.4×10^7	N^2
抗弯刚度 EI/（$MPa\cdot mm^4$）	2.1×10^7	4.1×10^{12}	1.0×10^6	1.9×10^{11}	N^4

（4）模型土工格栅

模型土工格栅筋材的选择应同时满足力学（强度及模量）及几何相似性。选择蓝色窗纱模拟土工格栅，其网格尺寸为 1mm×1mm。通过对几何尺寸为 200mm（长）×100mm（宽）的窗纱试样开展拉伸速率为 10mm/min 的拉伸试验，测定其筋材拉力-整体应变曲线。表 6.3 给出了模型格栅的物理力学参数及对应相似比。根据相似比 $N=21$ 进行换算，可知模型格栅对应一种纵向与横向极限拉伸强度分别为 25.4kN/m 及 34.9kN/m 的原型双向土工格栅。此外，该模型格栅的纵向极限拉伸应变大于其横向极限拉伸应变。

表 6.3　模型格栅的物理力学参数及对应相似比

参数	模型格栅纵向	模型格栅横向	原型格栅纵向	原型格栅横向	相似比
极限抗拉强度/（kN/m）	1.2	1.7	25.4	34.9	N
极限拉伸应变/%	18.7	11.3	18.7	11.3	1
2%应变拉伸强度/（kN/m）	0.3	0.4	6.5	9.0	1
5%应变拉伸强度/（kN/m）	0.3	0.9	6.9	19.1	N
10%应变拉伸强度/（kN/m）	0.6	1.6	12.6	34.4	N

模型格栅与路堤黄砂界面摩擦角为 25.5°，筋土界面相互作用系数 C_i 为 0.7，表明选用模型格栅可以较好地模拟筋土之间的相互作用，包括嵌锁作用及摩阻作用。

3. 模型试验监测

试验主要探讨不同影响因素下桩承式加筋路堤的沉降变化特征，故需要量测模型结构不同位置处的沉降。采用沉降标联合差动式位移计的方式，监测地基表面沉降，包括桩顶沉降 z_1、相邻两桩中心桩间土沉降 z_2 及四桩中心桩间土沉降 z_3；同样采用沉降标联合差动式位移计的方式，监测路堤底部模型格栅沉降，包括相邻两桩中心处筋材沉降 z_4 及四桩中心处筋材沉降 z_5。如图 6.2 所示，差动式位移计布置于路堤中心 z_6、路肩 z_7 及坡脚 z_8，用于观测路堤表面沉降；土压力计 pc1 与 pc2 分别布置于筋材上方桩顶与相邻两桩中心桩间土处，用于监测桩与桩间土承担的荷载；沿路堤横向布置 4 个应变片 sg_1～sg_4，用于监测路堤内部筋材受力；所有应变片均布置于相邻两桩中心筋材上方。

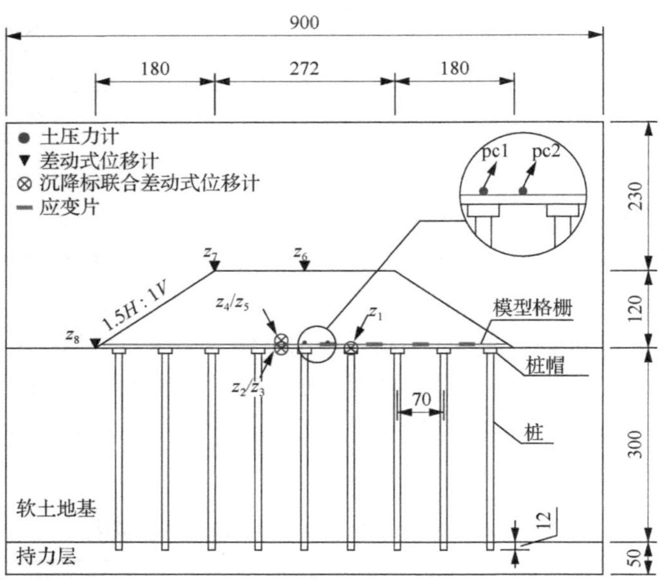

（a）断面图（端承桩）

图 6.2　离心模型试验监测元件布置（单位：mm）

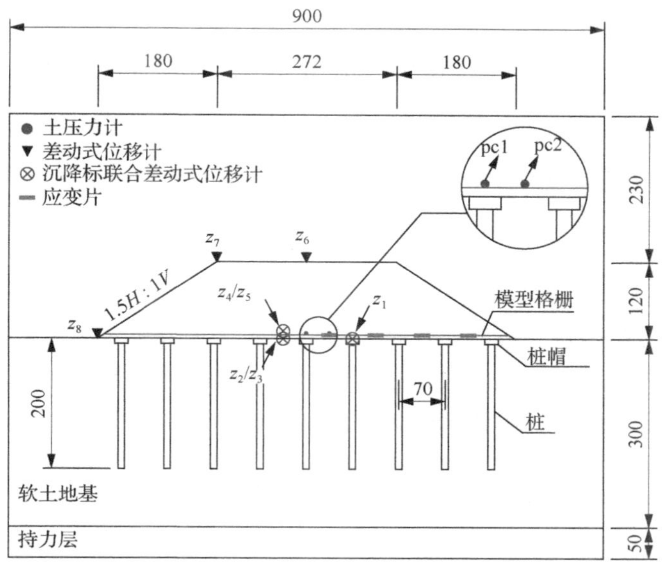

（b）断面图（悬浮桩）

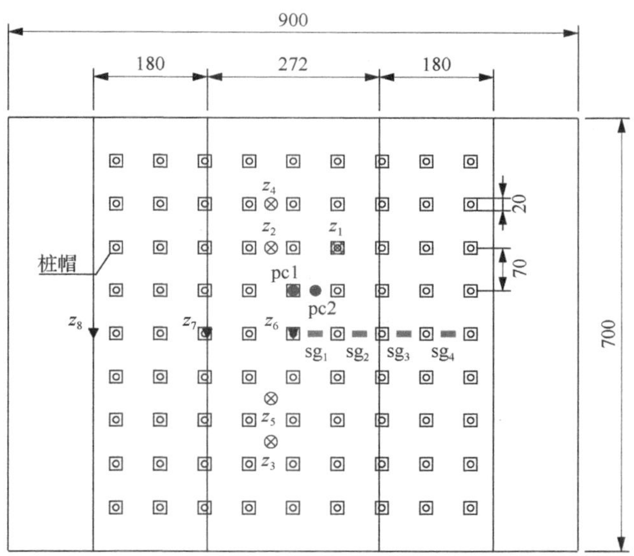

（c）俯视图

图 6.2（续）

对于土工格栅的应变监测，由于模型格栅表面网孔不连续，直接将应变片粘贴到筋材上难度很大，因此通过在模型格栅上浇注环氧树脂基底来粘贴应变片。

这样就增大了局部模型格栅极限拉伸强度及刚度，从而造成模型格栅的局部应变与其整体应变不同。通过拉伸试验标定获得了模型格栅整体应变-局部应变的关系，可按下式将应变片监测的局部应变换算为筋材整体应变：

$$y = -1047.6x^6 + 2666.7x^5 - 2633.5x^4 + 1225.3x^2 + 30.584x + 0.5017 \quad (6.1)$$

式中，y——筋材整体应变，%；

x——应变片监测所得筋材局部应变，%。

4. 模型建造与加载

地基土分为持力层及软土层。持力层制作时采用分层击实质量控制法，分两层以 1830kg/m^3 的干密度作为控制指标进行击实，每层质量 28.8kg，击实后厚度为 25mm，使整个持力层达到 75%相对密实度。持力层上为软土层，将软土经过风干、粉碎、过筛、加定量的水搅拌，配制成 50%含水量的泥浆。将泥浆在 50g 离心力作用下固结 8h，同时观测孔压计变化，当孔压计读数基本不变时认为固结基本完成，经计算固结度约 90%。对固结完成后的地基软土取样进行含水率及密度测试，测试结果如下：试验 1 组含水率 36.1%，密度 1893kg/m^3；试验 2 组含水率 36.1%，密度 1853kg/m^3；试验 3 组含水率 37.9%，密度 1838kg/m^3。随后开始模型桩施工。首先通过施工桩在软土地基上预钻孔，再将模型桩插入钻孔中。施工桩的桩径略小于模型桩的桩径，可保证桩与土间的摩擦作用。当采用端承桩时，桩端打入持力层深度为 12mm，因此端承桩桩长为 312mm。桩体施工完成后，模型格栅直接铺设在桩帽顶部。路堤制作采用分层压实方法：分 7 层铺设，底层厚 12mm，剩余 6 层厚 18mm，以控制干密度 $\rho_\text{d} = 1620\text{kg/m}^3$ 作为指标，通过路堤断面尺寸计算每层砂土质量，由路堤底部至顶部分别为 8.3kg、11.5kg、10.4kg、9.3kg、8.2kg、7.1kg、6.0kg，使整个路堤填土相对密实度达到 75%。模型路堤填筑完成后总高 120mm，对应原型路堤高 2.5m。地下水位位于地基表面。

桩承式加筋路堤模型建造完成后，连同模型箱吊入离心机进行离心加载。离心加速度在 4min 内从 1g 增大到 21g，随后保持稳定，持续 194min，按相似比换算对应原型的工后两个月。

6.2.2 路堤沉降影响因素分析

1. 桩基端承条件的影响

桩基端承条件的影响即桩的类型（端承桩与摩擦桩）的影响，一定意义上也可以看作桩长的影响。可以从路堤变形、竖向应力分布和筋材应变分布认识这些影响。

（1）路堤变形

图 6.3 给出了试验 1 与试验 2 中路堤底部软土地基表面沉降变化曲线。采用端承桩的试验 1 桩顶沉降 z_1 明显小于桩间土沉降 z_2 和 z_3，表明负摩阻力将出现在桩身上半部分；地基表面四桩中心桩间土沉降 z_3 明显大于两桩中心桩间土沉降 z_2，桩土差异沉降明显，如图 6.4（a）所示。相反，采用悬浮桩的试验 2 路堤底部地基土表面沉降相差无几，地基表面两桩中心桩间土沉降 z_2 与四桩中心桩间土沉降 z_3 基本相同且略大于桩顶沉降 z_1，表明由悬浮桩加固的地基土作为一个整体发生沉降，地基表面差异沉降减小，分布更均匀，如图 6.4（b）所示。

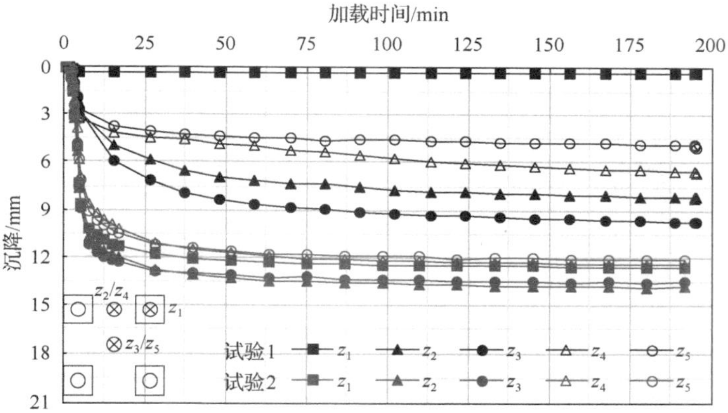

图 6.3　试验 1 与试验 2 中路堤底部软土地基表面沉降及筋材变形

（a）试验 1（端承桩）　（b）试验 2（悬浮桩）

图 6.4　试验 1 与试验 2 卸载后地基表面照片

图 6.3 同时给出了试验 1 与试验 2 中路堤底部筋材变形曲线。采用端承桩的试验 1，路堤底部不同位置处筋材沉降不一，两桩中心处筋材挠度 z_4 明显小于四桩中心的 z_5；相反，采用悬浮桩的试验 2，路堤底部两桩中心筋材挠度 z_4 与四桩中心 z_5 处基本相同，并且筋材挠度（z_4 和 z_5）与对应位置处软土地基表面沉降（z_2

和 z_3）差异不大，表明采用悬浮桩的试验 2 中软土地基表面沉降趋于一致，基本满足“等应变”条件。

图 6.5 给出了试验 1 与试验 2 路堤表面不同位置处的沉降变化曲线。与预期的一致，采用悬浮桩的试验 2 模型，其路堤中心 z_6 和路肩处 z_7 的沉降远大于采用端承桩的试验 1 模型中对应位置的沉降；且试验 2 坡脚 z_8 沉降出现负值，表明坡脚发生隆起。在试验 2 中，路堤中心 z_6 沉降和路肩 z_7 沉降显著大于坡脚 z_8 的沉降，沉降集中在路堤中心区域，边坡下沉降较小；在试验 1 中，路堤中心 z_6 沉降或坡肩 z_7 沉降与坡脚处 z_8 沉降差异不大，表明端承桩能够控制路堤的整体变形。

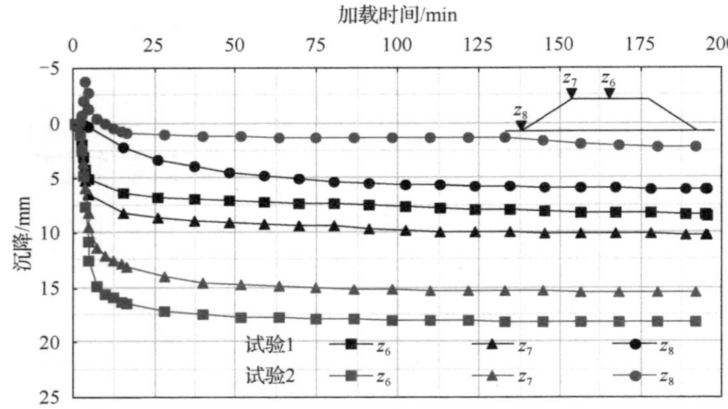

图 6.5　试验 1 与试验 2 中路堤表面不同位置处的沉降变化曲线

（2）竖向应力分布

图 6.6 给出了试验 1 与试验 2 路堤底部筋材上方不同位置处竖向应力曲线。采用端承桩的试验 1 中，桩顶土压力显著大于相邻两桩中心土压力，表明路堤荷载由于土拱效应明显向桩顶转移，桩间筋材上方承担的荷载大幅度减小；采用悬浮桩的试验 2 中，桩顶土压力与相邻两桩中心土压力的差值显著小于试验 1。Han 和 Gabr（2002）指出，土拱效应、张力膜效应及桩土应力比是桩承式加筋路堤体系中荷载传递的 3 个主要机制。由于试验 2 中桩土差异沉降减小［图 6.4（b）］，因此地基表面基本满足“等应变”条件，土拱效应与张力膜效应发挥减弱，只剩下由于桩土刚度差异引起的桩土应力比效应得以发挥。以悬浮桩作为增强体时，实质上是构成了桩土复合地基，桩与桩间土共同承担上覆荷载。这与试验 1 中端承桩承担大部分路堤荷载的工作机制不同。

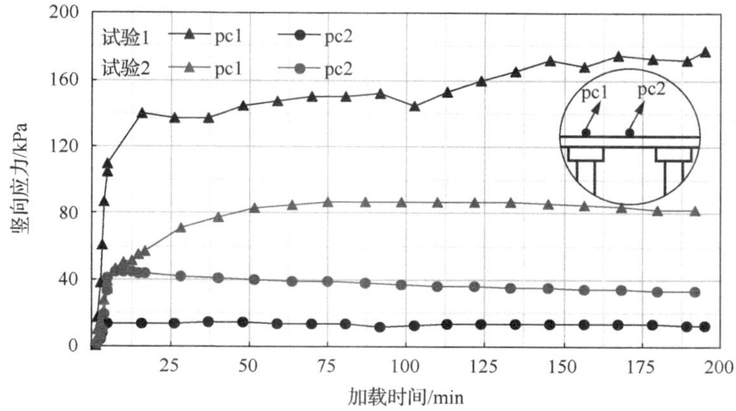

图 6.6　试验 1 与试验 2 路堤底部筋材上方不同位置处竖向应力曲线

（3）筋材应变分布

图 6.7 给出了试验 1 与试验 2 筋材应变沿路堤横断面方向的分布。使用悬浮桩的试验 2 中，筋材应变明显小于使用端承桩的试验 1。可见使用悬浮桩时桩土差异沉降小，桩间土发挥较强的支承作用，则筋材受到的张力小，筋材的张力膜效应发挥有限，筋材的作用主要体现在协调桩土沉降而非传递荷载上。在试验 1 中，由于桩土差异沉降明显，筋材在上覆荷载作用下受到较大张力，筋材张力膜效应和传递荷载功能发挥显著。同时，筋材应变峰值出现位置与试验 2 不同，在试验 1 中筋材应变峰值出现在靠近路肩下方附近，而试验 2 中筋材的最大应变点发生在路堤中心下方。

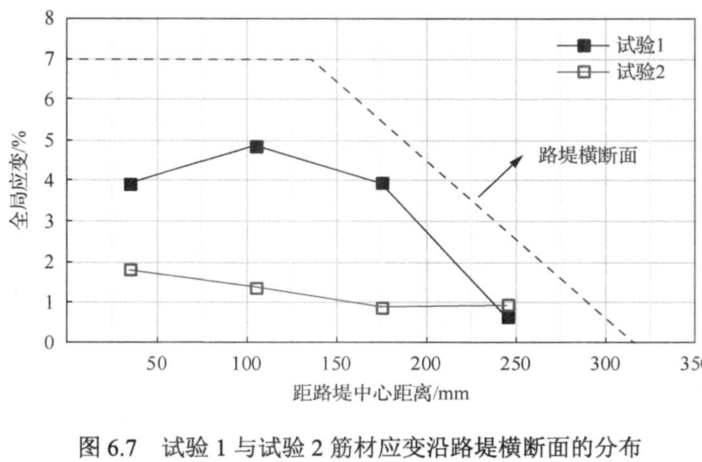

图 6.7　试验 1 与试验 2 筋材应变沿路堤横断面的分布

2. 桩身刚度的影响

通过对比试验 1（铝管模型桩）与试验 3（PVC 管模型桩）桩承式加筋路堤的变形、竖向应力分布和筋材应变分布，可以认识桩身刚度对路堤变形和工作机理的影响。

（1）路堤变形

图 6.8 给出了试验 1 与试验 3 地基软土表面沉降变化曲线。两组离心模型试验中均采用了端承桩，但模型桩的刚度不同。结果显示，桩身刚度较小的试验 3 中桩顶沉降 z_1 与桩间地基土沉降 z_2 和 z_3 都显著大于试验 1 中对应位置的沉降。就桩顶沉降 z_1 而言，试验 3 最大桩顶沉降约是试验 1 的 3 倍，表明桩身刚度的减小显著增大了桩身在荷载作用下的压缩变形。试验 3 中四桩中心沉降 z_3 与相邻两桩中心沉降 z_2 的差值远大于试验 1，表明桩身刚度的减小使地基表面沉降分布更不均匀，三维特征更明显。

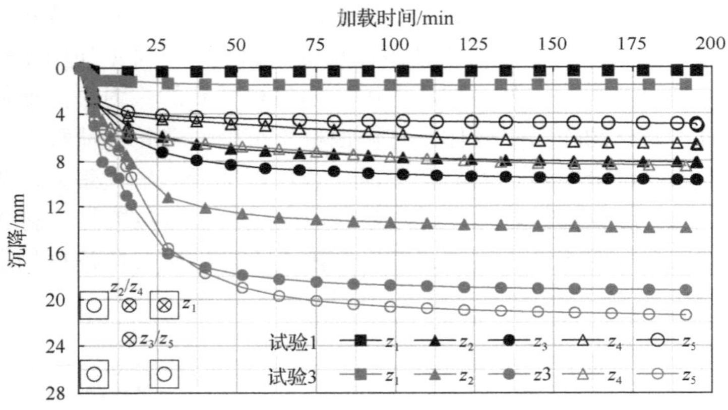

图 6.8　试验 1 与试验 3 软土地基沉降及筋材变形

根据筋材挠度的监测结果，可以发现试验 3 中四桩中心筋材挠度 z_5 与相邻两桩中心筋材挠度 z_4 的差值远大于试验 1。可以认为，软土地基上的桩承式加筋路堤体系中，桩身刚度的减小不仅使桩顶和桩间土的沉降增大，筋材挠曲增加，而且使桩土差异沉降增大，筋材下软土地基的沉降更加不均匀。

图 6.9 给出了试验 1 与试验 3 路堤表面不同位置处的沉降变化曲线。可以发现，试验 3 中路堤表面沉降远大于试验 1，表明桩身刚度的减小会使路堤表面沉降显著增大，这完全符合逻辑。综合分析软土地基与路堤的沉降可以发现，桩身刚度小的桩承式加筋路堤的沉降随着软土地基沉降的增大而增大，路堤表面易于出现纵向裂缝，路堤存在失稳的可能性。

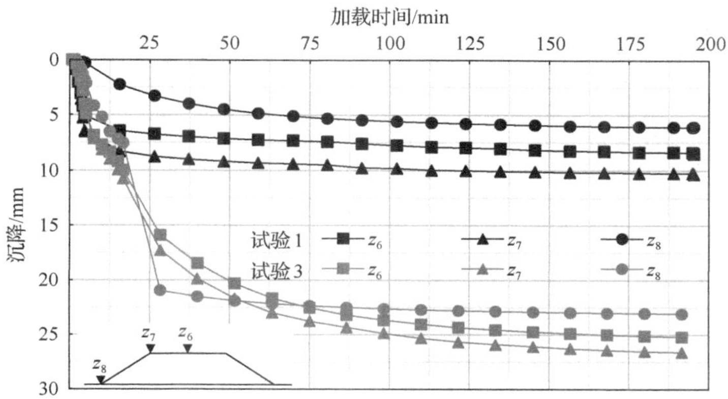

图 6.9　试验 1 与试验 3 路堤表面不同位置处的沉降变化曲线

（2）竖向应力分布

图 6.10 给出了试验 1 与试验 3 路堤底部筋材上方桩顶与桩间处的竖向应力曲线。两组试验中，桩顶土压力均明显大于相邻桩间土压力，这表明对于端承桩，只要桩身强度满足要求，即使桩身刚度小一点，相对于软土地基，仍存在明显的桩土刚度差异，会发生显著的桩土差异沉降（图 6.8），桩基仍然承担大部分路堤荷载。但是从监测结果中可以看到一个有趣的现象：两组试验中，在离心加载阶段，桩顶土压力都出现了稳定增长。在加载完成后，离心加速度维持不变时，试验 1 中桩顶土压力增幅较小，数值稳定；而试验 3 中桩顶土压力表现出先减小后增大最后稳定的波动现象。这一桩顶应力波动现象正是由于刚度较小的桩体引起的。由于试验 3 中模型桩刚度小，当荷载向桩体集中时则发生压缩变形，使一部分荷载又从桩顶转移回桩间土上，桩顶应力减小；当桩体压缩稳定不变而桩间土

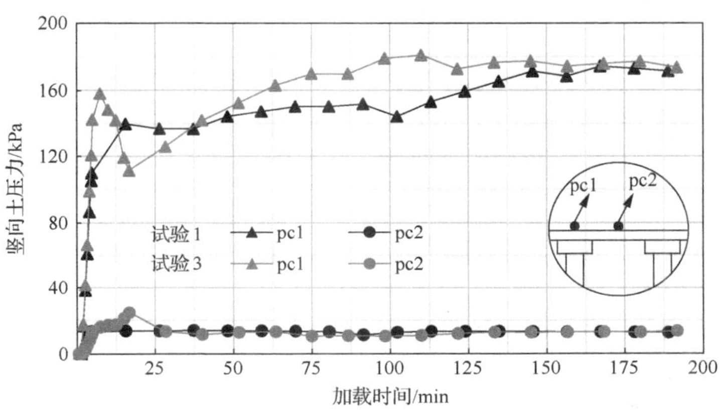

图 6.10　试验 1 与试验 3 路堤底部筋材上方桩顶与桩间处的竖向应力曲线

继续沉降时，桩土沉降差使张力膜效应增强，导致荷载再次转移至桩顶，桩顶竖向应力增大。这一过程反复进行，最终趋于稳定。试验 3 中桩顶应力的变化规律体现了荷载分担随桩体压缩和桩土交替沉降变化而重新调整的过程。

（3）筋材应变分布

图 6.11 给出了试验 1 与试验 3 筋材应变沿路堤横断面的分布。使用桩身刚度较低的试验 3 中，各点位的筋材应变均大于试验 1 中对应位置的筋材应变。结合路堤和软土地基的变形分析（图 6.8 和图 6.9），可以认为，低刚度桩承式加筋路堤中的筋材应变不仅是由桩土差异沉降引起的筋材受到张拉作用，还在于低刚度桩体抵抗水平滑动的作用减弱，路堤稳定性降低，从而使铺设在地基表面的筋材承担更大的抗滑力。这也是为什么在桩承式加筋路堤设计时，要求筋材受力等于张力膜效应和抗滑抵抗作用引起的张力之和。

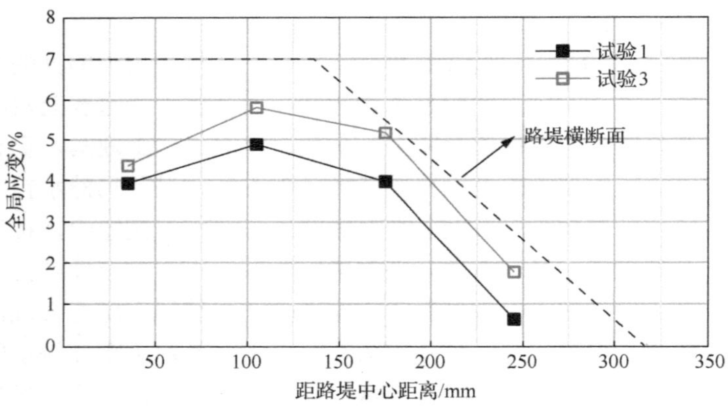

图 6.11　试验 1 与试验 3 筋材应变沿路堤横断面的分布

3. 桩间距及其他因素对路堤沉降的影响

在开展桩承式加筋路堤离心模型试验中，还分析研究了桩间距和加筋层数对路堤沉降和工作机理的影响。采用刚度大的端承桩，当离心模型的桩间距从 50mm 增大到 70mm 时，桩间土沉降和桩间筋材挠度同时增大，但桩顶沉降变化很小，桩与桩间土的差异沉降明显增加。采用刚度大的端承桩，将垫层中的加筋材料从一层增加到两层时，桩间土的沉降大幅度减小，桩与桩间土的差异沉降明显减弱，但桩顶沉降变化不大。

根据桩承式加筋路堤的工作机理，当桩间距增大时，桩体荷载分担比必然增大，桩基会承担更大的荷载；当使用两层加筋材料构筑加筋垫层时，会增强张力膜效应，同样增加桩基承担的荷载。在这种情况下，如果桩身刚度较小，则桩身压缩量增大，桩顶和路堤沉降随之增大。

在实际工程中，在桥头连接段通过改变桩间距来调整路堤沉降的案例并不多见，增加加筋层数也主要是由于单层加筋材料的抗拉强度难以满足要求，而并非为了控制路堤沉降。考虑到改变布桩间距和加筋层数对路堤沉降影响较小，下面重点讨论通过改变桩长和桩身刚度来调整路堤沉降的理论和方法。

6.3　路堤沉降计算分析与控制方法

尽管布桩间距和加筋材料的选择与层数等也会影响桩承式加筋路堤的变形量（沉降量），但不可否认桩的端承条件（桩长）和桩身刚度对路堤沉降影响更显著，也更直接。从 6.2 节桩承式加筋路堤离心模型试验结果看，采用端承桩的情形下，桩身刚度对路堤变形的影响主要表现在路堤、桩顶和桩间地基土沉降量的量级不同，即桩身刚度大，沉降量小，反之亦然；但桩体荷载分担和路堤沉降的发生机制是相同的或相似的。对比端承桩与悬浮桩的情形，桩承式加筋路堤的变形特征明显不同。采用悬浮桩时，桩体向下刺入，桩土差异沉降很小，基本符合桩土等应变条件。基于这些认识，应分别研究针对端承桩桩承式加筋路堤和悬浮桩桩承式加筋路堤的沉降分析方法，并考虑桩身刚度对路堤沉降的影响，提出桩承式加筋路堤的沉降控制方法。

6.3.1　端承桩桩承式加筋路堤的沉降计算

对于刚性端承桩桩承式路堤，其沉降主要由桩基控制。借鉴 Vesic（1977）提出的单桩沉降的弹性理论解，单桩在竖向荷载下的沉降 s_p(m)包括桩身压缩量和桩端向下刺入量（桩端沉降量），细分为 3 个部分：

$$s_p = s_e + s_b + s_s \tag{6.2}$$

式中，s_e——桩身弹性压缩量，m；

s_b——桩端荷载导致的桩端沉降量，m；

s_s——由于桩身侧壁荷载发生的桩端沉降量，m。

（1）桩身压缩量的计算

假设为理想线弹性体，桩身弹性压缩量 s_e 可以通过下式计算：

$$s_e = \frac{(Q_b + \alpha_s Q_s)}{A_p E_p} L_p \tag{6.3}$$

式中，Q_b——桩端承受荷载，kN；

Q_s——桩身侧壁承受荷载，kN；

α_s——桩身侧壁摩阻力分布形态系数；

A_p——桩身截面面积，m^2；

E_p——桩身弹性模量，MPa；

L_p——桩身长度，m。

（2）桩端沉降量的计算

桩端沉降量可细分为由桩端荷载导致的桩端沉降量 s_b 和由桩侧荷载引起的桩端沉降量 s_s。前者可以采用类似浅基础沉降计算公式计算（Vesic，1977）：

$$s_b = \frac{(1-v_s^2)p_b d I_b}{E_s} \tag{6.4}$$

式中，p_b——桩端荷载均布压力，kPa；

E_s——桩端土体弹性模量，MPa；

v_s——桩端土体泊松比；

d——桩身外径，m；

I_b——沉降影响系数。

式（6.4）中，桩端荷载均布压力（p_b）可按下式计算：

$$p_b = \frac{Q_b}{A_b} \tag{6.5}$$

式中，A_b——桩端截面积，m^2。

对于泊松比 $v_s = 0.25$ 的桩端持力层，当桩的长径比大于 5 时，沉降影响系数 $I_b = 0.54$。

由桩侧荷载导致的桩端沉降量（s_s）可按下式计算（Vesic，1977）：

$$s_s = \frac{(1-\overline{v}_s^2)\overline{f_s} d I_s}{\overline{E_s}} \tag{6.6}$$

式中，$\overline{f_s}$——沿桩身侧壁分布的均布荷载，kPa；

$\overline{E_s}$——沿桩身侧壁分布的土体平均弹性模量，MPa；

$\overline{v}_s$——沿桩身侧壁分布的土体泊松比；

I_s——沉降影响系数。

沿桩身侧壁分布的均布荷载（$\overline{f_s}$）可按下式计算：

$$\overline{f_s} = \frac{Q_s}{\pi d L_p} \tag{6.7}$$

Vesic（1977）建议沉降影响系数 I_s 按下式计算：

$$I_s = 2 + 0.35\sqrt{L_p / d} \tag{6.8}$$

关于土体的平均弹性模量，建议借助 Coduto（2001）提出的经验公式计算：

$$\overline{E_s} = 200c_u \tag{6.9}$$

式中，c_u——土体不排水抗剪强度，MPa。

6.3.2　悬浮桩桩承式加筋路堤的沉降计算

基于对悬浮桩桩承式加筋路堤“桩土等应变”沉降特征和桩间距较小的情形，可采用等效深基础法（Hannigan et al.，2016）计算路堤的沉降。在计算桩承式路堤沉降时，假设等效基础作用在深度为桩端以上 $1/3L_p$（L_p 为悬浮桩桩长）处，即等效基础的埋深为 $2/3L_p$，等效基础底面的压力以 2∶1（垂直∶水平）向四周扩散。

对于桩承式路堤，填方断面一般呈梯形分布，则桩顶荷载分布不均。在路堤中线附近选择一个边长为 $2s$（s 为正方形布桩时的桩间距）的四桩单元体作为分析对象（图 6.12），估算路堤的沉降量。对于四桩单元，这里对等效深基础法做了一些改进：基底压力按 2∶1 的扩散线被单元体边界截断，等效基础的有效深度到 z_1' 为止，超过该有效深度，附加应力不再扩散［图 6.12（b）］。悬浮桩桩承式路堤沉降近似为等效基础以下厚度为 H 的地基软土层压缩量。

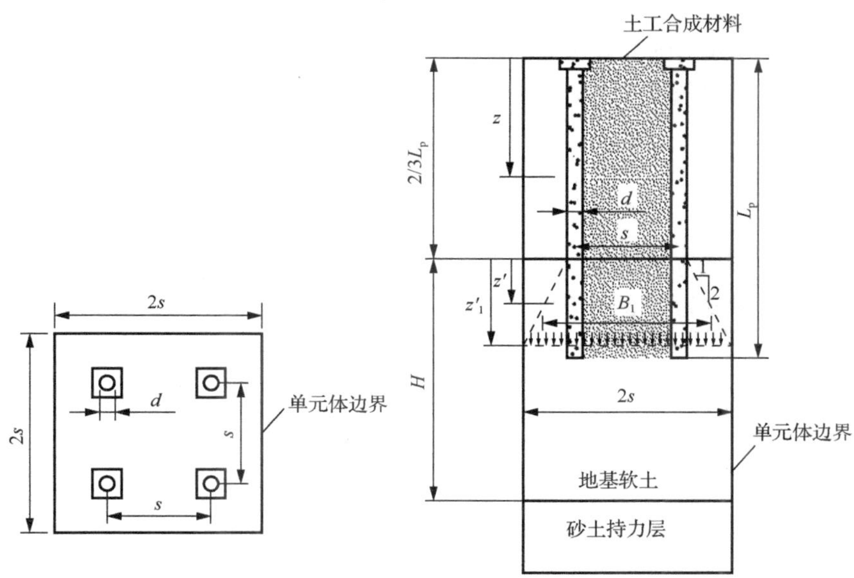

（a）四桩单元体俯视图　（b）四桩单元体截面图

图 6.12　改进的等效深基础法计算模式

等效基础以下由路堤荷载造成的附加应力 $\Delta\sigma_v$（kPa）可按下式计算：

$$\Delta\sigma_v = \frac{Q}{B_1^2} \tag{6.10}$$

式中，Q——四桩单元体承受的路堤荷载，kN；

B_1——任意深度处等效基础宽度，m。

四桩单元体承受的路堤荷载 Q（kN）可按下式计算：

$$Q = \rho_f gh(2s)^2 \tag{6.11}$$

式中，ρ_f——路堤填土密度，kg/m^3；

g——重力加速度，m/s^2；

h——路堤高度，m；

s——桩间距，m。

路堤下任意深度处等效基础宽度 B_1(m)应根据附加应力扩散线按式（6.12）和式（6.13）计算：

$$B_1 = (s+d) + z'，当 z' \leqslant z_1' \tag{6.12}$$

$$B_1 = (s+d) + z_1' = 2s，当 z' > z_1' \tag{6.13}$$

式中，z'——等效基础以下土层任意点深度，m；

z_1'——等效基础有效深度，m。

等效基础有效深度（z_1'）可按下式计算：

$$z_1' = \frac{2s - (s + d_p)}{2} \times 2 = s - d \tag{6.14}$$

不考虑路堤填方的压缩变形，悬浮桩桩承式加筋路堤的沉降 s_{float}（m）即为等效基础以下厚度为 H 的地基软土层压缩量：

$$s_{float} = H_i \sum \varepsilon_i = H_i \sum \frac{\Delta\sigma_v}{E_{si}} = H_i \sum \frac{Q/B_1^2}{200c_{ui}} \tag{6.15}$$

6.3.3 计算案例

将 6.2 节中 3 组桩承式加筋路堤模型按模型率 N=21 还原为原型，则有：路堤高度（h）为 2.5m，桩间距（s）为 1.5m，桩帽边长（a）等于 0.4m，桩径（d）为 0.21m，端承桩桩长和悬浮桩桩长（L_p）分别为 6.5m 和 4.2m，铝管桩和 PVC 管桩的桩身弹性模量（E_p）分别为 7.2×10^{4}MPa 和 3.5×10^{4}MPa。以此为例，忽略路堤自身压缩变形，按照 6.3.2 节中关于端承桩和悬浮桩桩承式加筋路堤沉降分析方法进行各路堤的沉降量计算。

1. 端承桩桩承式加筋路堤沉降计算

借用 Vesic（1977）弹性理论解计算端承桩桩承式加筋路堤的竖向沉降时，需先获得桩端承担的荷载 Q_b、桩身侧壁承担的荷载 Q_s 及桩侧摩阻力分布形态。基于桩体竖向受力平衡，Q_b 和 Q_s 的总和应等于桩顶总荷载 Q_p，即 $Q_p = Q_b + Q_s$。

假定在极端条件下端承桩承担全部路堤荷载，单桩桩顶总荷载等于四桩单元体承受的路堤荷载（Q）的 1/4，Q 按式（6-10）计算。根据离心模型试验中路堤填土密度实测结果，$\rho_f = 1620\text{kg/m}^3$，可得单桩桩顶总荷载 $Q_p = 86.4\text{kN}$。

关于桩身侧壁承担的荷载 Q_s 的计算，根据刚性端承桩桩承式路堤中桩土存在明显差异沉降的特征，可以确认桩体上部一定范围内存在负摩阻力。因此，在计算桩身侧壁承担的荷载 Q_s 时，应将桩身上部的负摩阻力考虑在内。这里采用美国联邦公路局（Federal Highway Administration，FHWA）推荐的 β 法计算桩身侧壁摩阻力和桩端阻力（Hannigan et al.，2016）：

$$f_u = \beta\sigma'_{v0} \tag{6.16}$$

$$q_p = N_f\sigma'_{vp} \tag{6.17}$$

式中，f_u——桩身侧壁摩阻力极限值，kPa；

q_p——桩端阻力，kPa；

β——Bjerrum-Burland 系数，$\beta = K\tan\varphi' = (1 - \sin\varphi')\tan\varphi'$，其中 K 为侧向土压力系数，φ' 为桩身侧壁地基土有效内摩擦角（°）；

σ'_{v0}——桩身侧壁地基土有效竖向应力，kPa；

N_f——桩端阻力系数；

σ'_{vp}——桩端地基土有效竖向应力，kPa。

根据离心模型试验中持力层砂土和软土地基的物理力学参数，并参考文献关于桩端阻力系数和 Bjerrum-Burland 系数确定方法（Fellenius，2014），可计算桩身侧壁摩阻力极限值 f_u 和桩端极限阻力 q_p，进而获得离心模型试验（试验 1 和试验 3）对应原型路堤中端承桩桩身轴向荷载、桩端阻力与桩侧阻力，如图 6.13 所示。试验 1 和试验 3 对应原型中桩身中心点深度 z_m 分别为 5.0m 与 4.7m。在桩身中心点确定之后，可计算桩身侧壁摩阻力发挥值（Shen et al.，2020）。图 6.14 给出了试验 1 和试验 3 对应原型路堤中桩身侧摩阻力分布曲线。

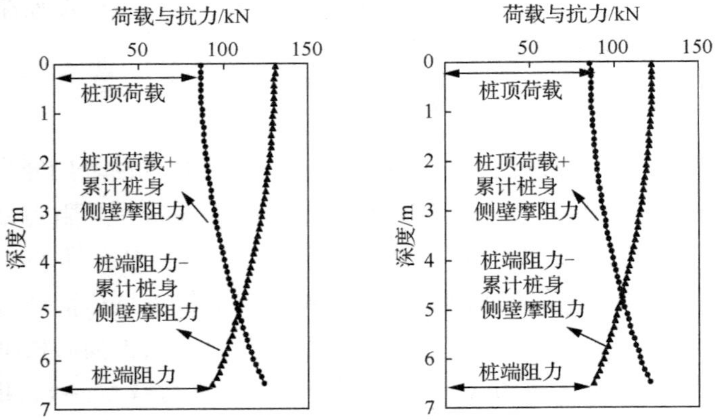

（a）试验1　　　　（b）试验3

图 6.13　试验 1 和试验 3 对应原型路堤中桩身轴向荷载及桩端阻力与桩侧阻力分布

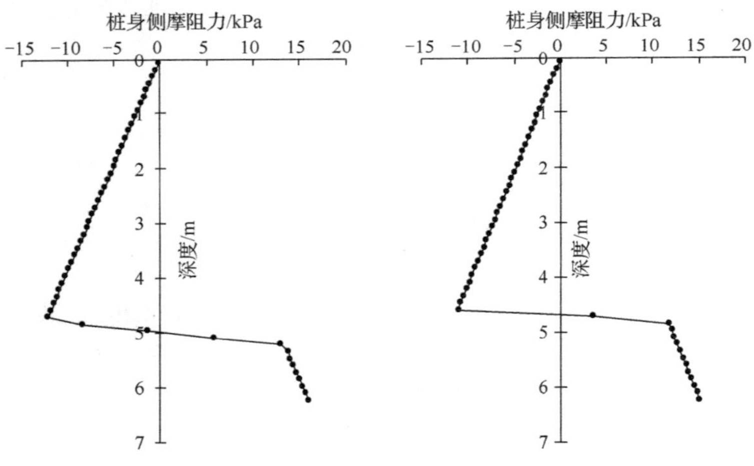

（a）试验1　　　　（b）试验3

图 6.14　试验 1 和试验 3 对应原型路堤中桩身侧摩阻力分布曲线

在确定了桩侧摩阻力分布之后，即可按下式计算桩侧承担的荷载 Q_s：

$$Q_s = \pi d\int_0^{L_p} f_s dz \tag{6.18}$$

经计算，试验 1 和试验 3 对应原型的桩侧壁荷载分别为−8.8kN 及−3.7kN。Q_s 为负值，表明负摩阻力的合力大于正摩阻力，总桩侧摩阻力向下。

当求得 Q_s 和 Q_p 后，桩端承担的荷载 Q_b 则为 Q_p 与 Q_s 的差值，由此可知试验

1 和试验 3 模型对应的原型中桩端承担的荷载 Q_b 分别为 95.2kN 及 90.1kN。由于总桩侧摩阻力为负，因此桩端承担的荷载 Q_b 大于桩顶承担的荷载 Q_p。

在确定了 Q_p、Q_s 和 Q_b 之后，可按式（6.2）～式（6.4）计算桩身压缩量和桩端沉降量。这里需要指出，在式（6.2）中需要确定桩侧摩阻力分布形态系数 α_s，对于存在桩侧负摩阻力的情形，Vesic（1977）并未考虑。鉴于桩侧负摩阻力对桩端荷载 Q_b 和桩侧荷载 Q_s 影响显著，建议采用下式计算桩身弹性压缩量（Shen et al.，2020）：

$$s_e = \frac{Q_p + Q_b}{2A_p E_p} L_p \tag{6.19}$$

路堤沉降计算值和离心模型试验实测值一并列于表 6.4。由表 6.4 可以看出，沉降计算值与实测值吻合较好。当采用桩身刚度大的桩时，桩身弹性压缩量很小，桩顶沉降主要由桩端刺入引起的；当采用桩身刚度小的桩时，桩身弹性压缩量显著增大，桩顶沉降由桩身弹性压缩量和桩端刺入共同组成。这一计算结果对端承桩而言是合理的，桩承式加筋路堤中端承桩承担路堤竖向荷载，并将该荷载通过桩身传递至深部持力层，桩侧负摩阻力进一步增大了桩端承担的荷载。由桩侧荷载引起的桩端沉降量为负值，这是由总的桩侧摩阻力为负值造成的。

表 6.4　端承桩桩承式加筋路堤沉降计算结果　　单位：cm

试验		试验 1（桩身刚度大）	试验 3（桩身刚度小）
实测值		0.65	2.51
计算值	s_e	0.07	1.33
	s_b	0.73	0.69
	s_s	−0.10	−0.03
	s_p	0.70	1.99

2. 悬浮桩桩承式加筋路堤沉降计算

按上述计算方法，可得到悬浮桩桩承式加筋路堤的沉降量，计算结果如表 6.5 所示，表中实测值已扣除离心模型试验中加载阶段因离心加速度增大导致桩与桩间土自重应力增大所产生的附加沉降量（Shen et al.，2020）。从表 6.5 中可以看出，采用改进后的等效基础法计算所得的悬浮桩桩承式加筋路堤沉降与实测值吻合较好。

表 6.5　悬浮桩桩承式加筋路堤沉降计算值与实测值对比　　单位：cm

实测值（扣除桩与地基土的附加沉降）	计算值
9.95	8.91

6.3.4　沉降控制方法

直观地讲，桩承式加筋路堤的总沉降由桩基加固区压缩量、桩端沉降量和桩帽之上垫层与路堤的压缩量构成。如果能够严格按照分层压实，保证路堤填筑的压实质量，则在路面荷载下垫层和路堤的压缩量有限，可根据经验估算或根据路堤高度进行粗略计算。处于正常工作状态下的桩承式加筋路堤，其桩基加固层的压缩量主要取决于桩身刚度，而桩端沉降量则取决于桩基类型（端承桩或悬浮桩）。根据离心模型试验成果和前述路堤沉降分析方法，本小节提出如下桩承式加筋路堤的沉降控制思路和方法。

1. 变桩身刚度沉降控制法

在工程实践中，采用桩承式路堤技术的主要目的是控制路堤沉降，因此往往采用端承桩或摩擦端承桩。在满足工程项目的沉降控制要求的前提下，可以采用刚度较小的桩基，以节约项目投资；对于采用桩承式加筋路堤处置桥头错台的问题，可采用变桩身刚度的方法将桥头错台均匀分布在一段有限长度的连接路基段，可以实现桥头的平顺过渡，如图 6.15 所示。

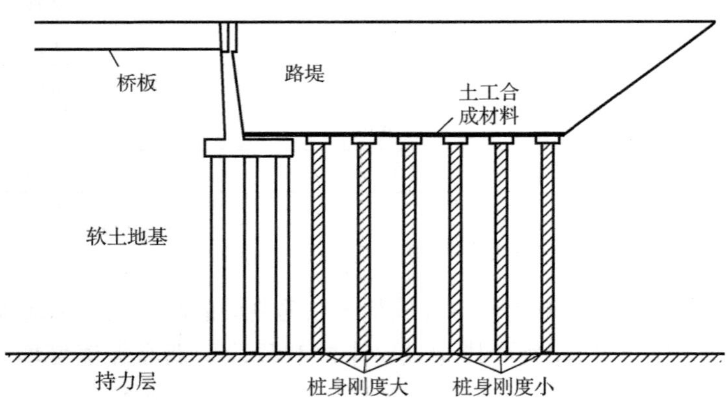

图 6.15　桥头过渡段桩承式加筋路堤变桩身刚度沉降控制

当选择设置变刚度的端承桩时，紧邻桥台设置刚度较大的桩基，随着距桥台距离增大分段减小桩身刚度，以增大桩基加固区的压缩量，进而增大路堤的总沉降量，实现路桥沉降差的逐步过渡。各段落的沉降量可采用前述考虑桩侧负摩阻力的 Vesic 方法计算。

2. 变桩长沉降控制法

同样以桥头过渡段桩承式加筋路堤为例，采用变桩长的刚性桩处置桥头错台，可在紧邻桥台附近设置端承桩，其沉降可采用考虑桩身侧壁负摩阻力的 Vesic 方法计算；随着距桥台距离增大，分段缩短桩长，此时端承桩变为悬浮桩（图 6.16），其沉降量应采用改进的等效基础法计算。随着桩长缩短，桩端沉降量逐步增大，则路堤沉降量随之增加，同样可以实现桥头过渡段的平顺过渡。

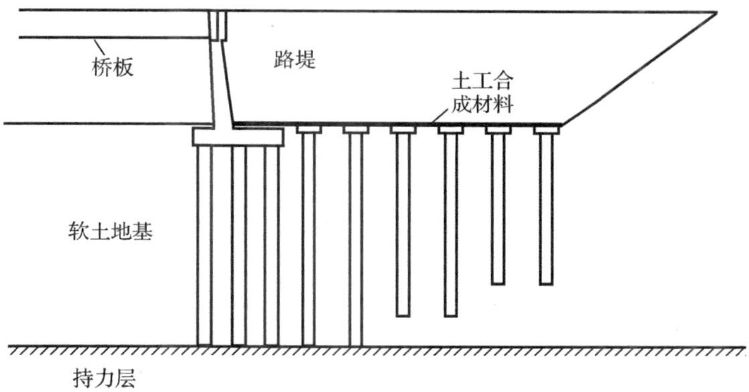

图 6.16　桥头过渡段桩承式加筋路堤变桩长沉降控制示意图

参 考 文 献

蔡德钩, 叶阳升, 张千里, 等, 2009. 桩网支承路基受力及加筋网垫变形现场试验研究[J]. 中国铁道科学, 30(5): 1-8.

BHASI A, RAJAGOPAL K, 2015. Numerical study of basal reinforced embankments supported on floating/end bearing piles considering pile-soil interaction[J]. Geotextiles and Geomembranes, 43(6): 524-536.

CAO W Z, ZHENG J J, ZHANG J, et al., 2016. Field test of a geogrid-reinforced and floating pile-supported embankment[J]. Geosynthetics International, 23(5): 348-361.

CHEN R P, CHEN Y M, HAN J, et al., 2008. A theoretical solution for pile-supported embankments on soft soils under one-dimensional compression[J]. Canadian Geotechnical Journal, 45(5): 611-623.

CODUTO D P, 2001. Foundation design: Principles and practices(second edition)[M]. New Jersey: Prentice Hall Inc.

FELLENIUS B H, 2014. Basics of Foundation Design, a text book [EB/OL]. Electronic edition. http://www.fellenius.net.

GARNIER J, GAUDIN C, SPRINGMAN S M, et al., 2007. Catalogue of scaling laws and similitude questions in geotechnical centrifuge modelling[J]. International Journal of Physical Modelling in Geotechnics, 7(3): 1-23.

HAN J, GABR M A, 2002. Numerical analysis of geosyntheticreinforced and pile-supported earth platforms over soft soil[J]. Journal of Geotechnical and Geoenvironmental Engineering, 128(1): 44-53.

HANNIGAN P J, RAUSCHE F, LIKINS G E, et al., 2016. Design and Construction of Driven Pile Foundations-Volume I, FHWA-NHI-16-009[R]. Washington, DC: U. S. Department of Transportation Federal Highway Administration.

HONG W P, LEE J, HONG S, 2014. Full-scale Tests on embankments founded on piled beams[J]. Journal of Geotechnical and Geoenvironmental Engineering, 140(12): 04014067.

SHEN P, XU C, HAN J, 2020. Geosynthetic-reinforced pile-supported embankment: Settlement in different pile conditions[J]. Geosynthetics International, 27(3): 315-332.

VAN EEKELEN S J M, 2015. Basal Reinforced Piled Embankments[D]. Delft: Delft University of Technology.

VESIC A. S, 1977. Design of pile foundations[R]. National Cooperative Highway Research Program Synthesis of Practice No. 42[R]. Washington, DC: Transportation Research Board.

XU C, SONG S, HAN J, 2016. Scaled model tests on influence factors of full geosynthetic-reinforced pile-supported embankments[J]. Geosynthetics International, 23(2): 140-153.

第 7 章　桩承式加筋路堤的整体稳定性

7.1　桩承式加筋路堤稳定性概述

在工程实践中，对于任何一种土工结构，其稳定性都是人们关注的问题，桩承式加筋路堤也不例外。正如第 3 章所述，桩承式加筋路堤可能存在多种破坏模式，其中一些可能造成局部破坏的情形，完全可以通过构造设计来避免。例如，荷载滑落至桩间，可以根据路堤填筑高度通过调整桩帽之间的净间距满足形成土拱的全拱条件。然而，对于可能发生的整体破坏及造成桩基折断的情况，却很少受到人们关注。2017 年在同济大学召开的土工合成材料桩承式加筋路堤国际论坛上，就有与会专家认为桩承式加筋路堤不太可能发生整体性破坏。正因为如此，在现行的设计理论和方法中罕有涉及整体稳定性问题，造成人们对整体破坏及桩体和筋材对路堤整体稳定性的贡献缺乏基本的认识。

尽管在工程设计时，无论依据的是技术标准还是工程师的主观选择，都会留有一定的安全储备，但由于实际现场条件的复杂性和缺乏针对性的计算方法等，桩承式路堤或桩承式加筋路堤仍出现了一些失败的案例。在桩承式加筋路堤模型试验研究中，也出现了筋材撕裂和桩基折断的现象。出现这些路堤整体破坏的原因，除了对工程地质条件未能充分把握和出现的一些偶然因素外，主要是因为人们尚未正确认识整体破坏机制，以及在桩承式加筋路堤体系中桩基和加筋垫层对整体稳定性的贡献。

目前，就路堤整体稳定性分析而言，主要是针对复合地基上路堤的整体稳定性和加筋垫层路堤的整体稳定性。前者仅有桩基没有加筋垫层，后者仅有加筋垫层没有桩基。由于复合地基中竖向增强体（桩）的类型多种多样，因此在复合地基上路堤整体稳定性分析中，通常假定滑动面在二维平面内呈圆弧形，采用极限平衡法进行计算，但如何评价竖向增强体（桩）的作用和贡献颇具争议。对于刚性桩复合地基，通过离心模型试验及数值分析，郑刚等（2012）提出了考虑桩体弯曲破坏模式的等效抗剪强度法，用于评估复合地基中刚性桩的抗滑作用和对路堤整体稳定的贡献。通过对群桩损伤及破坏过程的数值分析，俞建霖等（2017）将群桩按照不同的作用机制划分为受拉、受弯和受压三个区域，并提出分区考虑桩体破坏模式差异的稳定性分析方法。在等效抗剪强度法和分区考虑桩基作用的基础上，王萌（2020）提出了基于桩体破坏本质和不同区域桩体抗滑机制差异的改进等效抗剪强度法。对于加筋垫层路堤的整体稳定性分析方法，关键是如何考虑水平加筋层和加筋垫层布置对稳定性的贡献，第 2 章对此已有详细阐述。对于桩承式加筋路堤，如何评价桩基和加筋垫层对整体稳定性的贡献？目前仅有英国规范（BSI，2010）提出了明确的分析方法。在该规范中，对于滑动面穿过的桩基，采用桩体截面支承力和对应的力臂计算桩体的抗滑力矩，但其合理性还需要进一步验证。

关于桩承式加筋路堤整体稳定性分析，相关计算理论和方法目前还存在如下问题。

1）桩承式加筋路堤稳定性的研究相对较少，对于桩承式加筋路堤整体失稳破坏模式及失稳机理也缺乏深入的研究。假定整体破坏的滑动面为圆弧形状，缺乏依据。

2）在桩承式加筋路堤稳定性数值模拟中，为简化计算并保证模型的收敛性，对于桩体的应力-应变-破坏特征常采用线弹性或线弹性-理想塑性本构关系来描述，对于筋材也多采用线弹性本构模型来模拟。这种简化计算对于正常工作状态下的路堤变形与受力计算尚可，但对于极限状态下发生桩体或筋材破坏的情形，分析结果可能存在严重的偏差。

3）现有的路堤整体稳定性分析方法主要是针对无筋桩承式路堤或无桩加筋垫层路堤，而在桩承式加筋路堤中，加筋垫层将基桩联系在一起，桩与筋材存在协同工作机制。单独考虑桩基或加筋垫层作用的分析方法难以直接用于桩承式加筋路堤的整体稳定性评价。人们对于筋材和桩体的破坏模式及它们对路堤整体稳定性贡献的大小缺乏深入研究和清晰认识。

本章将系统论述桩承式加筋路堤整体失稳的破坏模式及作用机理，并提出整体稳定性评价的理论和方法，为桩承式加筋路堤的应用提供科学依据。

7.2 桩承式加筋路堤整体稳定性的离心模型试验研究

7.2.1 研究方法

1. 试验方案

根据桩承式加筋路堤的工作原理，加筋垫层和桩基是主要的承载构件，承担大部分上部荷载，剩余荷载则由桩间土承担。因此，对于桩承式加筋路堤的整体稳定性而言，加筋垫层中筋材强度和软土地基中桩体强度是主要影响因素。基于这一认识，我们制定了桩承式加筋路堤的离心模型试验方案（表 7.1），重点研究筋材强度和桩身强度对路堤稳定性的影响。

表 7.1　离心模型试验方案

试验编号	垫层	模型筋材	模型桩
T1	—	—	低强度模型桩
T2	砂土	低强度模型格栅	低强度模型桩
T3	砂土	高强度模型格栅	低强度模型桩
T4	砂土	低强度模型格栅	高强度模型桩

根据桩承式加筋路堤的对称性，选取半幅路堤模型进行研究，模型率取 N=50。路堤模型的工况条件及几何尺寸如图 7.1 所示。模型路堤高度为 120mm，半幅路堤顶面宽度为 240mm，底面宽度为 420mm，路堤边坡的坡率为 1.0∶1.5（V∶H）。模型地基为软土地基，厚度为 300mm，持力层厚度为 60mm。采用方形布桩形式，桩间距为 60mm。模型桩为端承型刚性桩，桩径 10mm，桩长 300mm，桩端位于砂土持力层上。桩顶设置方形桩帽，桩帽边长为 24mm，厚度为 16mm，桩帽面积置换率为 0.16。T2～T4 模型中，在桩帽顶部设置一层厚度为 15mm 的加筋砂垫层，其中铺设一层模型土工格栅；T1 模型中，无加筋垫层。在半幅路堤的断面上共设置了 7 列模型桩，从坡脚位置处到路堤中心线方向，依次编号为 P1、P2、P3、P4、P5、P6、P7。

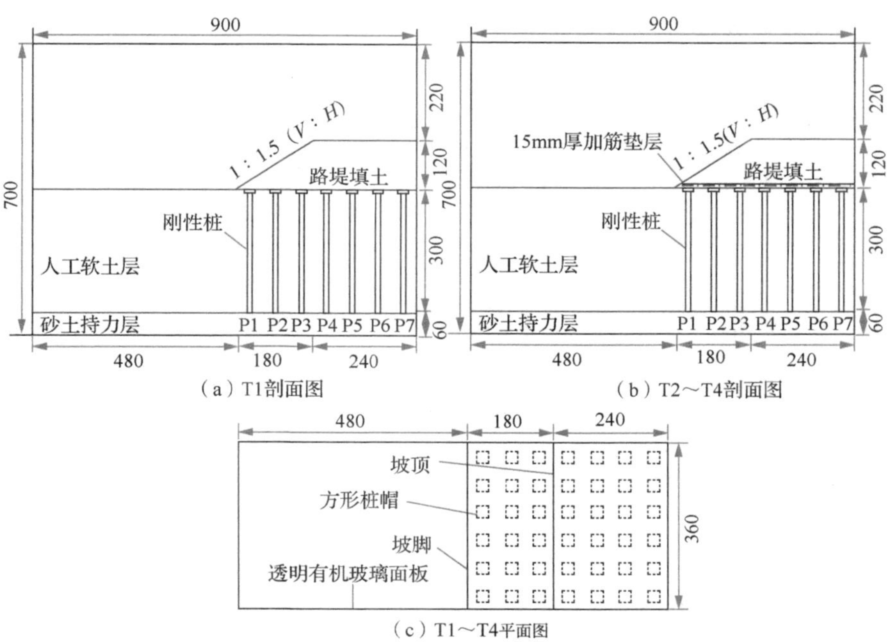

图 7.1　模型路堤的工况条件及几何尺寸（单位：mm）

2. 模型材料的选择

（1）模型砂土

采用了两种级配不良的砂土填筑离心模型：中砂（S1）用作路堤填料和持力层，最大干密度为 1.83g/cm^3，内摩擦角为 36.8°，黏聚力为 0；细砂（S2）用作路基砂垫层，最大干密度为 1.61g/cm^3，内摩擦角为 31.1°，黏聚力为 0。

（2）模型软土

选用了一种特制的人工软土作为模型地基软土，由钠基膨润土粉末与甘油按照质量比 1.0∶1.0 配制而成（陈建峰 等，2014）。通过测试，人工软土的密度为 1.56g/cm^3，不排水抗剪强度为 6.82kPa。

（3）模型桩

采用石膏基模型混凝土制作模型桩。分别用 α 型石膏粉或 β 型石膏粉作为胶凝材料，中、细砂作为骨料，通过调节水与石膏粉的质量比，调制出不同强度等级的模型混凝土，制作出低强度和高强度两种模型桩。通过桩体试件的抗压性能测试，低强度和高强度模型桩的桩体材料极限抗压承载力分别为 1.34kN 和 2.86kN；通过单桩抗弯性能测试，低强度模型桩的抗弯强度为 2.72MPa，高强度模型桩的抗弯强度为 5.18MPa。

（4）模型土工格栅

选择了两种聚酯纤维网格分别作为低强度模型土工格栅（G1）和高强度模型土工格栅（G2）。模型土工格栅的力学特性参数列于表 7.2。通过模型土工格栅与垫层细砂（S2）的界面直剪试验，细砂在相对密实度为 75%的条件下，高强度和低强度模型土工格栅与细砂的界面直剪系数分别为 0.67 和 0.75。

表 7.2　模型土工格栅力学特性参数

编号	材质	纵向（MD 方向）		纬向（XMD 方向）	
		拉伸强度/（kN/m）	极限延伸率/%	拉伸强度/（kN/m）	极限延伸率/%
G1	聚酯纤维	1.87	11.79	1.26	18.03
G2		3.24	12.67	2.66	20.15

3. 监测方案与试验过程

（1）监测方案

离心模型试验监测方案如图 7.2 所示。在地基表面和路堤顶面设置了 3 个差动式位移计（LVDT）Z1～Z3，以监测地基和路堤的竖向位移；从路堤坡脚向路堤中心线方向，在土工格栅上布设了 6 个应变片 SG1～SG6，用于监测筋材的应变和受力状况；在路堤底部、筋材下方设置了 13 个微型土压力计 EP1～EP13，其中奇数编号的 7 个土压力计位于桩顶，其余 6 个位于四桩中心的桩间土上［图 7.2（b）］。为揭示加载过程中桩体的工作性状，在 P1、P4 和 P7 桩体上按 50mm 间距设置了弯曲应变片［图 7.2（a）］，自桩底至桩顶，分别为 P1-1～P1-5、P4-1～P4-5、P7-1～P7-5。

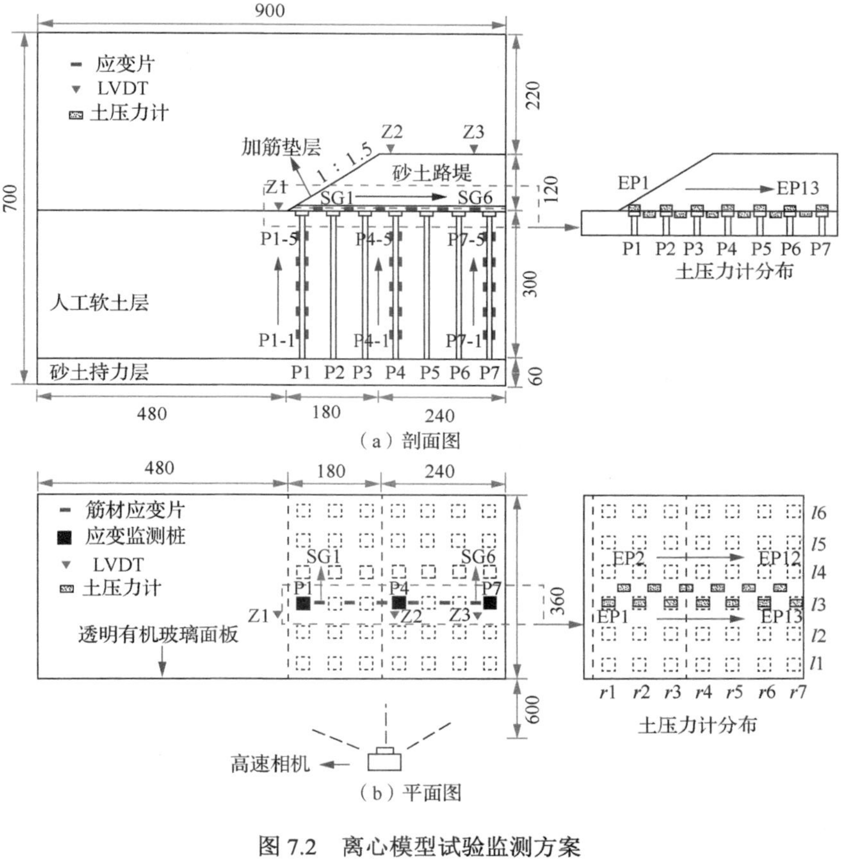

图 7.2　离心模型试验监测方案

在模型箱透明有机玻璃一侧架设高速相机，实时记录试验过程中桩承式加筋路堤的变形发展和破坏过程，以便后期进行 PIV 分析。

（2）试验过程

准备工作完成后，首先用中砂（S1）填筑高度为 20mm、压实度为 95%的持力层，然后填筑人工软土层，再将模型地基移至 50g 离心场固结 2h。模型地基固结完成后，挖除超填部分，并做好标记（放样），完成模型桩施工。

施工加筋垫层时，首先埋设土压力计，然后填筑一层 8mm 厚细砂，再铺设贴有应变片的模型土工格栅，最后摊铺一层 7mm 厚细砂，形成加筋垫层。土工格栅铺设时应张拉固定，砂垫层应压实，压实度控制在 95%。完成加筋垫层后，分层填筑中砂路堤，每层 20mm，采用平板振动仪压实，压实度为 95%。

在离心机加载前，布设 LVDT 量测系统和 PIV 监测系统。调试正常后，启动离心试验机，对桩承式加筋路堤模型进行分级离心加载，加载时程曲线如图 7.3 所示。

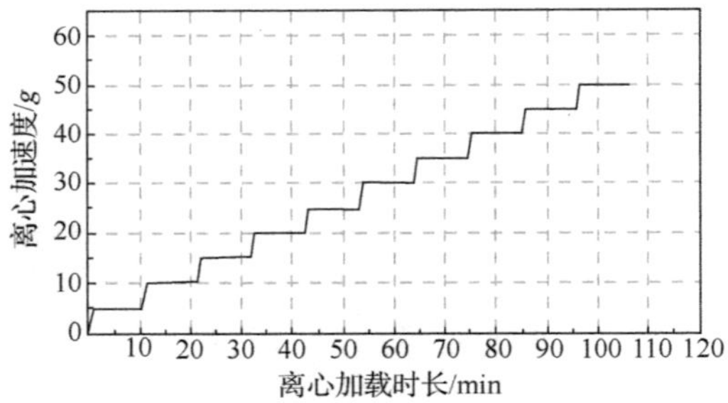

图 7.3　离心加载时程曲线

对于每组模型试验，当路堤达到整体失稳极限状态继而发生明显失稳后，停止离心加载。待土工离心实验机完全停机后，吊出模型箱，进行桩承式加筋路堤模型的开挖，对路堤整体变形或破坏形态、筋材断裂和桩体破坏形态进行观察、记录。

7.2.2　破坏模式与机制

取模型率 N=50 为例，当加速度达到 50g 时，相当于完成了一个高度为 6m 的原型路堤建造。在试验过程中，通过地表和路堤顶部变形监测，如果发现地表隆起或路堤沉降突变，则可以判定为路堤整体失稳。

如图 7.4 所示，在 T2 模型试验中，当离心加速度大于 17g 后，Z2 处沉降量开始大于 Z3 处，表明路堤顶面出现了差异沉降；当离心加速度达到 30.93g 时，地表（Z1 处）发生隆起，路堤顶面 Z2 处和 Z3 处沉降量突变，且差异明显。此时可以判定路堤发生整体失稳，将此时的离心加速度定义为临界加速度。通过桩体和加筋材料的应变监测，如果应变突然减小，则表明出现桩体断裂或筋材拉裂。如图 7.5 所示，在模型 T2 试验中，P1 桩在离心加速度达到 16.24g 时出现断裂，之后 P4 桩体应变明显增加；当离心加速度达到 25.65g 时，P4 断裂，可以想象在此之前 P2 和 P3 桩应该也发生了折断；在整个离心加载过程中，P7 桩体应变随着加速度增大而增大，但始终处于正常工作状态，没有出现破坏迹象。为了验证按照桩体应变判断桩体断裂的可靠性，根据桩体应变计算桩体受到的弯矩，并与桩体抗弯承载力进行了对比（图 7.6）。图 7.6 中的横坐标为桩体受到的弯矩（M）与桩体抗弯承载力（M_{ult}）的比值，当比值的绝对值达到 1.0 时即表明桩体处于抗弯极限状态。由此可见，根据桩体应变突变判断桩体断裂的评判是合理的。

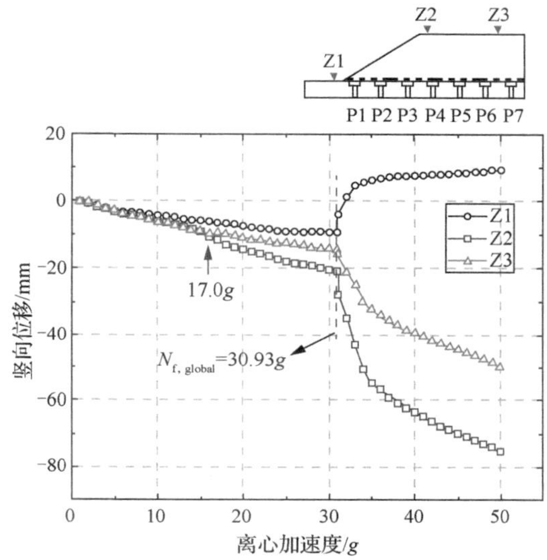

图 7.4　模型 T2 试验中路堤竖向位移变化曲线

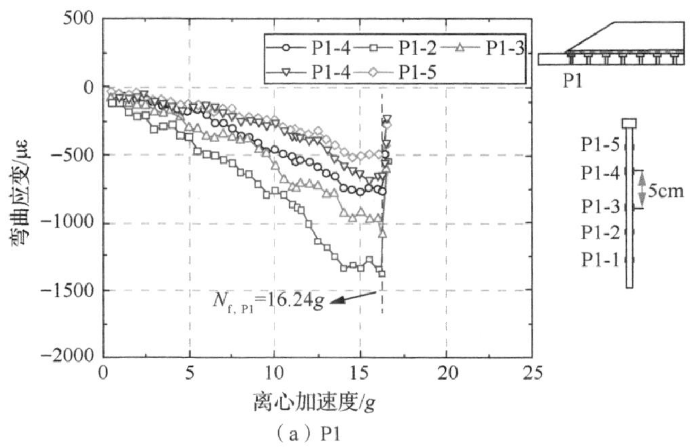

（a）P1

图 7.5　模型 T2 试验中桩弯曲应变变化曲线（逆时针弯曲为正）

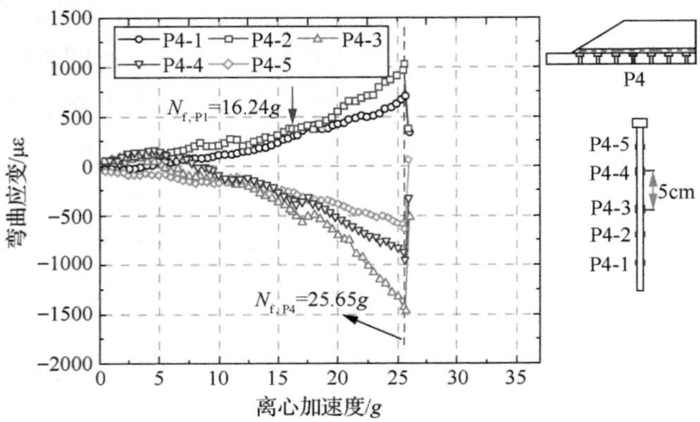

（b）P4

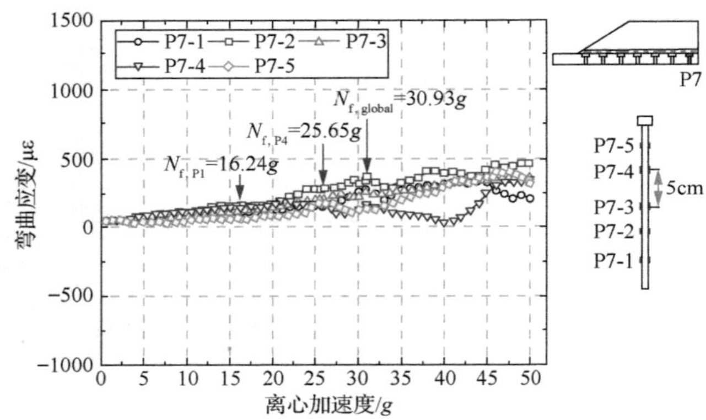

（c）P7

图 7.5（续）

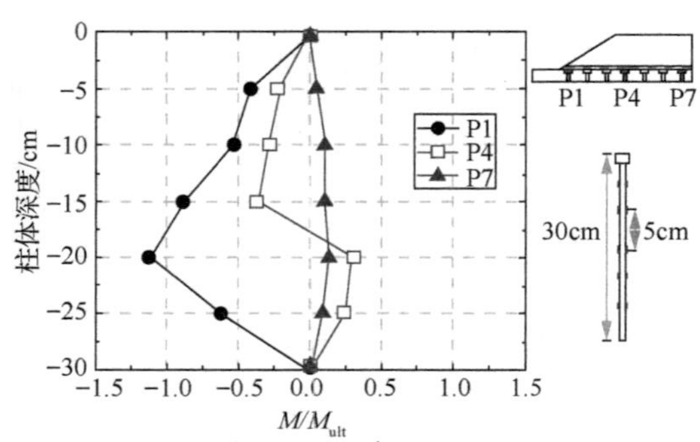

（a）16.24g时

图 7.6　模型 T2 临界状态下桩体弯矩分布

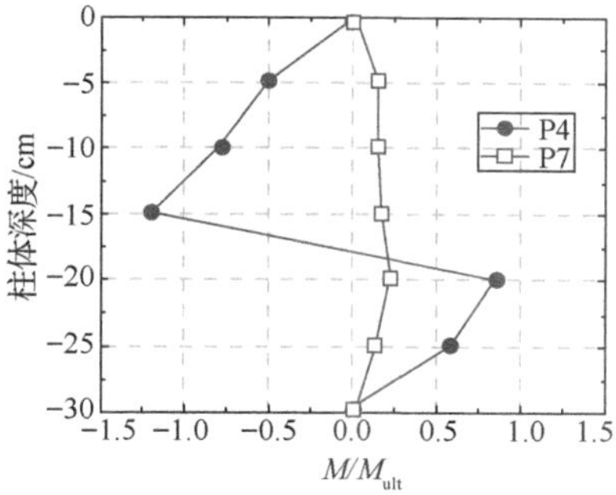

（b）25.65g时

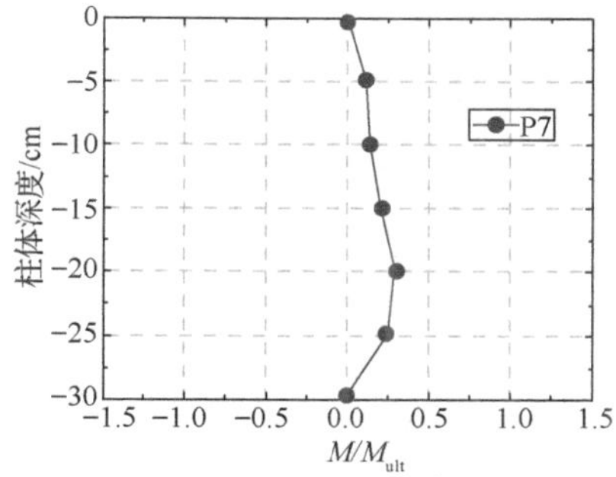

（c）30.93g时

图 7.6（续）

由于 4 组路堤模型的构造和材料不同，因此各组模型不仅在发生破坏时的加速度（路堤高度）不同，而且桩体破坏的形态也存在明显的差异。图 7.7 展示了试验结束后各组模型路堤和桩体破坏形态。根据各组模型整体破坏后的形态，并

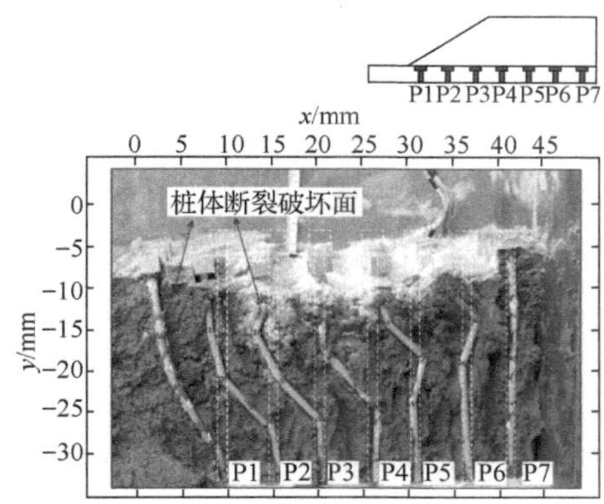

（a）模型T1

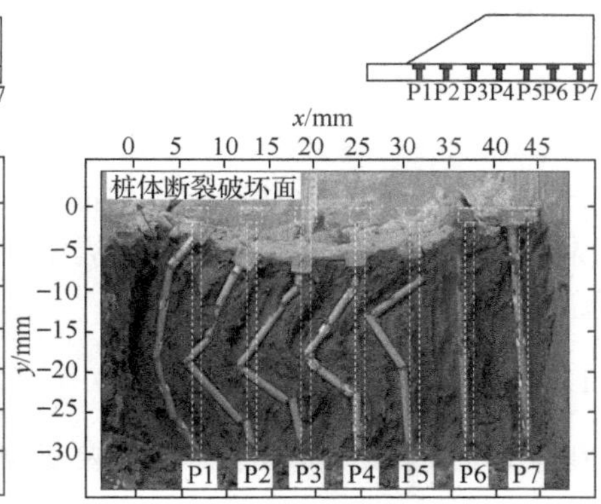

（b）模型T2

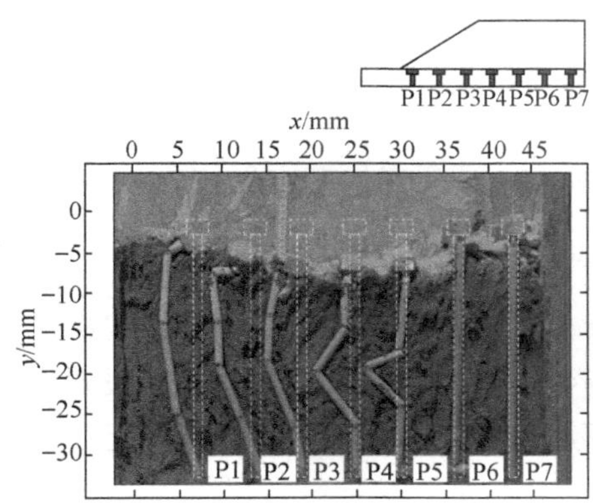

（c）模型T3

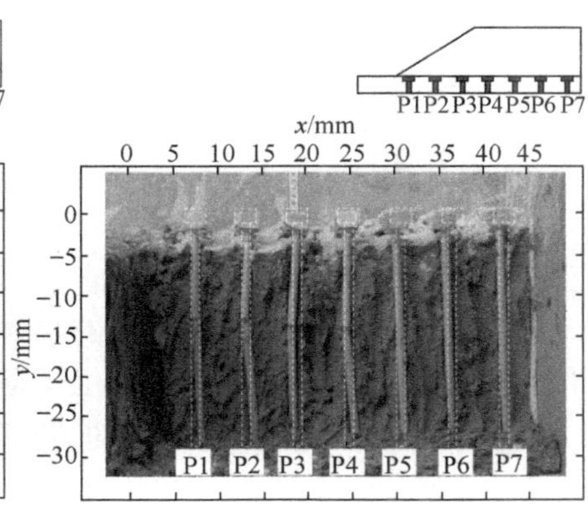

（d）模型T4

图 7.7　试验结束后各组模型路堤和桩体破坏形态

结合路堤断面位移云图和位移矢量图分析，可以肯定桩承式加筋路堤整体失稳模式为渐进式破坏，从路堤坡角向路堤中心桩体因受侧向挤压逐渐弯曲折断，靠近路堤中心的桩体主要承受竖向荷载；整体失稳的滑动面并非圆弧形，在路堤中呈直线，在地基中呈弧形。各组模型路堤整体破坏模式及滑动面形态如表 7.3 所示。

表 7.3　各组模型路堤整体破坏模式和滑动面形态

模型组	桩体			筋材	整体破坏模式	滑动面形态
	P1	P4	P7			
T1	倾覆破坏	弯曲破坏	压弯破坏	—	渐进式破坏	直线形+多段弧形
T2	弯曲破坏	弯曲破坏	未破坏	拉裂破坏	渐进式破坏	直线形+多段弧形
T3	弯曲破坏	弯曲破坏	未破坏	拉裂破坏	渐进式破坏	直线形+弧形
T4	弯曲破坏	弯曲破坏	未破坏	刺入破坏	渐进式破坏	直线形+多段弧形

7.2.3　加筋垫层的作用

由图 7.7 和表 7.3 可知，尽管模型路堤 T1 与 T2 随着离心加速度的增大均发生了渐进式破坏，但桩体的偏移形态和破坏模式明显不同。模型 T2 与 T1 结构上的唯一区别就在于模型 T2 在桩顶铺设了加筋材料，构成了桩承式加筋路堤。由此可见，加筋垫层在桩承式加筋路堤中发挥着重要的作用，至少表现在以下几个方面。

1. 约束路堤和桩顶的侧向位移

在早期的桩承式路堤中，往往要在路堤两侧设置斜桩来平衡路堤的侧向土压力；铺设加筋垫层后，加筋材料为路堤提供了一个侧向约束力，则无须再使用斜桩，同时也约束了地基的侧向变形。在路堤断面上，桩顶铺设的加筋材料将桩（帽）顶联系在一起，任一个桩的水平位移都会受到其他桩的制约。对比图 7.7（a）和（b），未设置加筋层的模型 T1 整体破坏时，边桩发生倾斜，桩顶偏离原有位置；而模型 T2 整体破坏时，边桩即使弯曲折断，桩顶仍在原有水平位置。

2. 改善桩的受力特性

无论是否设置加筋垫层，路堤的整体破坏都是从边桩开始的渐进式破坏。如果没有加筋层的约束，边桩易于发生倾覆折断，及早退出工作状态；设置加筋垫层后，限制了桩顶的侧向位移，使桩能够承受更大的荷载，最终发生弯折破坏。图 7.8 给出了模型 T1 在离心加载过程中桩体应变变化曲线，可见 P1、P4 和 P7 分别在加速度达到 11.26g、16.05g 和 29.30g 时发生断裂。在相同荷载下，模型 T2 中对应桩受到的弯矩并未达到桩体的抗弯承载力（图 7.9）。由此可见，加筋垫层的设置改善了桩承式加筋路堤中的桩体受力状态，桩体不易在桩侧土压力作用下发生弯曲破坏。

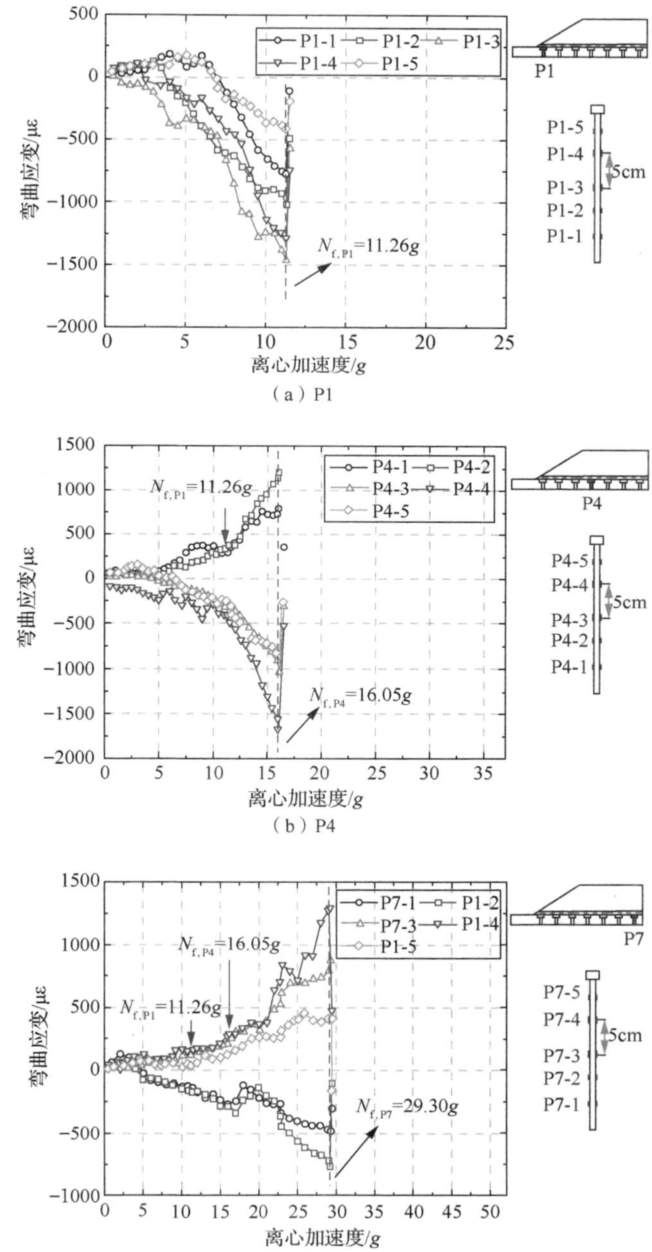

（a）P1

（b）P4

（c）P7

图 7.8　模型 T1 在离心加速过程中桩体应变变化曲线

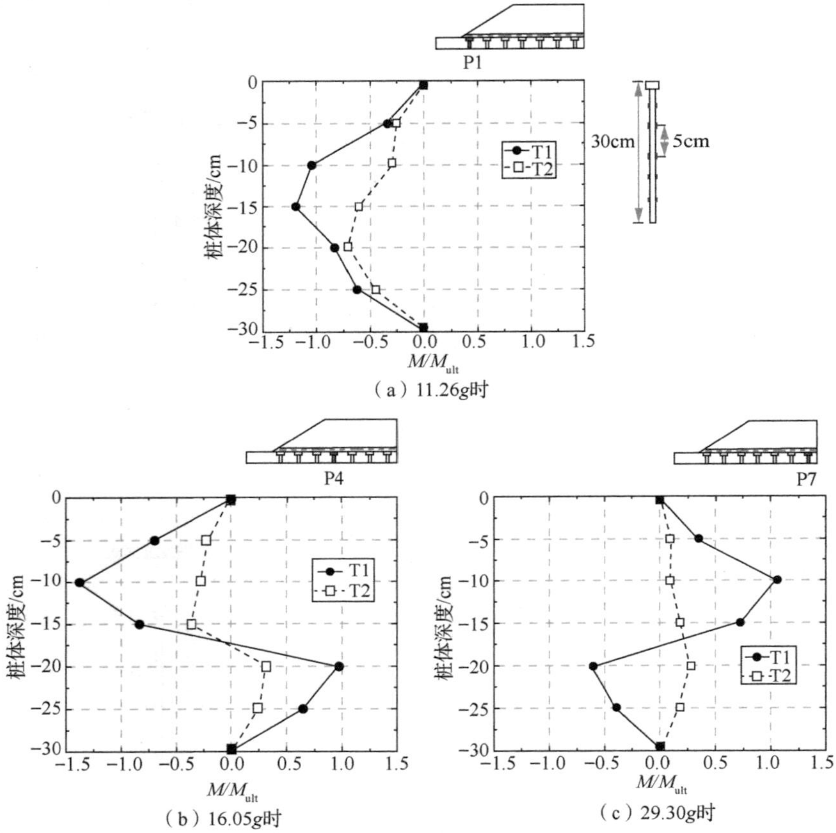

图 7.9　模型 T1 和 T2 桩体破坏临界状态下的弯矩分布

3. 增强桩土应力比

加筋材料的张力膜效应是桩承式加筋路堤的重要荷载传递机制之一，若没有加筋垫层，就没有张力膜效应。加筋材料承担的上覆荷载使加筋材料发生挠曲和张拉，通过张力膜效应将承担的部分荷载传递至桩帽，剩余荷载由下伏桩间地基土承担。因此，设置加筋垫层后，将使桩基承担更多的上覆荷载，增大桩土应力比，充分发挥桩基的承载作用。图 7.10 对比了模型 T2 和模型 T1 中监测断面上各基桩上应力与附近桩间地基土上应力的比值（桩土应力比）。结果清楚表明，设置了加筋材料的桩承式加筋路堤（T2）中的桩土应力比明显大于无加筋垫层的路堤（T1）。这说明加筋垫层的设置有效地提高了路堤体系中桩体的竖向荷载分担水平，降低了桩间地基土上的竖向土压力水平。

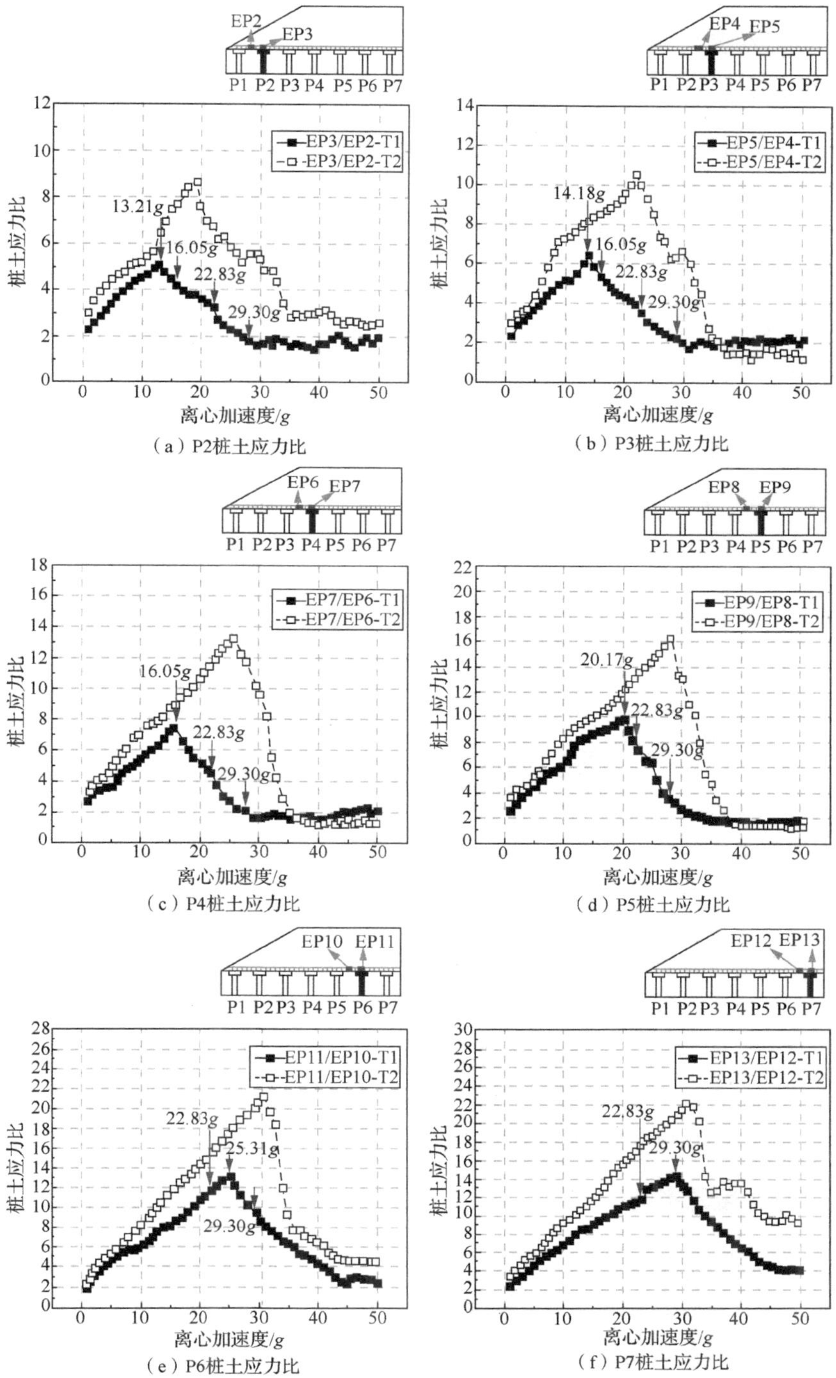

（a）P2桩土应力比　（b）P3桩土应力比

（c）P4桩土应力比　（d）P5桩土应力比

（e）P6桩土应力比　（f）P7桩土应力比

图 7.10　模型 T1 与模型 T2 试验过程中的桩土应力比

4. 提高路堤的整体稳定性

加筋垫层将离散的基桩联系在一起，很好地协调了桩基、桩间土和加筋材料的功能，在上覆荷载作用下，发挥各自的承载（受力）作用，体现了土工结构的整体性。在此结构体系中，加筋材料主要承担水平向荷载，并发挥张力膜效应，当出现深层整体滑动趋势时，筋材的张力可以提供一个抗滑力矩；桩基和桩间土则重点发挥竖向承载作用，加筋材料对桩顶的约束作用有利于各个基桩保持原位和直立状态，可使桩基更好地承担竖向荷载，潜在滑动面内的基桩同样可以提供一个抗滑力矩。这些均提高了桩承式加筋路堤的整体稳定性。离心模型试验结果也证实了具有加筋垫层的模型 T2 具有更高的整体稳定性，如图 7.11 所示。模型 T1 在加速度达到 22.83g 时出现沉降突变，而设置加筋垫层的模型 T2 整体失稳发生在加速度达到 30.93g 时。

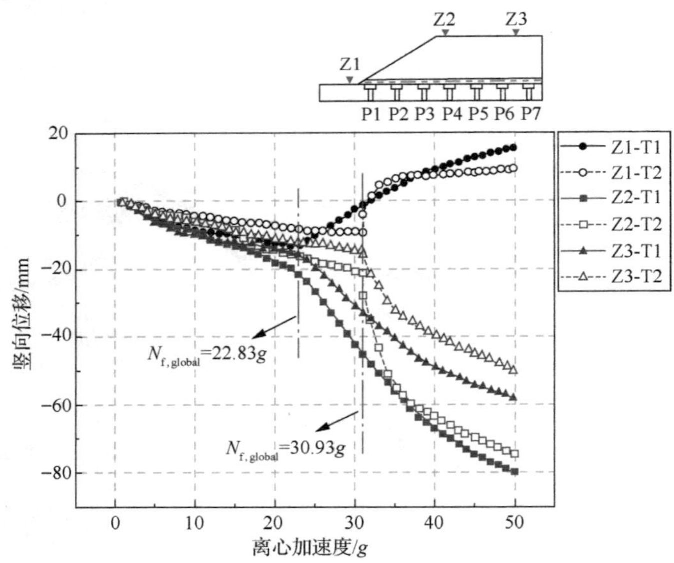

图 7.11　模型 T1 和 T2 试验中的竖向位移（整体失稳）

7.2.4　筋材强度的影响

加筋垫层在桩承式加筋路堤中发挥了一系列重要作用的同时，筋材承受了较大的张拉力，包括限制路堤和地基侧移趋势和筋材挠曲而承受的张拉力。因此，筋材强度必然对桩承式加筋路堤的工作性能和整体稳定性产生较大影响。如果筋材强度不够，就会导致筋材断裂。从已有的研究和第 5 章的物理模拟结果证实，在加筋垫层中，筋材应变和受力在空间上分布极不均匀，对于方形桩帽，桩帽角点处的应变最大，其次是桩帽边沿。所以，筋材极易在桩帽角点和桩帽边沿处撕裂，这已在模型试验研究中得到证实（吴迪，2013；沈盼盼，2018）。本次离心模型试验中也出现了类似的情形，如图 7.12 所示。破裂的筋材必然会影响其发挥抗滑作用及张力膜效应。另外，筋材强度一般与其刚度正相关，筋材强度大则延伸率低，可以更好地起到约束作用和抗滑作用。筋材强度的影响主要表现在如下几个方面。

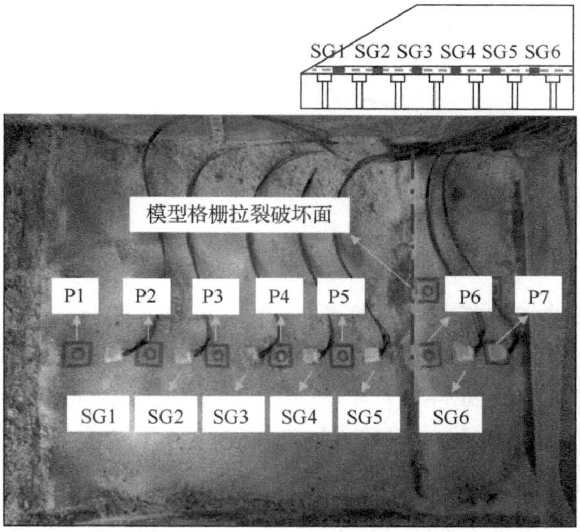

图 7.12　模型 T3 试验中格栅拉裂情况

1. 对桩、路堤和地基的约束作用

垫层中的加筋材料把离散的基桩联系起来，约束基桩的水平变位。筋材强度（刚度）越大，则这种约束能力越强。加筋材料通过与路堤填土和地基土的相互作用，约束路堤和地基的侧向滑移趋势。同样地，其刚度越大，约束能力越强。如果筋材强度低，在上覆荷载和路堤侧移作用下出现断裂，那么筋材对桩、路堤和地基的约束作用都会快速下降，而不是仅仅发生在断裂处。图 7.13 给出了模型 T3 在离心加载过程中筋材应变变化曲线，当筋材在 P6 桩帽边沿撕裂（图 7.12）的瞬间，横断面上筋材应变均随之降低。这说明筋材的侧向约束作用减弱，必然影响桩的承载性能和路堤的整体稳定性。

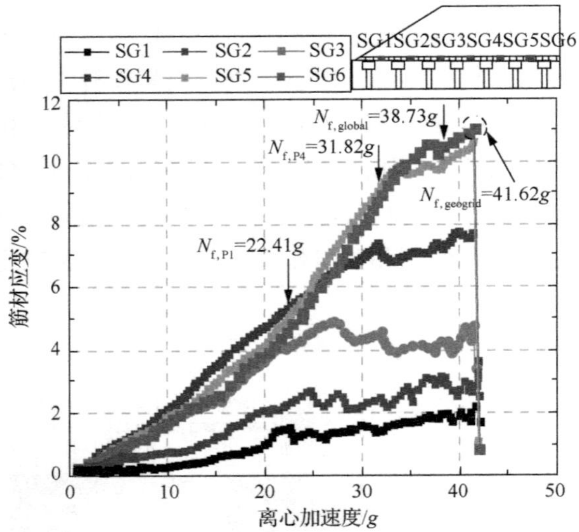

图 7.13　模型 T3 在离心加载过程中筋材应变变化曲线

2. 促使桩基发挥承载功能

筋材强度对桩功能发挥程度的影响表现在两个方面：一是强筋材对桩和地基土约束能力越强，则桩受到软土地基的侧向挤压作用越弱，桩更能在原位保持直立状态，更好地发挥其承载性能；二是筋材张力膜效应与筋材刚度（强度）密切相关，刚度越大的筋材，承担相同竖向荷载下张力膜效应越强，则通过筋材传递至桩顶的荷载越大，桩土应力比（桩体荷载分担比）越大（图 7.14），以便充分发挥桩基的承载能力。反之亦然。特别地，如果弱筋材发生断裂，将非常不利于发挥桩的承载性能。

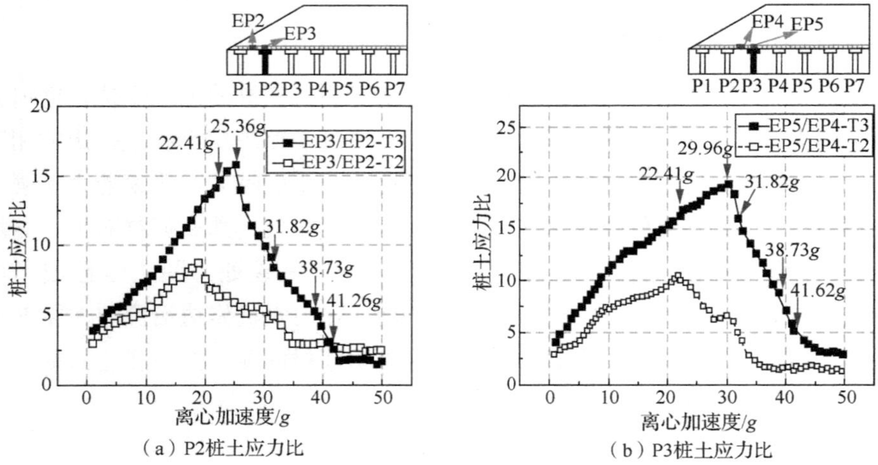

（a）P2桩土应力比　　（b）P3桩土应力比

图 7.14　模型 T2 和 T3 试验中桩土应力比

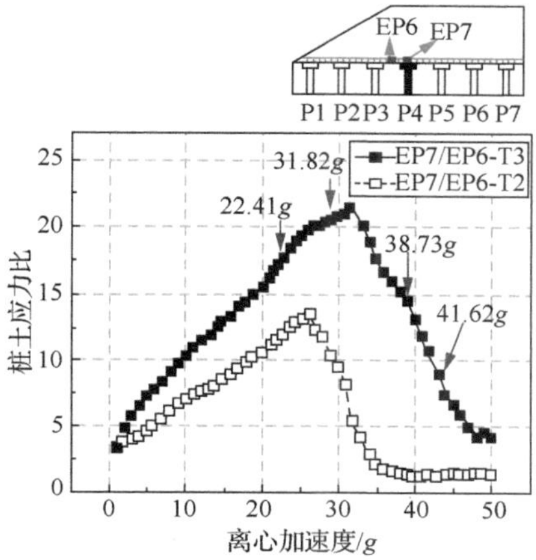

(c) P4桩土应力比

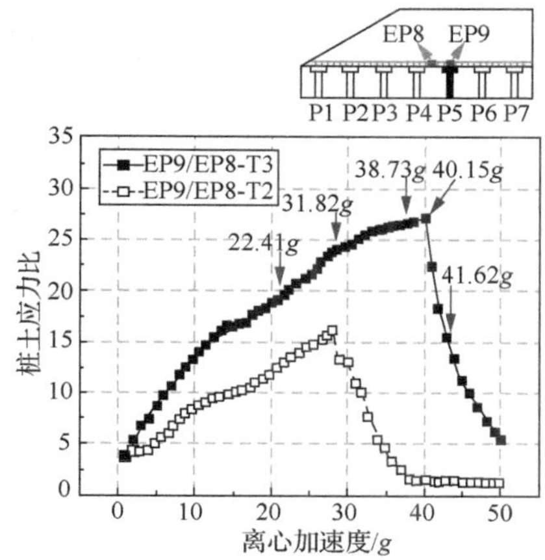

(d) P5桩土应力比

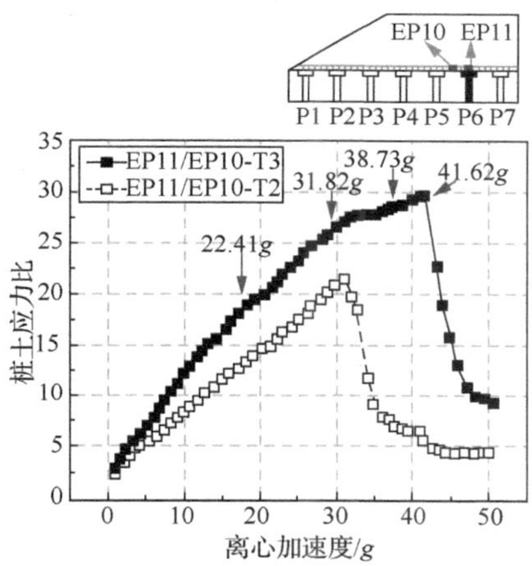

(e) P6桩土应力比

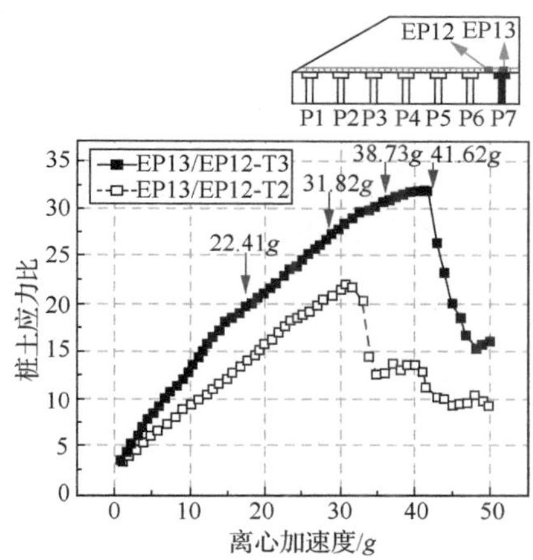

(f) P7桩土应力比

图 7.14（续）

3. 增强路堤的整体稳定性

这一作用表现为筋材提供抗滑力矩和改善桩基的承载性能。强筋材通过增强张力膜效应使荷载进一步向桩基集中，约束桩顶保持原位，可更好地发挥桩基的承载性能；当路堤出现整体失稳趋势时，强筋材可以提供更大的抗滑力矩。离心模型试验结果证明，采用强筋材的模型 T3 在离心加速度达到 38.73g 时出现整体失稳，而弱筋材加筋的模型 T2 发生整体破坏时的离心加速度为 30.93g，如图 7.15 所示。模型 T3 试验中，筋材断裂的临界加速度也大于模型 T2，这都说明采用强筋材的路堤整体稳定性更高。

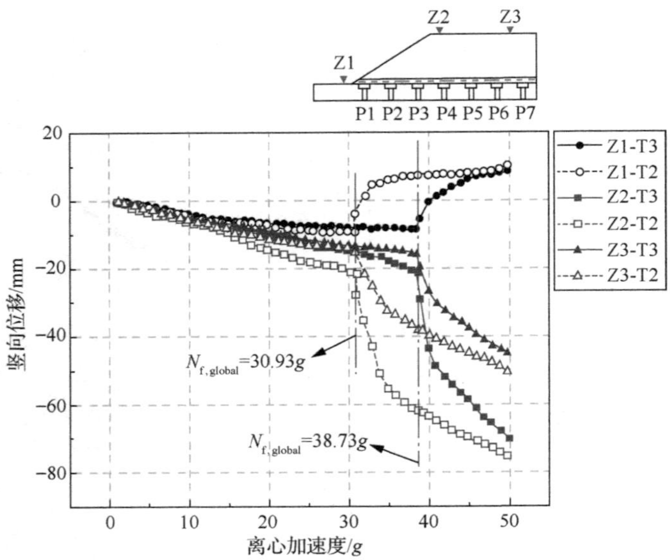

图 7.15　模型 T2 和 T3 试验中竖向位移

7.2.5　桩身强度的影响

桩基的承载力取决于两个因素：桩身材料强度和地基对桩的支撑作用。在桩承式加筋路堤中，由于土拱效应和张力膜效应的共同影响，软土地基中的桩基承担大部分上部荷载，并控制着路堤沉降；桩基不仅承受竖向荷载，而且受到桩间软土地基的侧向推力，因此桩身强度对路堤整体稳定性和变形控制发挥着至关重要的影响。

在采用强桩的模型 T4 的离心模型试验中，当离心加速度达到 37.55g 时，P1 桩发生折断；离心加速度达到设定的 50g 时，P4 桩和 P7 桩均未破坏，路堤整体失稳也未发生（图 7.16）；出乎意料的是，尽管模型 T4 也采用了弱筋材，但当离心加速度达到 50g 时，筋材也未撕裂（图 7.17）。这种与采用弱桩的模型 T2 迥异的试验结果，说明增大桩身强度，保证桩基不会在上部荷载和软土地基侧向挤压共同作用下折断，对发挥桩基的承载性能和提高路堤整体稳定性具有重要的作用。

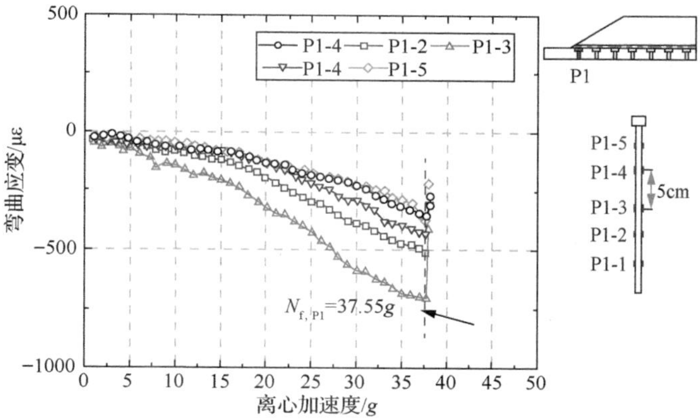

（a）P1

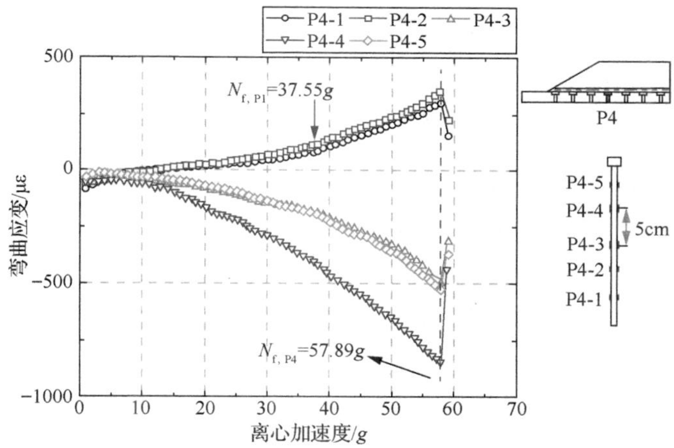

（b）P4

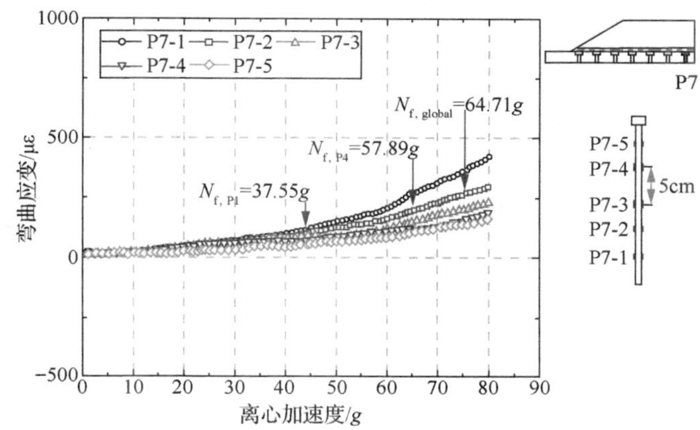

（c）P7

图 7.16　模型 T4 试验中桩体弯曲应变曲线

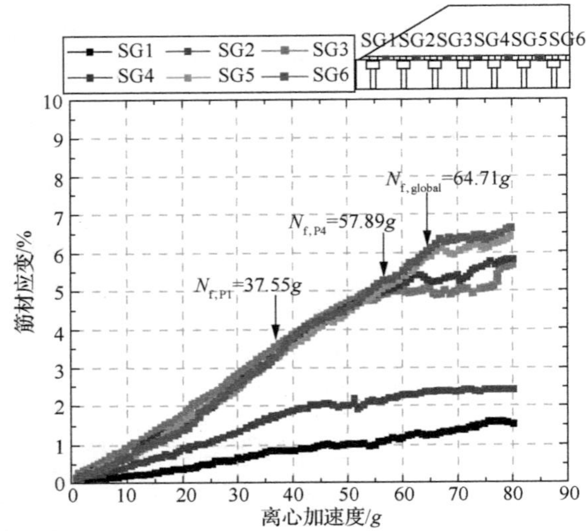

图 7.17　模型 T4 试验中格栅应变曲线

进一步分析桩帽顶和桩间土土压力监测结果会发现，在离心加速度相同的情况下，采用强桩（T4）时，桩土应力比远大于采用弱桩（T2）时，如图 7.18 所示。由此可见，强桩能承受更大的竖向荷载，是充分发挥桩基支承作用的先决条件。采用强桩（T4）时，路堤在整体破坏前的沉降量明显减小（图 7.19）。

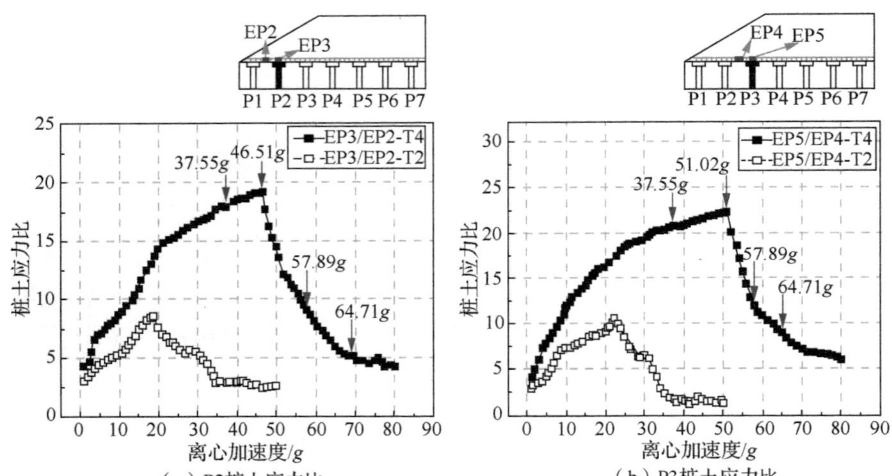

图 7.18　模型 T2 和 T4 试验中桩土应力比

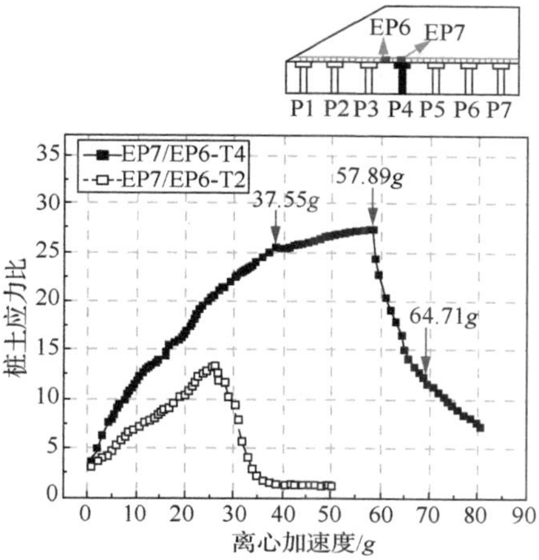

（c）P4桩土应力比

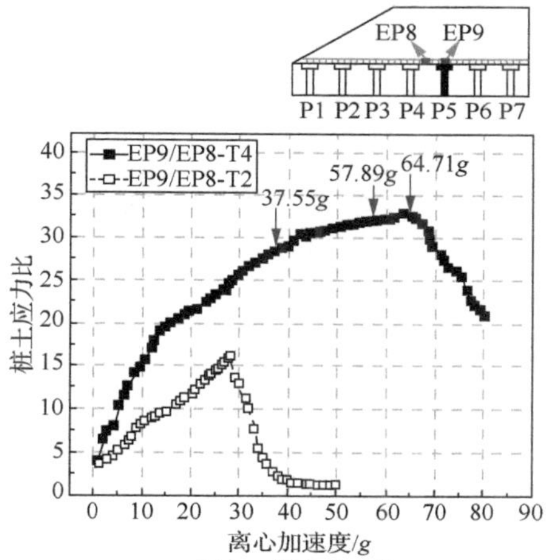

（d）P5桩土应力比

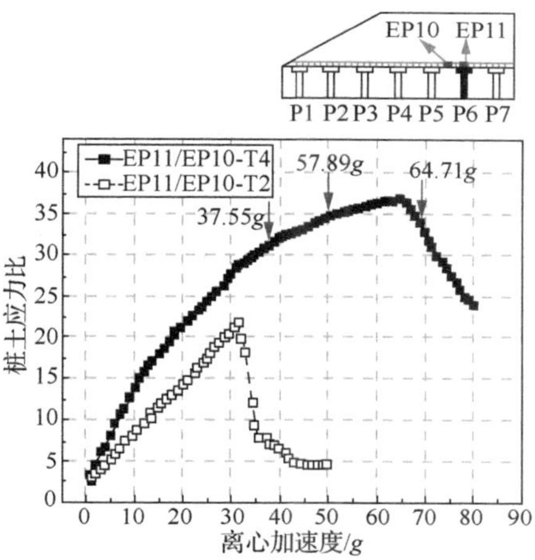

（e）P6桩土应力比

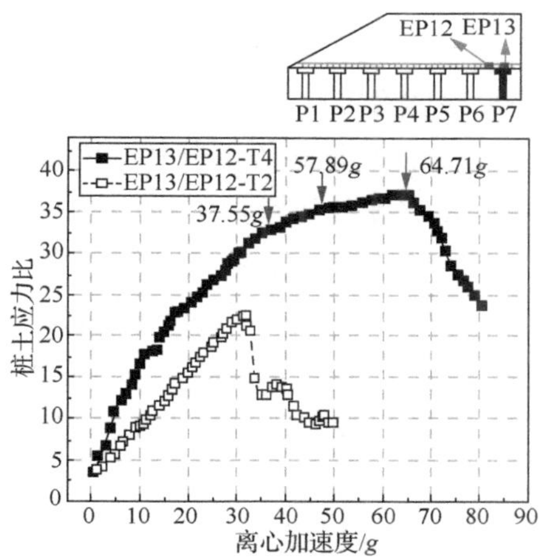

（f）P7桩土应力比

图 7.18（续）

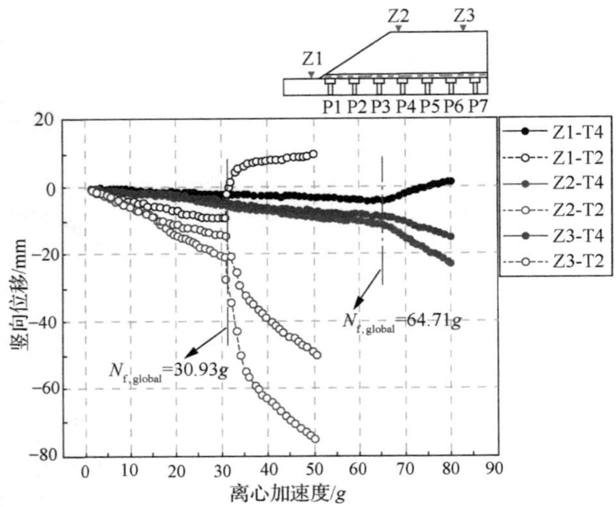

图 7.19　模型 T2 和 T4 试验中竖向位移曲线

通过上述分析和讨论，可归纳如下路堤整体破坏的基本特征，认识筋材与桩体对路堤整体稳定性发挥的作用及筋材强度与桩体强度对整体稳定性的影响。

1）桩承式加筋路堤的整体失稳破坏过程是一个渐进式的发展过程，而并非传统路堤稳定性分析理论中所假设的在潜在滑动面上土体、筋材、桩体同时发生破坏。在路堤体系失稳破坏过程中，路堤坡脚下的前排桩体首先发生破坏，并依次向路堤中心线方向的后排桩发展；伴随桩体相继破坏而导致的桩体竖向承载能力降低或丧失，路堤下方地基产生剪切破坏的区域逐渐扩大。在这一渐进过程中，随着荷载的增加，土体位移持续增大，滑动面进一步发育，筋材和桩体应变逐步积累，直至滑动面贯通，进而诱发筋材断裂，桩承式加筋路堤体系整体失稳。

2）在桩承式加筋路堤整体失稳过程中，桩体和筋材存在多种破坏或失效模式。位于路堤边坡下方的桩体多发生弯曲破坏，而路面下方靠近路堤中心线附近的桩体则多发生桩体倾覆失效。在加筋垫层中，当桩体强度较低时，筋材发生整体拉裂破坏的可能性较大；当桩体强度相对较高时，筋材发生桩顶刺入破坏或刺入损伤的可能性较大。

3）筋材和桩体强度的提高能够改善桩承式加筋路堤体系中的荷载传递与分担，增强桩体竖向承载能力，有效地提高路堤系统的整体稳定性。改变筋材强度会影响滑动面的形态，而改变桩体强度则会影响筋材的破坏模式。

4）相比于桩承式路堤，桩顶加筋层的设置发挥的上述有利作用极大地提高了路堤整体的稳定性。因此，建议在路基工程中采用一般复合地基技术处置软土地基时，在复合地基上设置加筋垫层。

7.3　桩承式加筋路堤整体稳定性的数值分析

本节采用数值模拟方法对模型试验 T2 进行数值分析，研究桩承式加筋路堤整体失稳机制，分析在渐进式破坏过程中地基、桩基与筋材的耦合作用，进一步加深对桩承式加筋路堤整体稳定性的认知。

7.3.1　数值模型的建立

采用数值模型模拟研究对象行为的可靠性取决于两个方面：材料或接触的本构模型和边界条件。其中，本构模型（含模型参数）应能比较精准地描述材料或接触的应力-应变关系，边界条件应能客观反映研究域受限制的特征。以 7.2 节离心模型为模拟对象，利用 ABAQUS 软件建立桩承式加筋路堤的数值模型。

1. 模型材料与界面的本构关系

（1）土体本构模型

作为一种线弹性、理想塑性的本构模型，莫尔-库仑本构模型计算参数少且容易获得，物理概念清晰且易于理解，能准确反映土体破坏本质。因此，本节采用经典莫尔-库仑本构模型来描述土体受力-变形-破坏状态之间的关系。根据土体的物理力学特性测试结果，持力层、软土层、砂垫层和路堤填土的莫尔-库仑本构参数如表 7.4 所示。其中，参考 Zhang 等（2014）和 Chen 等（2015）确定砂土的弹性模量 E 及泊松比 ν，人工软土的弹性模量 E 和泊松比 ν 借鉴了郑刚等（2017）的研究结果，软土强度参数为不排水抗剪强度指标，内摩擦角为 0。

表 7.4　土体莫尔-库仑本构参数

土体	材料	本构关系	γ /（kN/m^3）	E /MPa	ν	c /kPa	φ /（°）
路堤填土、持力层	砂土 S1	莫尔-库仑	16.5	20	0.3	0	36.8
砂垫层	砂土 S2	莫尔-库仑	15.0	20	0.3	0	31.1
软土层	人工软土	莫尔-库仑	15.6	1.4	0.4	6.82	0

注：γ 为土的重度；E 为弹性模量；ν 为泊松比；c 为土的黏聚力；φ 为土的内摩擦角。

（2）模型格栅本构模型

筋材在正常工作状态下的应变较小，属于弹性变形范围。正是由于这个原因，大多数加筋土结构数值模拟中筋材多采用弹性本构模型。但是在桩承式加筋路堤渐进式失稳破坏过程中，筋材不可避免地会出现大变形甚至破坏，应考虑其应力-应变的非线性特征。因此，本次数值模型选择非线弹性-塑性硬化本构关系，能更合理地描述筋材的应力-应变特征。

在 ABAQUS 非线弹性-塑性硬化本构模型中，弹性参数和塑性参数是分别设置的。借鉴文献（Liu et al.，2007；Kwon et al.，2008；Zeng et al.，2019）中的建议，模型格栅的拉伸模量采用筋材拉伸试验结果的初始切线模量，模型格栅 G1 的弹性模量 E 取值为 510MPa。模型格栅的本构模型基本参数如表 7.5 所示，据此可以得到土工格栅的硬化参数。

表 7.5　模型格栅的本构模型基本参数

材料	本构关系	E /MPa	ν	σ_0 /MPa	σ_y /MPa
模型格栅 G1（低强度）	非线弹性-塑性硬化	510	0.3	4.63	9.08

注：E 为弹性模量；ν 为泊松比；σ_0 为线弹性极限应力；σ_y 为塑性屈服应力。

（3）模型桩本构模型

一般情况下，用线弹性本构模型模拟钢筋混凝土刚性桩是符合实际的，但是对于黏结材料半刚性桩，甚至素混凝土桩，在模拟桩体的压屈、弯折过程时，仍采用线弹性模型就失去了实际意义。考虑到离心模型试验中素混凝土桩的脆性断裂特性，采用混凝土塑性损伤本构模型（concrete damaged plasticity）模拟桩体的受力-变形特征。根据模型混凝土物理力学特性的测试结果，并借鉴相关文献（李帅，2012；张甲林，2014；赵洁，2016；俞建霖，等，2017），确定了桩体本构模型的基本参数（表 7.6）。

表 7.6　桩体非线弹性-塑性损伤本构模型基本参数

材料	本构关系	γ /（kN/m^3）	E_0 /MPa	ν	ψ /（°）	ξ	f_{b0}/f_{c0}	k_c	μ
模型混凝土 C1（低强度）	非线弹性-塑性损伤	20	2000	0.2	30	0.1	1.16	0.67	0.01

注：γ 为材料重度；E_0 为初始弹性模量；ν 为泊松比；ψ 为剪胀角；ξ 为流动法则关联系数；f_{b0}/f_{c0} 为初始双轴压缩屈服应力与初始单轴压缩屈服应力之比；k_c 为第二应力不变量在拉伸子午线上的比值；μ 为黏滞系数。

（4）接触面本构模型

在桩承式加筋路堤体系中，各组件之间的接触关系主要包括填土-地基土界面、筋材-地基土界面和桩体-土体界面三大类。根据路堤体系中各构件之间的相互作用特点，设置本次模型涉及的接触面的本构关系和参数（表 7.7）。

表 7.7　桩承式加筋路堤数值模型接触面模型及参数

类别	接触关系	接触面类型	接触性质		
			法向	切向（摩擦型“罚函数”）	
				摩擦系数	容许相对位移
接触 1	地基软土-砂土	摩擦型界面	硬接触	0.60	允许有限相对位移
接触 2	桩顶-垫层砂土	摩擦型界面	硬接触	0.40	允许有限相对位移
接触 3	桩侧-地基软土	摩擦型界面	硬接触	0.30	允许有限相对位移
接触 4	桩底-持力层砂土	摩擦型界面	硬接触	0.45	允许有限相对位移
接触 5	筋材-垫层砂土	嵌入型界面	接触面上各积分点协调变形		

2. 桩承式加筋路堤数值模型

（1）模拟对象与网格划分

选取 T2 离心试验中整个模型断面内的区域（图 7.20），利用 ABAQUS 建立三维桩承式加筋路堤数值模型。

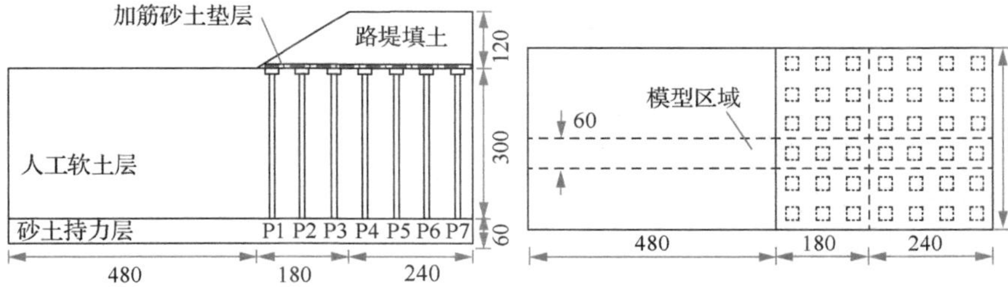

（a）剖面图　　（b）平面图

图 7.20　数值模型建模区域（单位：mm）

建模时，有限单元采用三维八节点单元（C3D8），土体和桩体利用实体单元模拟，筋材则采用壳单元（Shell）模拟。为保证计算的收敛性，根据部件不同的几何特征选择不同的网格划分技术。其中，地基土和筋材采用结构划分技术（Structured）进行网格划分，路堤填土和桩体采用扫掠划分技术（Sweep）进行网格划分。数值模型的边界条件与离心模型保持一致。模型底面设置为固定边界，左、右两侧面限制水平方向的位移。数值模型边界条件与网格划分如图 7.21 所示。

（2）数值模拟与模型验证

在设置模型材料和接触面本构关系之后，通过初始地应力平衡、模拟桩基施工、加筋垫层施工和路堤填筑施工等分析步，初步建立了桩承式加筋路堤的数值模型。

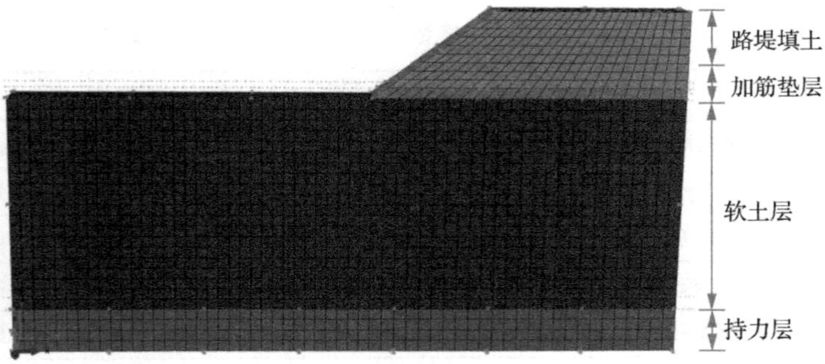

图 7.21　数值模型边界条件与网格划分

通过不断增加实体单元的重度来模拟离心试验过程中离心加速度不断增加的过程，采用土体塑性区贯通与数值模型计算不收敛相结合的方式来判定路堤数值模型是否发生了整体失稳破坏。

将数值模拟得到的桩承式加筋路堤变形、筋材应变、桩体应变等结果与离心模型试验结果进行对比，二者吻合度良好（曾庆元，2021），证明所建立的数值模型能够较好地反映模拟对象的行为特征。

7.3.2　桩承式加筋路堤失稳过程的数值模拟

仅以前文离心模型 T2（弱桩和弱筋）为模拟分析对象，选取 5*g*、15*g*、25*g*、30*g*、35*g*、37.5*g* 6 个特征加载时刻，通过对土体、桩基和筋材的位移、应力、应变、塑性区的分布特点和发展过程的分析，揭示桩承式加筋路堤中各组件的破坏模式和整体失稳机理。

1. 土体塑性区开展过程

地基土、垫层和路堤填土是桩承式加筋路堤的主要组成部分。土体的变形发展过程和剪切塑性区的开展过程直接反映了路堤体系的变形及稳定状态的发展过程，也是判别整体失稳状态的关键依据。

图 7.22 为不同离心加速度条件下土体塑性区的分布情况。在 5*g* 下路堤处于正常工作状态，由于桩土差异沉降而产生了局部的剪切塑性区。当离心加速度增至 15*g* 时，路堤中的土拱进一步发展，桩间土体塑性区则进一步扩大。随着离心加速度的增加，桩周土体由于较大的桩-土相对位移而产生沿桩侧分布的竖向塑性剪切带，且逐渐向横向扩展［图 7.22（c）］；当加速度增至 30*g* 和 35*g* 时［图 7.22（d）和（e）］，路堤填土中开始出现多条由桩顶向路面延伸的倾斜塑性剪切带，地基中各桩体附近的塑性区也逐渐在水平方向渐次贯通。随着离心荷载逐渐增至路堤失稳的临界状态［图 7.22（f）］，路堤填土中的倾斜剪切带进一步扩大，贯通至路面；地基中的塑性区也在水平方向完全贯通；对于路面下方的 P4～P7 桩体，由于较大的桩土差异沉降，桩体下部与桩周土之间形成了较大的竖向塑性剪切区。

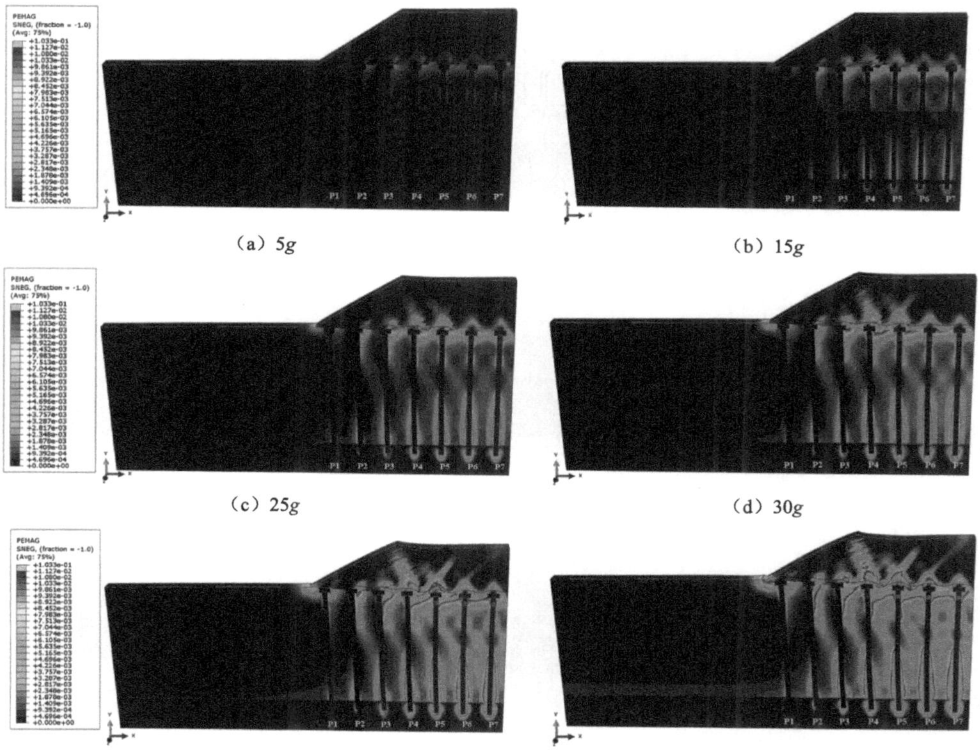

（a）5g　（b）15g

（c）25g　（d）30g

（e）35g　（f）37.5g

图 7.22　不同离心加速度条件下土体塑性区的分布情况

在桩承式加筋路堤整体失稳过程中，土体塑性区开展过程可以表述如下：土体剪切塑性区首先在桩顶附近形成，之后在桩侧形成竖向剪切带；随着离心加速度的增加，路堤填土中开始出现倾斜剪切带，桩周地基土中的塑性区也开始向水平方向扩展；当路堤达到整体失稳极限状态时，路堤填土及地基土体中的塑性区完全贯通，路堤体系即将失稳破坏。

2. 筋材应变状态的演化过程

图 7.23 给出了筋材拉伸应变随离心加载的演变过程和分布特征。随离心加速度的不断增加，筋材应变越来越大；在各级离心荷载条件下，筋材应变分布均呈现路面下方大、坡面下方小的特点；相比于坡面下方的筋材，路面下方的筋材整体应变水平更大，说明其张力膜效应更强。此外，可以发现，桩顶及桩帽边缘的筋材应变要明显大于两桩之间的区域，桩顶边缘出现了筋材应变集中现象。在临界失稳状态下［图 7.23（f）］，筋材最大应变值达到了 10.58%，接近其极限延伸率（11.79%），说明筋材塑性拉伸损伤严重。

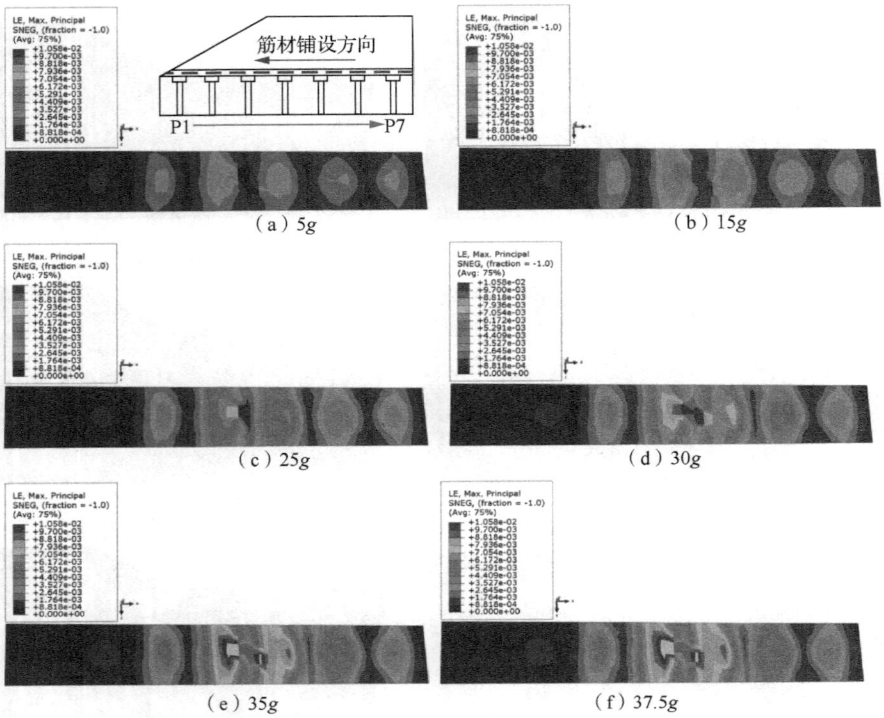

图 7.23　筋材拉伸应变随离心加载的演化过程和分布特征

桩承式加筋路堤整体失稳破坏过程中，筋材跟随桩基和地基一起位移，由于桩顶与桩间土的差异沉降，位于路面下方、桩帽边缘处的筋材首先发生塑性拉伸损伤，并随着离心加载的持续，筋材的塑性拉伸损伤区开始由桩顶向桩间扩展；在路堤即将发生整体失稳时，路面下方桩帽边缘的筋材中形成纵向贯通的塑性拉伸损伤带，如果筋材抗拉强度不足，将会发生拉裂破坏。

3. 桩体变形及受力状态的演化规律

(1) 桩体变形与位移的演化规律

作为竖向增强体的桩体，其变形及位移变化规律可被认为是荷载传递过程中桩体受力状态的一种反馈。

模拟结果显示（图 7.24），随着上部荷载的增加，各桩基均发生一定的竖向位移和侧向变位。其分布特征表现如下：靠近路堤中心线的桩基（P4～P7）竖向位移大，而侧向位移小；路堤中线处的基桩（P7）主要发生竖向位移；靠近路堤坡脚的桩基（P1～P3）竖向位移小，而侧向位移大；位于坡角的基桩（P1）以侧向位移为主。路堤边坡下的基桩水平位移呈倒三角分布，桩顶水平位移最大，桩体发生明显的弯曲变形。

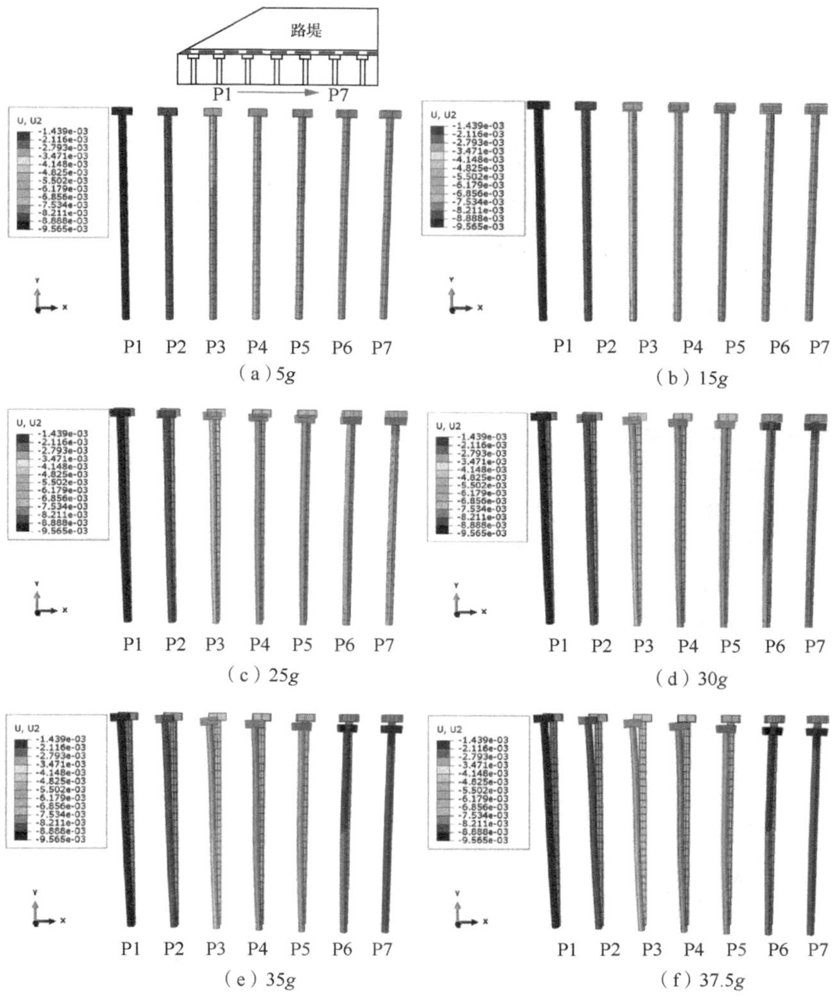

图 7.24　桩体变形与位移的演化过程

桩体变形与位移的发展反映了桩体的受力特征和抗滑作用，在路堤体系整体失稳的渐进发展过程中，路堤边坡下方的桩体主要通过承受水平向土压力作用，抵抗土体水平变形的方式发挥其阻滑作用；而路面下方的桩体则主要靠承担竖向荷载，以抵抗竖向沉降的方式提供抗滑作用。

（2）桩体内力分布及演化规律

桩承式加筋路堤体系中，桩体截面存在着轴力、剪力及弯矩等多种内力作用。整体失稳破坏过程中，究竟是哪种内力对桩体破坏起控制作用是需要首先弄清楚的问题。只有这样，才能够确定桩体的破坏模式和桩基对路堤整体稳定性的贡献。

数值模拟结果表明，在离心加速度较小时，各桩体轴力均为压力，路堤边坡下方的桩体（P1～P3）轴力小于路面下方的桩体（P4～P7）；当离心加速度增大到一定程度，特别是路堤整体稳定性达到临界状态时，路堤边坡下方桩体（P1 和 P2）的上部一定范围内出现了拉力，但路面下方桩体仍然承受压力。但是，即使临近整体失稳时，承压桩体截面上的最大压应力均小于其抗压强度，受拉桩体截面上的最大拉应力也小于其抗拉强度，证明桩体并没有发生承压破坏或者受拉破坏。

同样地，随着离心加速度的增加，各桩体截面上的剪应力值也在不断增大。但在整个演化过程中，各桩体截面上剪应力值都很小，即便是在路堤体系临界失稳状态下，剪应力最大值仍远小于其抗剪强度，表明在路堤整体渐进失稳过程中桩体不会发生剪切破坏。

图 7.25 展示了在离心加载过程中各桩体弯矩的分布情况及演化过程。当离心加速度增至 20g 时，路堤边坡下方桩体（P1～P3）在桩顶以下一定范围内的截面上所受弯矩已大于桩体的抗弯承载力，截面上受到的弯矩与抗弯承载力的比值（M/M_{ult}）的绝对值大于 1，表明此刻桩体在相应的断面处可能已经发生弯折破坏；随着离心加速度持续增大，靠近路堤中线的桩体（P4 和 P5）局部截面上也先后出现了 M/M_{ult} 的绝对值超过 1 的情况，表明 P4 和 P5 桩体相继发生了弯折破坏。

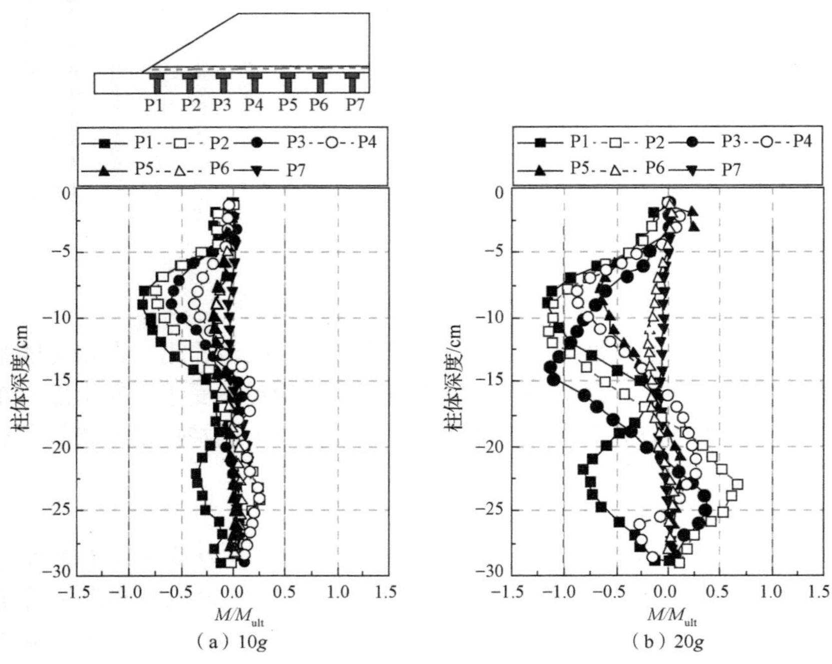

图 7.25　桩体截面上弯矩分布及演化过程

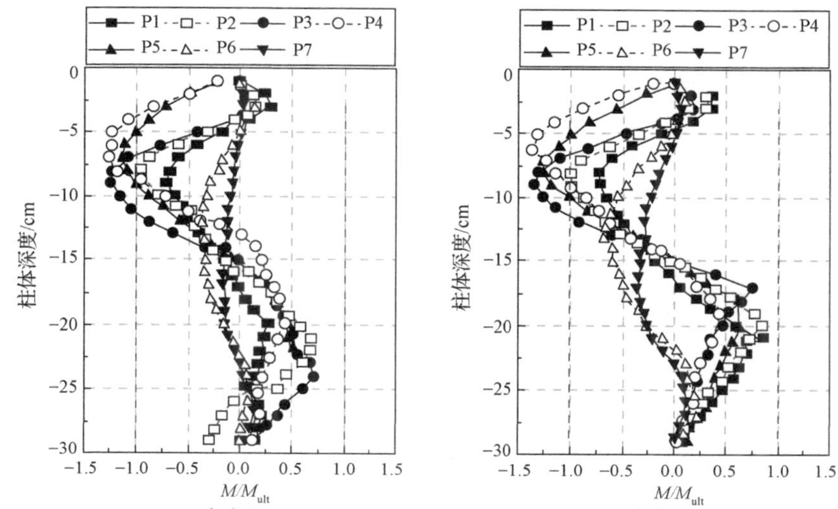

（c）30g　　（d）37.5g

图 7.25（续）

通过分析桩体内力分布及演化过程，可以得出结论：在桩承式加筋路堤整体失稳的发展过程中，桩体的破坏模式应该是弯折破坏，而非剪切、拉伸或承压破坏。桩基的破坏顺序是从路堤坡脚位置向路堤中心线方向渐次展开的，靠近路堤中心线附近的桩体一般不会出现损伤断裂。

7.3.3　路堤整体失稳发展过程分析

根据前文关于地基土、筋材和桩体的变形及受力状态分析，基于离心模型试验和数值分析结果，综合考虑桩承式加筋路堤的工作机理和荷载分担特征，归纳出桩承式加筋路堤整体失稳过程中地基土、筋材和桩基的损伤、破坏过程。具体可以划分为 4 个阶段、5 种状态，如图 7.26 所示。

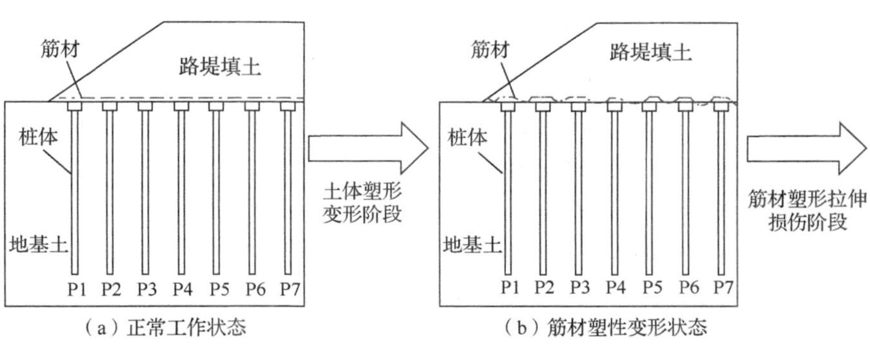

（a）正常工作状态　　（b）筋材塑性变形状态

图 7.26　桩承式加筋路堤整体失稳演化过程

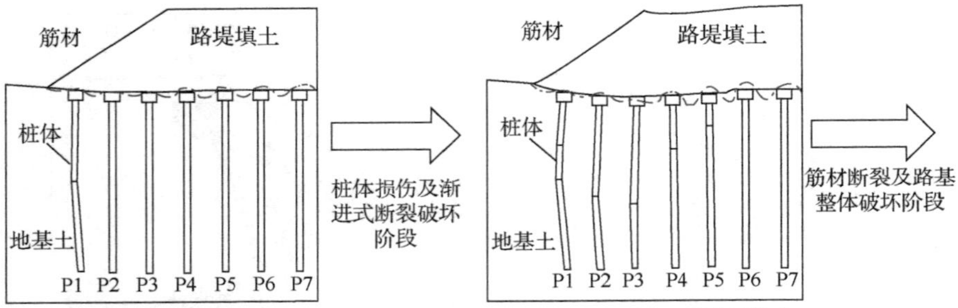

（c）桩体破坏临界荷载状态　　（d）路堤整体失稳临界状态

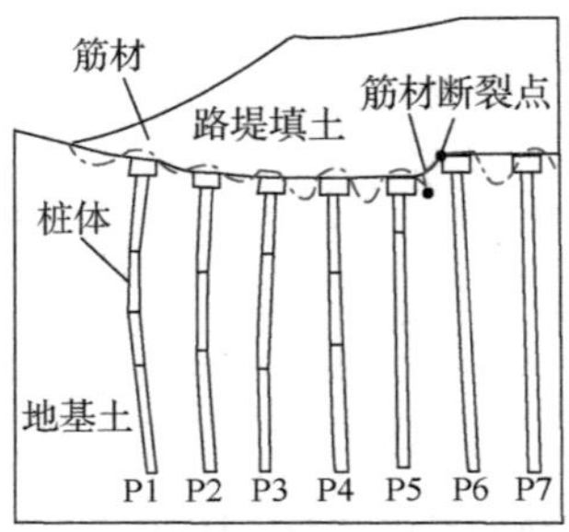

（e）路堤整体破坏及大变形状态

图 7.26（续）

1. 土体塑性变形阶段

桩承式加筋路堤在正常工作状态时，由于桩土差异沉降，土体中仅在路面下桩帽附近产生局部小范围的剪切塑性区，筋材及桩体仍处于弹性变形阶段。随着上部荷载的增加，筋材开始出现塑性应变，路堤体系进入筋材塑性变形状态。路堤体系由正常工作状态向筋材塑性变形状态转变，这一阶段可称为土体塑性变形阶段。

2. 筋材塑性拉伸损伤阶段

当路堤体系进入筋材塑性变形状态后，筋材开始发生塑性拉伸损伤。随着外部荷载的持续增加，筋材塑性变形的范围逐步扩大，由于加筋材料自身的塑性硬化特点，伴随着塑性变形，筋材的拉力越来越大，张力膜效应的发挥程度也逐步提高。桩间土的竖向沉降及横向变形也在逐步累积，其对桩体的水平向作用力也逐渐增大。当群桩中的个别桩体在土体侧向变形的作用下即将发生首次弯折破坏时，路堤体系达到了桩体破坏临界荷载状态。这一阶段可称为筋材塑性拉伸损伤阶段。在此阶段，如果筋材抗拉强度较低，筋材也会在桩帽边缘处出现拉裂破坏。

3. 桩体损伤与渐进式断裂破坏阶段

地基群桩中一旦个别桩体开始发生折断破坏，其自身竖向承载能力的急剧下降、桩帽偏转及变位将导致筋材张力膜效应减弱，这些因素会导致原本由该桩体承担的部分荷载向临近桩体和桩间土上转移。随着荷载转移与重分配的进行，临近桩体将因承受更大的竖向荷载和水平向荷载而先后发生破坏，群桩中桩体破坏数量越来越多，单桩的破坏程度也会愈发严重，路堤和地基变形逐步累积，土体中滑裂面逐步发展，路堤体系进入整体失稳临界状态。这一阶段可定义为桩体损伤与渐进式断裂破坏阶段。

4. 筋材断裂及路堤整体破坏阶段

当桩承式加筋路堤体系处于整体失稳临界状态时，部分桩体已因严重破坏而退出工作，局部区域内筋材的拉力达到较高水平，在未达到其抗拉强度之前仍能继续变形，并承担更大的拉伸荷载。当路堤发生整体失稳后，整个路堤体系的变形会急剧发展，筋材受力状态复杂，局部筋材可能到达其极限抗拉强度而在桩帽边缘处断裂，路堤体系进入整体破坏及大变形状态。

7.3.4 筋材及桩体的抗滑机理

1. 筋材的抗滑机理

数值模拟和离心模型试验结果显示，筋材塑性损伤首先出现在桩帽边缘（包括方桩帽的角点），损伤范围随着外部荷载的增加逐渐扩展。因此，在桩承式加筋路堤体系渐进失稳过程中，若桩帽边缘处的塑性应变已达到了筋材塑性变形能力的上限，且桩顶处筋材的塑性区沿着路堤纵向完全贯通，那么筋材就会发生整体拉裂破坏；若桩帽边缘处的筋材变形已经达到了其极限延伸率，但桩帽边缘处筋材的塑性损伤区域并未贯通至整个路堤纵向断面，那么筋材就可能发生桩顶刺入破坏。

筋材塑性应变分布特点表明，当路堤体系整体失稳时，只有路面下方的筋材在桩顶附近出现了塑性区，而路堤边坡下方的筋材未出现塑性损伤，且其挠曲变形小于路面下方筋材。这说明，路面下方靠近路堤中心线的筋材主要依靠承受竖向荷载的方式间接提供抗滑作用，而坡面下方的筋材主要通过限制路堤和地基土体侧向变形的形式抵抗土体的滑动趋势，这种限制作用实质上是提供了一个抗滑力矩。

2. 桩体的抗滑机理

通过桩体内力与对应桩体强度之间的对比，揭示桩承式加筋路堤中桩体的破坏模式应该是弯折破坏。发生破坏时，在桩体截面上既有拉应力，也有压应力，但起决定作用的是桩体受到的弯矩大小。根据路堤整体破坏时桩体截面上法向应力的性质和分布特征，可将路堤下的桩基按照抗滑机制划分为 3 个区域（图 7.27）。

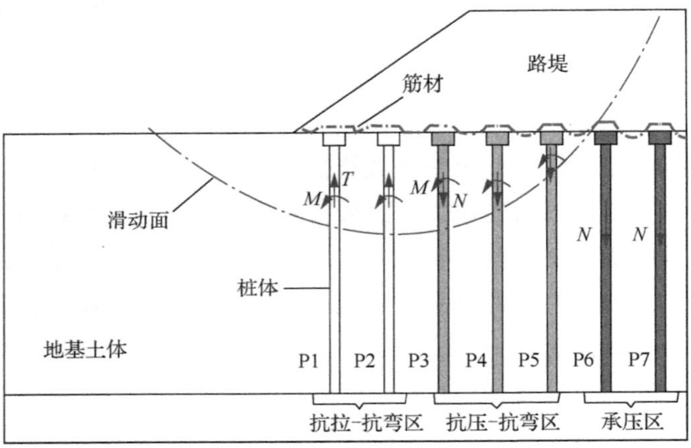

图 7.27 桩基抗滑机制分区

（1）抗拉-抗弯区

该区包括滑动面以内坡脚处的桩体。该区域内的桩体承受的竖向压力最小，因地基隆起使桩体上部受拉，桩体受到的弯矩最大，整体水平位移也最大。桩体主要通过抵抗滑动土体的上拔力和地基土水平土压力来阻止土体的滑动和路堤整体失稳。

（2）抗压-抗弯区

该区包括滑动面以内坡肩下方的桩体。该区域内的桩体承受的竖向压力和弯矩均较大，桩体水平位移略小于坡脚处桩体，主要通过承担上部荷载、抵抗土体下滑力和侧向土压力的方式提供抗滑作用。

（3）承压区

该区包括滑动面以外、靠近路堤中心线的桩体。该区域内的桩体主要承受竖向荷载，所受到的剪力和弯矩很小。桩体主要通过承担竖向荷载、阻碍滑动面向地基深层发展的方式为路堤整体稳定作出贡献。

7.4　桩承式加筋路堤整体稳定性分析方法

7.4.1　现行桩承式加筋路堤整体稳定性评价方法

英国规范（BSI，2010）是目前唯一给出桩承式加筋路堤整体稳定性分析方法的现行技术标准，假定潜在滑动面为圆弧，对于整体稳定性，潜在滑动面上总滑动力矩应满足：

$$M_{\mathrm{D}} \leqslant M_{\mathrm{RS}} + M_{\mathrm{RP}} + M_{\mathrm{RR}} \tag{7.1}$$

式中，M_{D}——总滑动力矩，kN·m；

M_{RS}、M_{RP}、M_{RR}——土体、桩体和筋材提供的抗滑力矩，kN·m。

式（7.1）中各力矩按如下方法计算（参见图 7.28）：

$$M_{\mathrm{D}} = \left[\sum\left(f_{\mathrm{fs}} w_i + f_{\mathrm{q}} b_i w_{si}\right)\sin\alpha_i\right] R_{\mathrm{d}} \tag{7.2}$$

$$M_{\mathrm{RS}} = \sum_{i=1}^{n} \frac{\left[\dfrac{c' b_i}{f_{\mathrm{ms}}} + \left(f_{\mathrm{fs}} w_i + f_{\mathrm{q}} b_i w_{si}\right)\left(1 - r_{\mathrm{u}}\right)\dfrac{\tan\varphi'_{\mathrm{cvi}}}{f_{\mathrm{ms}}}\right]\dfrac{R_{\mathrm{d}}}{\cos\alpha_i}}{1 + \dfrac{\tan\varphi'_{\mathrm{cvi}}\tan\alpha_i}{f_{\mathrm{ms}}}} \tag{7.3}$$

$$M_{\mathrm{RP}} = F_{\mathrm{P1}} X_{\mathrm{P1}} + F_{\mathrm{P2}} X_{\mathrm{P2}} + F_{\mathrm{P3}} X_{\mathrm{P3}} \tag{7.4}$$

$$M_{\mathrm{RR}} = T_{\mathrm{r}} Y \tag{7.5}$$

式中，R_{d}——潜在滑动面的滑弧半径，m；

b_i——第 i 个土条宽度，m；

w_i——第 i 个土条自重，kN；

w_{si}——第 i 个土条上的路面荷载，kPa；

α_i——第 i 个土条底面滑弧中点切线的水平夹角（°）；

c'、φ'——土体的有效黏聚力（kPa）有效内摩擦角（°）；

r_{u}——土体中的孔压比；

$F_{\mathrm{P}j}$、$X_{\mathrm{P}j}$——滑动面内第 j 根桩的桩体支撑力（kN）及力臂（m）；

T_{r}——筋材的设计抗拉强度，kN/m；

f_{fs}、f_{q}、f_{ms}——土体自重、路面荷载和土体性能参数的分项系数。

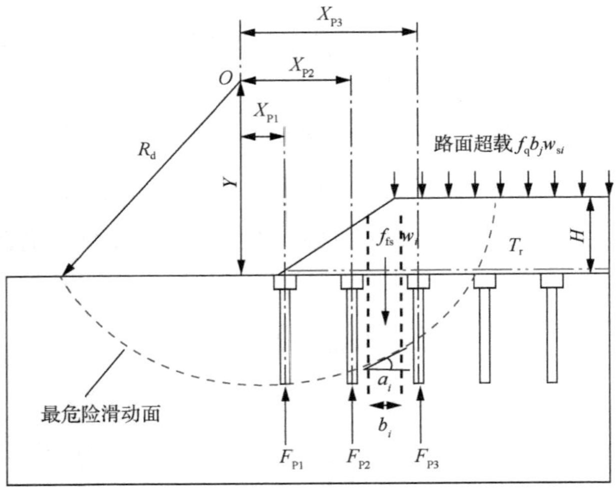

图 7.28　桩承式加筋路堤整体稳定性计算

英国规范（BSI，2010）在评价整体稳定性时，考虑了土体、桩基和筋材的抗滑作用及土体中孔压对稳定性的不利影响，全面且直观。但是，该评价方法存在缺陷。在桩承式加筋路堤渐进式整体破坏过程中，不同区域的桩体抗滑机理不同，不能按照同一种模式进行评价，应根据不同的机理分别进行稳定性贡献的评估，包括滑动面外桩基的承载作用对稳定性的贡献；筋材对路堤稳定性的贡献应该包括筋材自身拉力提供的抗滑力矩及筋材对土体的限制作用两个部分，而且计算中筋材拉力（T_r）的取值也存在争议。

尽管目前还难以确定在路堤渐进式整体失稳过程中何时（或何种工况下）筋材受力达到最大值，但是为了防止筋材抗拉强度极限状态的发生，总是在假定条件下要求筋材受到的最大拉力应小于其抗拉强度设计值。另外，在评价整体稳定性时筋材提供的抗滑力矩不仅取决于筋材足够强而不被拉断或撕裂，还应该关注筋材具有足够的锚固强度而不被拔出。吴迪（2013）通过离心模型试验研究发现，筋材在路堤坡脚的设置方式（反包和平铺）对筋材受力具有重要影响。采用反包设置提高了锚固强度和对填土的约束作用，使筋材能承受更大的拉力。在英国规范中，筋材受力取筋材通过张力膜效应承担上部竖向荷载而产生的拉力 T_{rp} 与筋材由于抵抗路堤填土的主动土压力 P_a 而产生的拉力 T_{ds} 之和（图 7.29）。

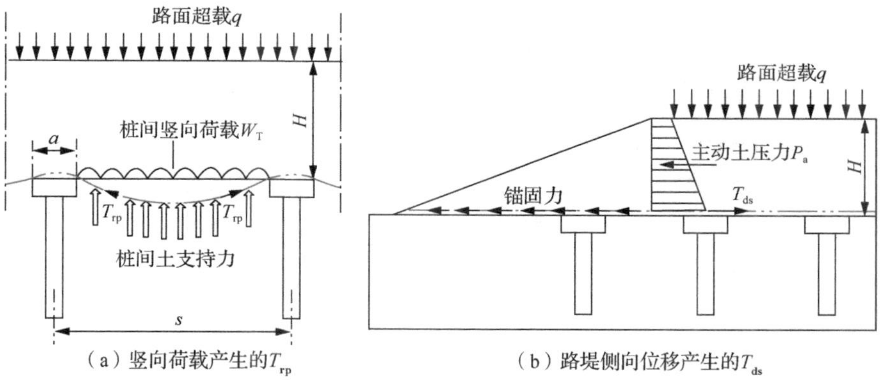

图 7.29　桩承式加筋路堤中筋材拉力计算

T_{rp} 和 T_{ds} 按如下方法计算：

$$T_{rp} = \frac{W_T(s-a)}{2a}\sqrt{1+\frac{1}{6\varepsilon}} \tag{7.6}$$

$$T_{ds} = \frac{1}{2}K_a\left(f_{fs}\gamma H + 2f_q q\right)H \tag{7.7}$$

式中，W_T——相邻桩（帽）间筋带上的竖向荷载，kPa；

s——桩间距，m；

a——桩帽宽度，m；

ε——筋材容许应变；

K_a——路堤填土的主动土压力系数；

H——路堤高度，m；

γ——填土重度，kN/m^3；

q——路面均布超载，kPa。

德国标准（DGGT，2010）给出在特定情况下应考虑垫层填土的被动阻力，将约束填土侧向位移而产生的筋材拉力减半，但总体上意义不大。van Eekelen 等（2012a，2012b）根据新的土拱模型提出两桩间筋带上竖向荷载按倒三角形分布，筋材受力的计算思路是相同的。其实，筋材在路堤坡角的锚固力是筋材发挥张力膜效应的前提条件，桩间筋材张力膜小于产生的筋材拉力需要锚固力来平衡。基于此，在进行筋材抗滑作用评价时，筋材拉力（T_j）应取T_{ds}、T_{rp}和筋材设计抗拉强度T_r三者的最小值（杨广庆 等，2016），即

$$T_j = \min\left(T_{ds},\ T_{rp},\ T_r\right) \tag{7.8}$$

至于加筋垫层路堤中评价整体稳定性时筋材受力的确定方法，因与桩承式加筋路堤中的受力情形差别很大，故没有可比性。

式（7.4）给出了整体稳定性分析中桩体提供的抗滑力矩。正如图 7.28 所示，假定滑动面内的桩体均发挥竖向支撑力，相当于假定桩体的破坏模式为受压破坏或者不会出现破坏情形。这种分析模型与前述桩承式加筋路堤离心模型试验和数值模拟揭示的路堤渐进式整体破坏模式和不同分区桩体发挥的功能明显不同。因此，关于桩体在桩承式加筋路堤整体失稳过程中的抗滑作用，采用英国规范给出的方法是不妥的。

早期，无论桩体类型和性质，均采用复合抗剪强度法，即将桩体和桩间土看作一个复合体，按面积置换率计算复合体的抗剪强度（τ_{ps}），并用 τ_{ps} 综合评价复合地基的抗滑作用；之后，《建筑地基处理技术规范》（JGJ 79—2012）假设地基破坏临界状态时，位于滑动面上的桩体均发生断裂，根据桩体破坏界面的摩擦性质确定残余剪切强度（τ_{res}），并用 τ_{res} 作为滑动面上桩体的抗剪强度来计算桩体的抗滑贡献。这两种方法走了两个极端，都不符合路堤荷载下复合地基的破坏模式和桩基发挥的作用。

近期，路堤荷载下复合地基整体稳定性评价的研究已取得了重要进展。郑刚等（2010）的试验研究发现，桩体最可能发生的破坏模式是弯曲破坏，提出了等效抗剪强度法。该方法先将桩体抗弯强度等效成抗剪强度，再将桩体的等效抗剪强度换算成复合地基的等效复合抗剪强度，用等效复合抗剪强度评价路堤的整体稳定。俞建霖等（2017）根据路堤下不同区域内桩体破坏模式的差异性，提出了桩体抗滑贡献的分区计算方法。该方法先将滑动面以内的桩体根据不同的破坏模式划分为受拉、受弯、受压区，然后根据各区的受力机制和破坏模式分别计算其抗滑力矩。这两种方法都没有考虑路堤整体失稳过程中桩体的渐进式破坏特点和滑动面以外桩体的抗滑贡献。另外，这些分析方法的研究对象为路堤荷载下复合地基的整体稳定性，考虑到桩承式加筋路堤中筋材对桩体的约束作用，直接搬用这些方法评价桩体在桩承式加筋路堤中的抗滑作用并不合适。

7.4.2　基于渐进式破坏的桩承式加筋路堤整体稳定性评价方法

桩承式加筋路堤呈现出渐进式破坏特征，筋材和桩体的破坏模式及发展过程与现有稳定性分析理论的相关假设不同。因此，应综合考虑筋材、桩体和桩间土等对桩承式加筋路堤整体稳定性的贡献，提出能够科学评价桩承式加筋路堤整体稳定性的分析方法。

1. 筋材抗滑作用的评价方法

（1）筋材实际受拉作用及其拉伸强度发挥程度

在进行稳定性分析时，采用筋材总设计抗拉强度T_r还是特定时刻的极限抗拉强度T_{ult}的问题，本质上是路堤体系整体失稳临界状态的判定问题。若认为筋材拉力达到其总设计抗拉强度T_r时路堤体系整体失稳，则评价筋材抗滑作用的拉力计算值T_j应按照T_r计算；若认为筋材拉力达到其极限抗拉强度T_{ult}时路堤失稳，则T_j应取某一时刻筋材具有的极限抗拉强度T_{ult}计算。因此，只要抓住路堤体系临界失稳时筋材抗拉强度的实际发挥程度这个关键问题，就能合理地评价筋材对整体稳定性的贡献。本小节按照T_{ult}计算筋材拉力计算值T_j，并通过抗拉强度发挥系数η_R调整筋材实际发挥的抗滑作用，即

$$T_j = \eta_R T_{ult} / RF \tag{7.9}$$

（2）筋材拉力切向分量和法向分量的抗滑作用

加筋垫层中，筋材受力情况如图 7.30 所示。滑动面上的筋材拉力T_j可以分解为切向拉力分量$T_j \cos\theta$和法向拉力分量$T_j \sin\theta$。其中，切向拉力分量的方向与土体的剪切方向一致，能直接提供抵抗土体剪切滑动的拉力；法向拉力分量则使滑动面上的土体产生一个法向附加正应力，而附加正应力会提高剪切面上的摩擦作用，从而增加土体的抗剪强度。筋材主要通过以上两种方式发挥其抗滑作用，但常见的稳定性分析方法仅考虑了筋材拉力切向分量的抗滑作用，而忽略了其法向分量的抗滑贡献，这将会低估筋材的实际抗滑作用。因此，为合理评价筋材的抗滑作用，应综合考虑筋材在上述两方面的抗滑作用：

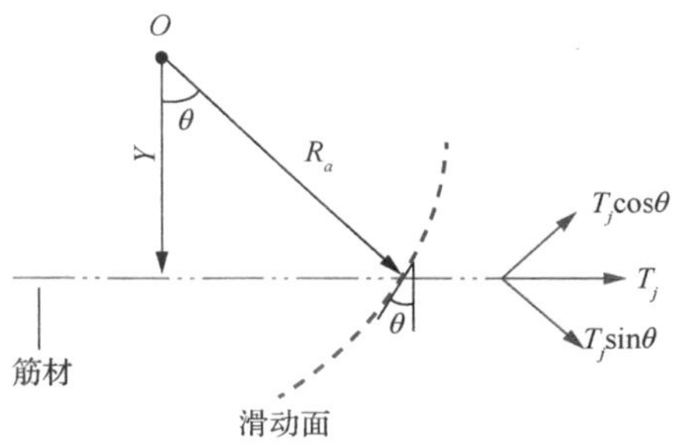

图 7.30　加筋垫层中的筋材受力情况

$$M_{RR} = M_{RR1} + M_{RR2} \tag{7.10}$$

$$M_{RR1} = T_j \cos\theta R_d = T_j Y \tag{7.11}$$

$$M_{RR2} = T_j \sin\theta \tan\varphi R_d \tag{7.12}$$

式中，M_{RR}、M_{RR1}、M_{RR2}——筋材总抗滑力矩、拉力切向分量抗滑力矩和拉力法向分量抗滑力矩，kN·m；

θ——筋材拉力法向分量与竖直方向的夹角（°）；

φ——土体内摩擦角（°）。

2. 桩体抗滑作用的评价方法

（1）桩体的抗滑作用

借鉴路堤荷载下复合地基整体稳定性分析的改进等效抗剪强度法（王萌，2020），采用抗弯强度发挥系数评价桩体极限抗弯承载力的实际发挥程度，综合考虑桩体截面上的弯矩和轴力的抗滑贡献。分别计算滑动面上抗拉-抗弯区、抗压-抗弯区桩体的抗滑力矩，以分析不同区域内桩体的抗滑作用（图 7.31）；对于滑动面外承压区的桩体，则通过影响抗弯强度发挥系数取值的方式评价其抗滑贡献。

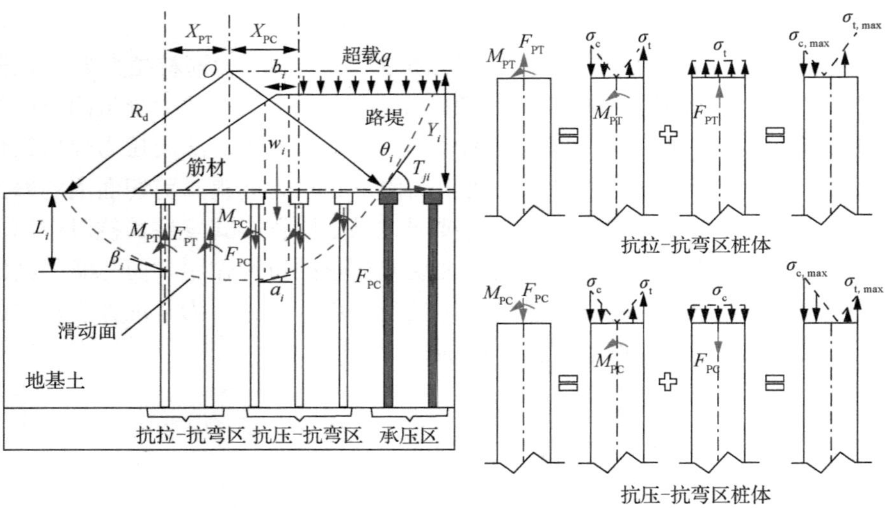

图 7.31　路堤体系整体稳定性安全系数及桩体抗滑作用计算

抗拉-抗弯区内桩体在附加荷载和自重作用下，桩体截面上的最大拉应力 $\sigma_{t,max}$ 和最大压应力 $\sigma_{c,max}$ 可分别按式（7.13）和式（7.14）计算。考虑桩体材料的抗拉强度均小于抗压强度，则由桩体材料抗拉强度和抗压强度控制的桩体截面最大弯矩值 M_{PT} 可按式（7.15）计算。基于等效抗剪强度法，弯矩 M_{PT} 产生的抗滑力矩 M_{RPTM} 可按式（7.16）计算，而抗拉-抗弯区桩体总抗滑力矩 M_{RPT} 则可按照式（7.17）计算：

$$\sigma_{t,max} = M_{PT} / W_z + F_{PT} / A_P \leqslant \sigma_t \tag{7.13}$$

$$\sigma_{c,max} = M_{PT} / W_z - F_{PT} / A_P \leqslant \sigma_c \tag{7.14}$$

$$M_{PT} = W_z \left(\sigma_t - F_{PT} / A_P \right) \tag{7.15}$$

$$M_{RPTM} = 3\eta_{PT} M_{ult} \cos\beta / L \left(R_d - L\cos\beta / 3 \right) \tag{7.16}$$

$$\begin{aligned} M_{RPT} &= M_{RPTM} + M_{RPTF} \\ &= 3\eta_{PT} M_{ult} \cos\beta / L \left(R_d - L\cos\beta / 3 \right) + F_{PT} X_{PT} \end{aligned} \tag{7.17}$$

式中，$\sigma_{t,max}$、$\sigma_{c,max}$——桩体截面最大方向拉应力和压应力，kPa；

σ_t、σ_c——桩体材料抗拉、抗压强度，kPa；

W_z——桩体抗弯截面模量，m^3；

A_P——桩体截面面积，m^2；

M_{PT}——轴向受拉状态下桩体实际发挥的抗弯承载力，kPa；

η_{PT}——轴向受拉状态下桩体抗弯强度发挥系数；

M_{ult}——纯弯曲或横力弯曲状态下的单桩极限抗弯承载力，kPa；

β——滑动面穿过桩体位置处的切线方向与水平方向的夹角（°）；

M_{RPT}、M_{RPTM}、M_{RPTF}——抗拉-抗弯区桩体总抗滑力矩、桩体弯矩贡献的抗滑力矩及轴力贡献的抗滑力矩，kN·m。

根据图 7.31 中抗压-抗弯区内桩体截面的法向应力等效示意图，抗压-抗弯区内受压状态下桩体发挥的抗弯承载力 M_{PC}、桩体弯矩提供的抗滑力矩 M_{RPCM} 和总抗滑力矩 M_{RPC} 可按下式计算：

$$M_{PC} = \min\left[W_z \left(\sigma_t + F_{PC} / A_P \right),\ W_z \left(\sigma_c - F_{PC} / A_P \right) \right] \tag{7.18}$$

$$M_{RPCM} = 3\eta_{PC} M_{ult} \cos\beta / L \left(R_d - L\cos\beta / 3 \right) \tag{7.19}$$

$$\begin{aligned} M_{RPC} &= M_{RPCM} + M_{RPCF} \\ &= 3\eta_{PC} M_{ult} \cos\beta / L \left(R_d - L\cos\beta / 3 \right) + F_{PC} X_{PC} \end{aligned} \tag{7.20}$$

式中，M_{PC}——轴向受压状态下桩体实际发挥的抗弯承载力，kPa；

η_{PC}——轴向受压状态下桩体抗弯强度发挥系数；

M_{RPC}、M_{RPCM}、M_{RPCF}——抗压-抗弯区桩体总抗滑力矩、桩体弯矩贡献的抗滑力矩及轴力贡献的抗滑力矩，kN·m。

（2）路基群桩渐进式破坏特征的考虑

在稳定性分析中，渐进式破坏对于桩体抗滑作用的影响，本质上是路堤体系失稳时，滑动面上的桩体实际能够提供的抗滑作用与传统分析理论假设滑动面上所有桩体同时全部发挥极限抗滑作用之间的差异问题。根据研究成果，稳定性分析时，若滑动面上的某个桩体已经发生损伤或破坏，那么该桩体截面上的轴力（拉力、压力）及弯矩会减小，抗弯强度发挥系数η_{PT}、η_{PC}也相应地减小，其桩体总抗滑力矩M_{RPT}或M_{RPC}也会减小，这样就避免了将已经损伤、破坏的桩体仍按照未破坏前的抗滑能力评估其抗滑作用，从而过高地评价其稳定贡献。

3. 路堤稳定性分析的改进计算方法

基于前文对筋材及桩体抗滑作用的分析和全面考虑，针对桩承式加筋路堤的破坏模式及相应的抗滑机理，本小节提出路堤体系整体稳定性安全系数F_{s}的改进计算方法：

$$F_{\mathrm{s}}=\frac{M_{\mathrm{RS}}+M_{\mathrm{RP}}+M_{\mathrm{RR}}}{M_{\mathrm{D}}}=\frac{M_{\mathrm{RS}}+M_{\mathrm{RPT}}+M_{\mathrm{RPC}}+M_{\mathrm{RR}}}{M_{\mathrm{D}}} \tag{7.21}$$

$$M_{\mathrm{D}}=\sum\left[\left(W_i+q\right)\sin\alpha_i\right]R_{\mathrm{d}} \tag{7.22}$$

$$M_{\mathrm{RS}}=\sum\left(c_i'b_i\sec\alpha_i+W_i\cos\alpha_i\tan\varphi_i'\right)R_{\mathrm{d}} \tag{7.23}$$

$$M_{\mathrm{RPT}}=\sum\left[3\eta_{\mathrm{PT}i}M_{\mathrm{ult}}\cos\beta_i/L_i\left(R_{\mathrm{d}}-L_i\cos\beta_i/3\right)+F_{\mathrm{PT}i}X_{\mathrm{PT}i}\right] \tag{7.24}$$

$$M_{\mathrm{RPC}}=\sum\left[3\eta_{\mathrm{PC}i}M_{\mathrm{ult}}\cos\beta_i/L_i\left(R_{\mathrm{d}}-L_i\cos\beta_i/3\right)+F_{\mathrm{PC}i}X_{\mathrm{PC}i}\right] \tag{7.25}$$

$$M_{\mathrm{RR}}=\sum\left[\eta_{\mathrm{R}i}T_{ji}Y_i+\left(\eta_{\mathrm{R}i}T_{ji}\sin\theta_i\tan\varphi_i'\right)R_{\mathrm{d}}\right] \tag{7.26}$$

式中，M_{D}——总滑动力矩，kN·m；

M_{RS}、M_{RP}、M_{RR}——土体、桩体、筋材提供的抗滑力矩，kN·m；

W_i——土条i的自重，kN；

q——路面均布超载，kPa；

α_i——土条i底面滑弧切线的水平夹角（°）；

b_i——土条宽度，m；

c_i'、φ_i'——土条i的有效黏聚力（kPa）、有效内摩擦角（°）；

$\eta_{\mathrm{PT}i}$、$\eta_{\mathrm{PC}i}$——第i根抗拉-抗弯区、抗压-抗弯区桩体抗弯强度发挥系数；

β_i——第i根桩体上的滑弧切线的水平夹角（°）；

L_i——第i根桩体滑动面以上的长度，m；

$F_{\mathrm{PT}i}$、$F_{\mathrm{PC}i}$——第i根桩体滑动面上的轴向拉力、轴向压力，kN；

$X_{\mathrm{PT}i}$、$X_{\mathrm{PC}i}$——第i根桩体轴向拉力、轴向压力到滑动圆心的水平距离，m；

T_{ji}——加筋垫层中第i层筋材的计算拉力，kN；

η_{Ri}——第i层筋材抗拉强度发挥系数；

Y_i——第i层筋材到滑动圆心的竖向距离，m；

θ_i——第i层筋材拉力法向分量的竖向夹角（°）。

桩承式加筋路堤整体稳定性的改进计算方法，需要借助数值分析方法对相关变量及桩体强度发挥系数进行辅助计算。安全系数的具体计算步骤如下。

1）首先，通过数值方法确定最危险滑动面的位置和形状，并进行桩体抗滑机制的分区；然后，利用滑动面上的筋材拉力值、桩体截面上的轴力值及弯矩值，分别计算筋材的抗拉强度发挥系数和各区域内桩体的抗弯强度发挥系数。

2）借助辅助计算软件进行条分法的分项计算，采用式（7.21）计算路堤体系的整体稳定安全系数。

7.4.3　桩承式加筋路堤整体稳定性分析算例

1. 分析对象

选择 T2 离心模型试验临界失稳时对应的原型工况作为分析对象。T2 工况下，离心试验得到的路堤体系整体失稳临界加速度为 30.93g。按照相似原理，以模型率 N=30.93 恢复原型工况，此时路堤整体稳定安全系数 F_s=1.0，数值分析得出的安全系数 F_{s0}=1.212，如图 7.32 所示。

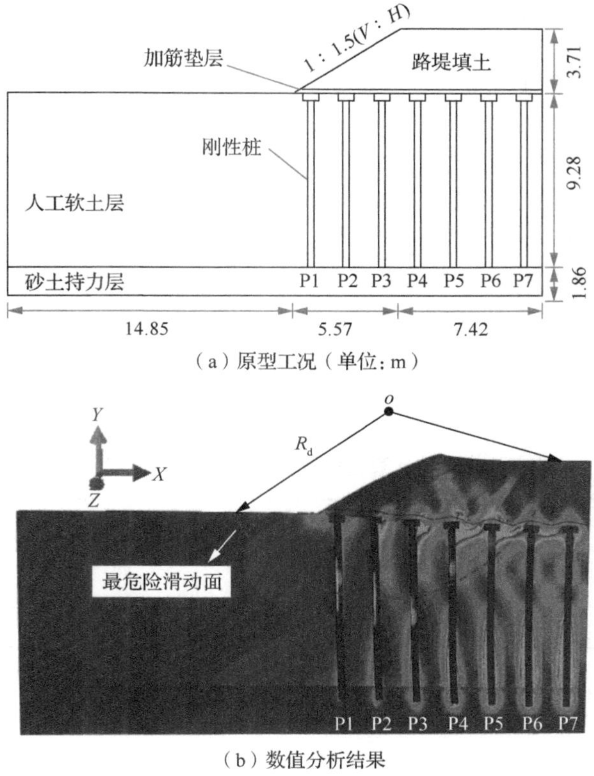

图 7.32　T2 模型对应原型工况及数值分析结果

2. 整体稳定性分析结果

根据数值分析结果，在以路堤坡脚为原点的坐标系中，得到最危险滑动面的滑动圆心坐标为（3.53，5.26），滑动半径为9.22m。经换算，桩体抗压强度σ_c为16.57MPa，抗拉强度σ_t为2.72MPa，桩体截面面积A_p为0.0754m^2，抗弯截面模量W_z为0.00292m^3，单桩极限抗弯承载力M_{ult}为7.99 kN·m；筋材的极限拉伸强度T_{ult}为58kN/m。改进的路堤体系整体稳定性分析计算方法的相关计算参数如表7.8所示。

表7.8　改进计算公式的相关计算参数

桩体	抗拉-抗弯区	抗压-抗弯区			
	P1	P2	P3	P4	P5
L_i /m	3.96	4.02	3.87	3.00	1.83
β_i /（°）	15	4	8	20	33
X_{PTi} / X_{PCi} /m	2.44	0.65	1.24	3.12	5.01
F_{PTi} / F_{PCi} /kN	6.40	79.61	178.63	287.88	322.54
η_{PTi} / η_{PCi}	0.96	1.38	1.86	2.39	2.56
M_{RPT} / M_{RPC} /（kN·m）	21.27	52.79	222.94	900.36	1619.16
其他计算参数	R_d=9.22m，Y_i=4.98m，θ_i=49°，η_R=0.87				

在采用改进计算方法进行稳定性分析时，对于土体条分法计算总滑动力矩M_D、土体抗滑力矩M_{RS}，既可以手算，也可以借助相关计算机程序获得。为全面考虑筋材的抗滑作用，作者开发了加筋垫层路堤整体稳定性验算软件（曾庆元和徐超，2019），可用于桩承式加筋路堤稳定性分析。借助该软件，可得总滑动力矩M_D、土体抗滑力矩M_{RS}、桩体抗滑力矩M_{RP}、筋材抗滑力矩M_{RR}及整体稳定安全系数F_s（表7.9）。

表7.9　改进计算公式路堤整体稳定性计算结果

分项	总滑动力矩M_D	总抗滑力矩M_R			安全系数F_s
		土体抗滑力矩M_{RS}	桩体抗滑力矩M_{RP}	筋材抗滑力矩M_{RR}	
力矩值/（kN·m）	6999.53	4266.91	2816.52	590.76	1.105

参考文献

陈建峰，李良勇，王兴涛，2014. 一种模型试验地基土及其制备方法：CN104215487A[P]. 中国：中华人民共和国国家版权局.

李帅, 2012. 刚性桩复合地基支承路堤的失稳破坏机理及其稳定分析方法研究[D]. 天津: 天津大学.

沈盼盼, 2018. 桩承式加筋路堤加筋作用机理及沉降控制试验与理论研究[D]. 上海: 同济大学.

王萌, 2020. 劲芯水泥土桩复合地基承载路堤失稳破坏机理研究[D]. 上海: 同济大学.

吴迪, 2013. 桩承式加筋路堤荷载分担及加筋作用研究[D]. 上海: 同济大学.

杨广庆, 徐超, 张孟喜, 2016. 土工合成材料加筋土结构应用技术指南[M]. 北京: 人民交通出版社.

俞建霖, 王传伟, 谢逸敏, 等, 2017. 考虑桩体损伤的柔性基础下刚性桩复合地基中桩体受力及破坏特征分析[J]. 中南大学学报(自然科学版), 48(9): 2432-2440.

曾庆元, 2021. 桩承式加筋路堤整体失稳破坏模式及失稳机理研究[D]. 上海: 同济大学.

曾庆元, 徐超, 2019. 加筋垫层路堤整体稳定性验算软件: SR0645287[P]. 中国: 中华人民共和国国家版权局.

张甲林, 2014. 柔性基础下刚性桩复合地基受力及破坏特征分析[D]. 杭州: 浙江大学.

赵洁, 2016. 循环荷载下钢筋混凝土粘结滑移机理及建模技术研究[D]. 西安: 长安大学.

郑刚, 李帅, 刁钰, 2012. 刚性桩复合地基支承路堤稳定破坏机理的离心模型试验[J]. 岩土工程学报, 34(11): 1977-1989.

郑刚, 刘力, 韩杰, 2010. 刚性桩加固软弱地基上路堤稳定性问题(Ⅱ): 群桩条件下的分析[J]. 岩土工程学报, 32(12): 1811-1820.

郑刚, 杨新煜, 周海祚, 等, 2017. 基于渐进破坏的路堤下刚性桩复合地基的稳定性分析及控制[J]. 岩土工程学报, 39(4): 581-591.

British Standard Institute (BSI), 2011. Code of practice for strengthened/reinforced soils and other fills: BS 2006-1[S]. London: BSI Standards Publication.

CHEN J F, Li L Y, XUE J F, et al., 2015. Failure mechanism of geosynthetic-encased stone columns in soft soils under embankment[J]. Geotextiles and Geomembranes, 43(5): 424-431.

KWON J, TUTUMLUER E, KONIETZKY H, 2008. Aggregate base residual stresses affecting geogrid reinforced flexible pavement response[J]. International Journal of Pavement Engineering, 9(4): 275-285.

LIU H L, NG CW W, FEI K, 2007. Performance of a geogrid-reinforced and pile-supported highway embankment over soft clay: Case study[J]. Journal of Geotechnical and Geoenvironmental Engineering, 133(12): 1483-1493.

The German Geotechnical Society (DGGT), 2010. Recommendation for reinforcement with geosynthetics (EBGEO)[S]. Berlin: Ernst & Sohn.

VAN EEKELEN S J M, BEZUIJEN A, Lodder H J, et al. 2012a. Model experiments on piled embankments. Part Ⅰ[J]. Geotextiles and Geomembranes, 32(6): 69-81.

VAN EEKELEN S J M, BEZUIJEN A, Lodder H J, et al. 2012b. Model experiments on piled embankments. Part Ⅱ[J]. Geotextiles and Geomembranes, 32(6): 82-94.

ZENG Q Y, XU C, YANG Y, 2019. Numerical investigation on the deformations of geosynthetic-reinforced pile-supported embankments by different three-dimensional idealized models[C]//Proceedings of 16th Asian Regional Conference on Soil Mechanics and Geotechnical Engineering(16th ARC), Taipei, China: 1-4.

ZHANG Z, HAN J, YE G B, 2014. Numerical investigation on factors for deep-seated slope stability of stone column-supported embankments over soft clay[J]. Engineering Geology, 168(1): 104-113.

第 8 章　桩承式加筋路堤的设计方法

8.1　桩承式加筋路堤的设计方法概述

桩承式加筋路堤作为一项土工技术，主要用于公路或铁路的桥头路基工程和公路拓宽工程。虽然科技人员对路堤自重及附加荷载的传递与分担、所涉及的土拱效应和张力膜效应，以及桩承式加筋路堤的变形与破坏等进行了系统的探讨，也形成了一些原则性共识，但关于填土中土拱形态及土拱效应在重复荷载和其他因素影响下的演变规律、筋材上荷载和应变的空间分布特征、桩承式加筋路堤的破坏模式等仍存争议。争议的存在导致了现行技术标准和设计方法的差异，也影响了桩承式加筋路堤的工程应用。

采用桩承式加筋路堤是有前提和条件的，即适用于松软弱土地基上的填方工程。如果地基条件满足工程要求，就没有必要采用桩基；如果不是填方工程，工作原理将会完全不同。为了更好地发挥桩承式加筋路堤的技术优势和经济效益，一般情况下，应在如下特定情形选择使用桩承式加筋路堤。

1）浅层软土地基具有一定厚度，一般大于 5m。

2）路堤填方具有一定高度，一般应大于 3m，满足填方路堤的成拱条件，即填筑高度大于相邻桩净间距的 1.5 倍。

3）在合理深度范围内存在较好的桩端持力层，即在特定工况下采用桩基是合理的技术方案，持力层的性能满足沉降控制要求。

4）竖向增强体的反应模量与软土地基反应模量的比值应大于 75（DGGT，2010），否则不宜按桩承式加筋路堤进行设计。

在桩承式加筋路堤设计中，主要涉及路堤中的土拱效应和筋材的张力膜效应的分析及定量计算问题。由于现行技术标准（BSI，2010；DGGT，2010；NGG，2004）采用的土拱模型和土拱效应分析方法不同，因此国内外技术标准之间存在差异。特别是如何考虑桩间土的支撑作用，英国规范（BSI，2010）假定膜下为空穴，不计桩间土的支撑作用，对计算结果具有重要影响。

关于桩间土的支撑作用，应根据竖向增强体刚度、端承情况和桩间土的工程特性做出判断。一般认为，当采用的竖向增强体为半刚性桩时，桩与桩间土的刚度虽有差别，但桩与桩间土变形仍基本协调（桩网复合地基），那么在这种工况下进行桩承式加筋路堤设计时，应考虑桩间土发挥的支撑作用；当竖向增强体为端承刚性桩，且桩间土的工程性能比较差时，桩与桩间土的刚度差异明显，变形不协调，荷载向桩体转移；或者在土工结构的服役期内，桩间土自固结沉降及湿陷等可能出现膜下空穴时，在设计时不应考虑桩间土的支撑作用。

本章将遵循土工构筑物设计的一般原则和桩承式加筋路堤的设计步骤，根据已有成果和工程经验，论述桩承式加筋路堤的设计方法，以满足工程设计的需求；同时，对于仍存在争议的问题，开展必要的讨论。

8.2　桩承式加筋路堤的设计条件与验算方法

8.2.1　桩承式加筋路堤的设计条件

1. 工程要求

无论道路工程还是铁路工程，抑或是其他填方工程，在正式设计之前，均需全面了解工程项目的要求。工程项目的要求应该包括如下内容。

1）工程项目的位置或途径的区域、工程建设可能造成的影响及国家或当地管理部门对环境保护的要求。

2）工程项目的投资、建设工期和进度要求。

3）填方工程的几何特征，包括填方的断面尺寸和边坡坡率。

4）工程项目设计与施工应遵循的技术标准，以及相关标准对工程稳定性、变形控制、材料选择和工程防护等方面的要求。

例如，在公路路基工程中，参照《公路路基设计规范》（JTG D30—2015）确定工程使用寿命、工后沉降和不均匀沉降控制值。关于各种破坏模式下的稳定性要求，可遵照表 8.1 的要求执行；变形控制可按照表 8.2 的要求执行。

表 8.1　加筋土垫层路堤稳定安全系数取值

分析内容	稳定安全系数 F_s
沿筋材顶面稳定性	1.20
深层滑动稳定性	1.25
侧向挤出稳定性	1.30
地基与路堤的整体稳定性	满足《公路软土地基路堤设计与施工技术细则》(JTG/T D31-02—2013)或《铁路工程地基处理技术规程》（TB 10106—2023）的要求

表 8.2　加筋土垫层路堤容许工后沉降　单位：mm

公路等级	工程位置		
	桥台与路基相邻处	箱涵通道处	一般路段
高速公路、一级公路	≤100	≤200	≤300
干线二级公路	≤200	≤300	≤500

除了上述工程要求外，还应了解工程建设所涉及区域的地基条件、工程建设经验和施工技术水平。

2. 设计资料

在明确工程项目的特点和技术要求情况下，针对拟建工程建设项目，应收集与设计计算相关的具体信息和资料，具体如下。

（1）荷载条件

在桩承式加筋路堤中，填方自重是荷载的主体部分。除此之外，还应根据工程应用领域定义可变荷载（如车辆荷载）、偶然荷载和临时荷载等。

根据工程应用领域，确定荷载组合和设计验算工况。在铁路和公路路基工程中，应分别验算施工期和运营期路基的安全性。施工期荷载应考虑路堤自重和施工设备等临时荷载；在运营期，荷载包括路堤自重、道面结构自重和交通荷载。偶然荷载的选择及其与永久荷载和基本可变荷载的组合应按照相应的技术标准取值。

（2）地基条件及设计参数

根据岩土工程详细勘察成果，掌握浅层地基土层的空间分布特征和构成情况，获得场地纵横向的工程地质剖面图、地下水水位及其变化和各层地基土的岩土工程设计参数（γ、s_u、c_{cu}、ϕ_{cu}、c_v 等）。当勘察成果不满足设计要求或场地地层条件复杂时，应进行补充勘察。

（3）工程材料及设计参数

除了桩基和桩帽，工程材料还包括主要用于加筋垫层的土工合成材料（土工格栅、有纺土工织物）和路堤填料。关于加筋材料，从设计计算角度，需要筋材的抗拉强度和延伸率等力学性能参数，以及筋材与填料和地基土之间的界面强度参数（或摩擦系数），应结合工程实际通过试验测定这些设计参数；但从工程要求来说，仍然需要了解加筋材料的物理指标、耐久性和抗老化特性指标。

关于填料的特性，应掌握路堤填料的来源、种类和填料的物理力学特性（颗粒粒径分布、塑性指标、压实指标、重度及强度参数等）。在进行初步设计时，一般填料的内摩擦角不宜超过 30°；在进行正式设计时，应结合工程用的填土类型，填土的内摩擦角应通过试验测定。

8.2.2 桩承式加筋路堤的初步设计

在进行施工图设计验算之前，应吸收已有研究成果和工程应用经验，根据项目的具体情况和要求，提出桩承式加筋路堤的初步设计。

1. 路堤几何形态和尺寸的确定

对于公路或铁路路基工程，一般采用梯形断面形态，但是对于特殊工况或用于其他填方工程，如路基拓宽或填料堆场工程，则应结合实际确定具体断面形态和几何尺寸。同时，结合工程应用背景，考虑填方自重以外的其他附加荷载，从而确定总的附加荷载及其组合。

2. 桩型及其布置形式的选择

对于桩承式加筋路堤，应首先选择刚性桩。鉴于地基处理技术和复合地基的蓬勃发展，刚性桩施工工艺和性能多种多样，可根据附加荷载大小、当地工程经验和材料供应情况等进行桩型选择。

在复合地基实践中，作为竖向增强体的桩常采用梅花形（等边三角形）布置；但是在桩承式加筋路堤中，正方形布置则比较常用。因此，初步设计时宜选择正方形布置形式。

3. 桩间距和桩长的选择

桩间距应根据工程经验、路堤填筑高度及桩帽尺寸等确定。在初步设计时，取桩径的 6～8 倍为宜。

采用桩承式路堤的主要目的是控制路基沉降（包括总沉降和工后沉降），因此桩长应根据软土层厚度、空间分布（持力层埋深）及路堤高度（荷载大小）决定。当软土层埋深和厚度不大时，初步设计时，桩应打穿软土层，进入持力层一定深度，即采用端承桩或摩擦端承桩。但是，当需要通过桩长调节路基沉降时，部分路堤段落可采用悬浮桩，初步设计时可以先确定一个桩长，最终桩长则根据沉降计算结果调整后确定。

4. 桩帽形状和尺寸

桩帽是桩承式加筋路堤不可或缺的组成部分（桩梁结构除外），应结合桩间距合理确定。桩帽形状一般为方形，桩帽边长（a）应与桩间距（s）相协调，初步设计时应按满足全拱条件 $s-a\leqslant 0.7H$（H 为路基填筑高度），且 $a\geqslant 0.15s$，来确定桩帽尺寸。

5. 加筋层数和布设位置

在桩承式加筋路堤结构中，采用土工合成材料（土工格栅或有纺土工织物）设置加筋垫层。根据目前的工程经验，水平加筋层最多不超过 3 层，采用 1 层或 2 层比较常见。因此，初步设计时可按 1 层考虑。采用 1 层加筋时，一般将其布置在桩帽顶部，即垫层底部。关于材料的类型及其性能要求，则是根据设计验算结果再做选择。

6. 其他构造设计

现行技术标准中，关于桩承式加筋路堤的设计较少关注稳定性验算，而是通过构造设计来避免一些承载能力极限状态（失效模式）的出现。除了上述全拱条件需满足外，尚应满足如下构造要求。

1）路堤边坡应满足自身稳定要求：不宜过陡，或者采取边坡加固措施，使其自身满足边坡局部稳定性和抗侧向滑动稳定性要求。

2）在路堤横断面上，最外一排桩桩帽外边沿距路堤边坡坡脚的距离 L_p（图 8.1）应满足下式要求，以防止局部破坏的发生。

$$L_p \leqslant H(n-\tan\theta_p) \tag{8.1}$$

式中，H ——路堤高度，m；

n ——路堤边坡坡率；

θ_p ——路肩与最外一排桩桩帽边沿连线与竖直线的夹角（°）。

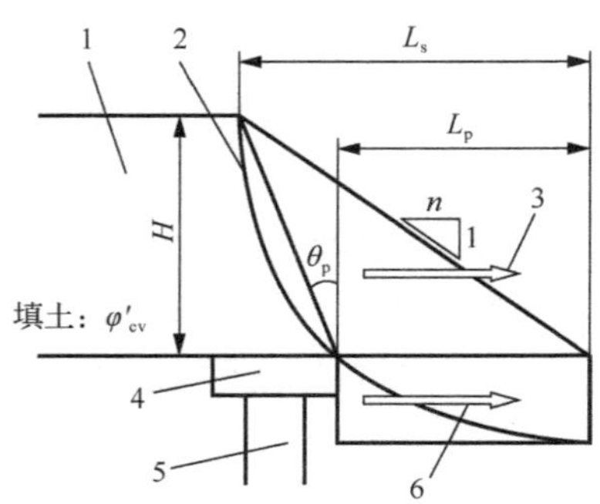

1．填方路堤；2．潜在滑动面；3．侧向滑移；4．桩帽；5．桩体；6．地基挤出体。
L_s为路堤边坡坡肩至坡角的水平距离（m）；φ'_{cv} 为填土的有效内摩擦角（°）。

图 8.1　边沿桩的布置要求（BSI，2010）

通过初步设计，以软土地基上新建路基工程为例，可以得到一个初步设计的桩基平面布置图和桩承式加筋路堤断面图（图 8.2），作为后续施工图设计阶段的定量分析对象。

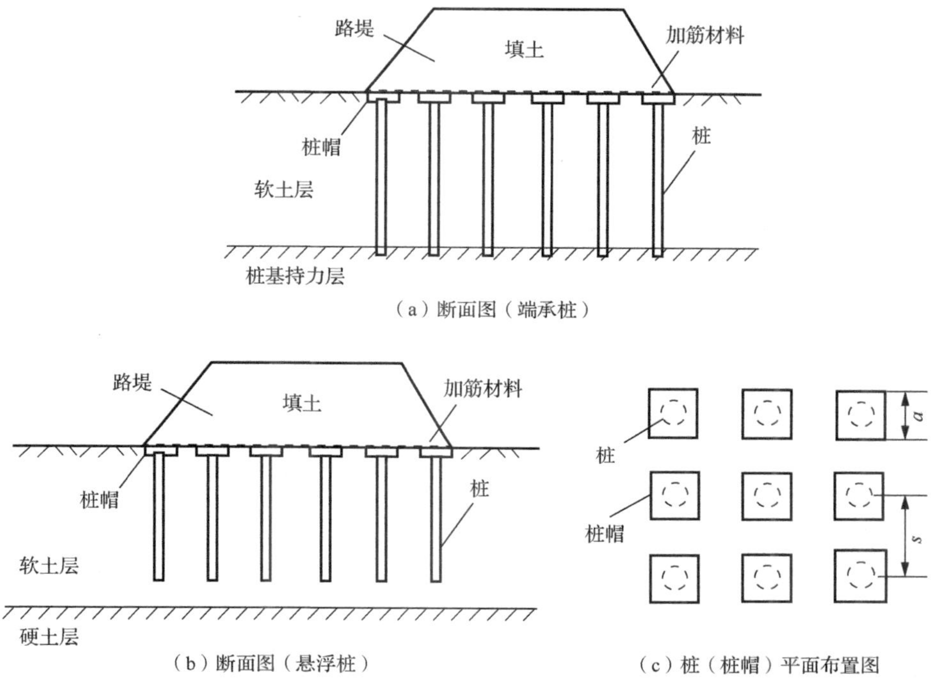

图 8.2　典型桩承式加筋路堤结构

8.2.3　桩承式加筋路堤的设计验算

在初步设计方案和设计条件确定之后，应进行桩承式加筋路堤各种承载力极限状态和正常使用（功能）极限状态的验算。根据验算结果，调整和优化设计方案，为施工图设计提供依据。设计验算应在桩承式加筋路堤工作原理的指导下进行，主要内容应该包括筋材的抗拉强度、桩基承载力、整体稳定性等承载能力极限状态、加筋材料应变和路基沉降量等功能极限状态。现行技术标准中主要关注筋材的抗拉强度是否满足要求，由于不同的技术标准采用的土拱模型和土拱效应分析方法存在差异，因此验算方法也不同。但是无论如何考虑荷载传递与分担，其思路是基本相同的，即将路堤填土自重和路面附加荷载分解为 A、B、C 3 部分：在一个单元体内，A 为经土拱效应调整后直接作用于桩（帽）上的竖向荷载；B 代表桩间筋材承担的竖向荷载，并经张力膜效应传递给桩基；C 为筋材下桩间土承担的竖向荷载，如图 8.3 所示。本小节介绍有代表性的技术标准的设计理论和方法，并根据最新研究成果对现行设计方法展开讨论。

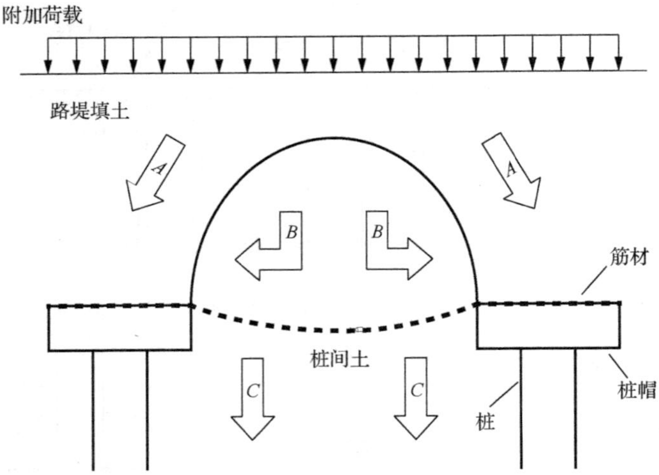

图 8.3　桩承式加筋路堤的荷载分担

1. 英国规范

英国规范（BSI，2010）采用了可考虑桩承式路堤三维特征的修正 Marston 公式及 Hewlett 和 Randoph（1988）的土拱模型来考虑土拱效应。按修正 Marston 公式，桩帽上竖向应力与平均竖向应力的比值为

$$\frac{p_c'}{\sigma_v'}=\left(\frac{C_c a}{H}\right)^2 \tag{8.2}$$

式中，p_c'——桩帽上的竖向应力，kPa；

$\sigma_v'=\gamma H+q$，为路堤底面处平均垂直应力（kPa），其中 q 为路堤顶面附加分布荷载（kPa）；

a——桩帽边长（或等效边长），m；

C_c——土拱系数。

土拱系数按下式计算：

$$C_c=1.95H/a-0.18\text{，对于刚性端承桩} \tag{8.3a}$$

$$C_c=1.5H/a-0.07\text{，对于摩擦桩和其他类型桩} \tag{8.3b}$$

在满足全拱条件且采用端承桩的情况下，假设桩间土不承担上覆荷载，即 C=0，并假定桩间筋材上承担的竖向应力可转换为相邻两桩（帽）之间筋带上的竖向荷载 W_T。

$$W_{\mathrm{T}}=\frac{1.4\gamma(s-a)s}{s^2-a^2}\left[s^2-a^2\left(p_{\mathrm{c}}'/\sigma_{\mathrm{v}}'\right)\right] \tag{8.4}$$

式中，γ——填土重度，kN/m^3；

s——桩间距，m。

按 Hewlett 和 Randoph（1988）的土拱模型，在正方形布桩情况下，路堤填料中形成的土拱形态呈半球壳形，可拆分为 1 个球形土拱和 4 个平面土拱。土拱可能会在球形土拱拱顶或桩帽处拱脚最先达到极限状态。分别求解两种极限状态下的桩体荷载分担比（桩体承担的荷载占路堤荷载的比例）E_{crown} 和 E_{cap}，取二者的小值计算筋材上承担的荷载（1-$E_{\min}$）。

$$E_{\mathrm{crown}}=1-\left[1-\left(\frac{a}{s_{\mathrm{a}}}\right)^2\right](A-AB+C) \tag{8.5}$$

式中，A、B、C——计算系数，$A=\left[1-\left(\frac{a}{s_{\mathrm{a}}}\right)\right]^{2(K_{\mathrm{p}}-1)}$，$B=\frac{s_{\mathrm{a}}}{\sqrt{2}H}\left(\frac{2K_{\mathrm{p}}-2}{2K_{\mathrm{p}}-3}\right)$，

$C=\frac{s_{\mathrm{a}}-a}{\sqrt{2}H}\left(\frac{2K_{\mathrm{p}}-2}{2K_{\mathrm{p}}-3}\right)$，其中 $K_{\mathrm{p}}=\frac{1+\sin\varphi}{1-\sin\varphi}$。

$$E_{\mathrm{cap}}=\frac{\beta}{1+\beta} \tag{8.6}$$

式中，β——计算系数，$\beta=\frac{2K_{\mathrm{p}}}{(K_{\mathrm{p}}+1)\left(1+\frac{a}{s_{\mathrm{a}}}\right)}\left[\left(1-\frac{a}{s_{\mathrm{a}}}\right)^{-K_{\mathrm{p}}}-\left(1+K_{\mathrm{p}}\frac{a}{s_{\mathrm{a}}}\right)\right]$。

可得筋材上作用的竖向荷载为

$$W_T=\frac{s(\gamma H+q)}{s^2-a^2}[1-E]s^2 \tag{8.7}$$

英国规范（BSI，2010）考虑了填土中的土拱效应会受桩的布局、路堤高度、附加荷载等一系列因素的影响而变化，因此人为规定了筋带承受的最小线荷载不应小于路堤荷载的 15%，即

$$W_{\mathrm{T\,min}}=0.15s(\gamma H+q) \tag{8.8}$$

在确定了筋带承担的荷载 W_{T} 之后，对于像土工合成材料这种可拉伸筋材，根据筋材竖向受力平衡，可按下式求得由于张力膜效应而承受的抗拉应力 T_{rp}（kN/m）：

$$T_{rp} = \frac{W_T(s-a)}{2a}\sqrt{1+\frac{1}{6\varepsilon}} \tag{8.9}$$

式中，ε——筋材的应变。

在设计确定T_{rp}时，可取筋材的允许应变。

在桩承式加筋路堤中，筋材对路堤侧向滑动具有限制作用（图 8.4）。由于填土的主动土压力作用引起的筋材张拉应力T_{ds}为

$$T_{ds} = 0.5K_a\left(\gamma H + q\right)H \tag{8.10}$$

式中，K_a——填土的主动土压力系数。

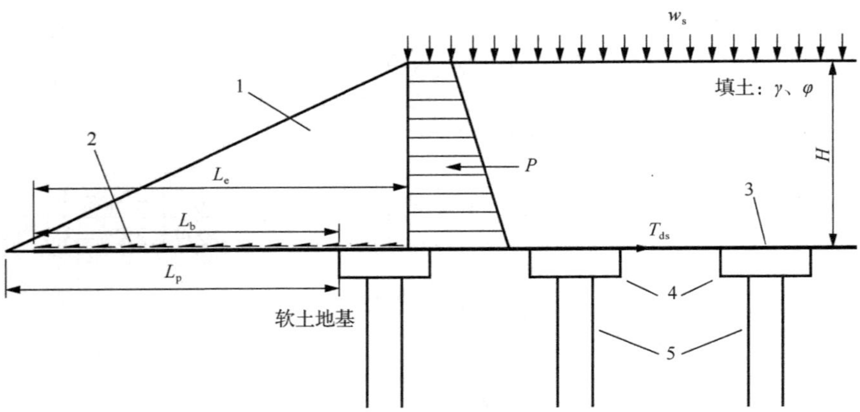

1．路堤；2．向外推力；3．筋材；4．桩帽；5．桩。

图 8.4　路堤沿筋土界面的侧向滑动

考虑路肩下相邻桩之间的加筋材料将同时承受T_{rp}和T_{ds}，因此在设计时，筋材承受的张拉应力应为T_{rp}与T_{ds}之和，并由此计算最外一排桩帽外侧加筋的锚固长度L_b。

2. 德国标准

使用德国标准（DGGT，2010）进行桩承式加筋路堤设计计算时（图 8.5），根据 Zaeske（2001）及 Zeaske 和 Kempfert（2002）提出的多拱模型，可分两步：先不考虑加筋，通过求解三维土单元径向力平衡偏微分方程获得桩顶和桩间地基上的竖向应力；将桩间地基上的竖向应力作用于筋材上，考虑桩间土的支撑作用，求解弹性薄膜的张拉应力。桩间地基上作用的竖向应力可表述为

$$\sigma_{zo} = \lambda_1^{\chi}\left(\gamma + \frac{p}{h}\right)\left\{h\left(\lambda_1 + h_g^2\lambda_2\right)^{-\chi} + h_g\left[\left(\lambda_1 + \frac{h_g^2\lambda_2}{4}\right)^{-\chi} - \left(\lambda_1 + h_g^2\lambda_2\right)^{-\chi}\right]\right\} \tag{8.11}$$

式中，λ_1、λ_2、χ——计算系数，$\lambda_1=\frac{1}{8}(s-d)^2$，$\lambda_2=\frac{s^2+2ds-d^2}{2s^2}$，$\chi=\frac{d(K_p-1)}{\lambda_2 s}$，

K_p 为填土的被动土压力系数，$K_p=\tan^2\left(45^\circ+\frac{\varphi'}{2}\right)$，其中 φ' 为填土的有效内摩擦角（°）。

γ——路堤填土的重度，kN/m^3。

h_g——拱高，m。当 $h\geqslant s/2$ 时，$h_g=s/2$；否则，$h_g=h$。

桩帽上的竖向荷载 A 和桩间竖向荷载 $B+C$ 按下式计算：

$$A=A_p\sigma_{zs}=A_p\left\{\left[(\gamma H+q)-\sigma_{zo}\right]\frac{A_i}{A_p}+\sigma_{zo}\right\} \tag{8.12}$$

$$B+C=A_r\sigma_{zo}=A_r\lambda_1^{\chi}\left(\gamma+\frac{p}{h}\right)\left\{h\left(\lambda_1+h_g^2\lambda_2\right)^{-\chi}+h_g\left[\left(\lambda_1+\frac{h_g^2\lambda_2}{4}\right)^{-\chi}-\left(\lambda_1+h_g^2\lambda_2\right)^{-\chi}\right]\right\} \tag{8.13}$$

式中，A_p——桩帽面积，m^2；

A_r——桩间土面积，m^2；

A_i——单桩的影响面积，m^2。

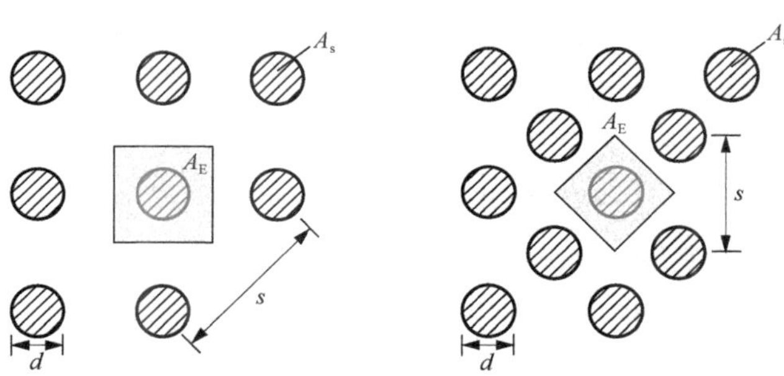

（a）方形布置　　（b）三角形布置

图 8.5　桩布置形式及 s 的定义（DGGT，2010）

将 $B+C$ 作为竖向荷载作用在筋材上按长方形布桩形式考虑，s_x、s_y 分别为 x 和 y 方向上的桩间距，L_{wx} 和 L_{wy} 分别为 x 和 y 方向上的桩净间距，A_{Lx} 和 A_{Ly} 分别为沿 x 和 y 方向相邻两桩之间分担上部荷载的面积，如图 8.6 所示。图中 b_{Ers} 为桩的截面宽度，当采用圆形桩时，$b_{Ers}=\frac{1}{2}d\sqrt{\pi}$。假设筋带上竖向荷载按三角形分布，

最大值位于两桩筋带的中点（图 8.6）。根据三维计算模式，在水平面内考虑正交的两个方向，将 $B+C$ 分为 F_x 和 F_y 两部分（图 8.6）。当桩正方形布置时，有 $F_x=F_y=\frac{1}{2}(B+C)$。

$$F_x=A_{Lx}\sigma_{zo}，\quad A_{Lx}=\frac{1}{2}(s_x s_y)-\frac{d^2}{2}\operatorname{atan}\left(\frac{s_y}{s_x}\right)\frac{\pi}{180} \tag{8.14a}$$

$$F_y=A_{Ly}\sigma_{zo}，\quad A_{Ly}=\frac{1}{2}(s_x s_y)-\frac{d^2}{2}\operatorname{atan}\left(\frac{s_x}{s_y}\right)\frac{\pi}{180} \tag{8.14b}$$

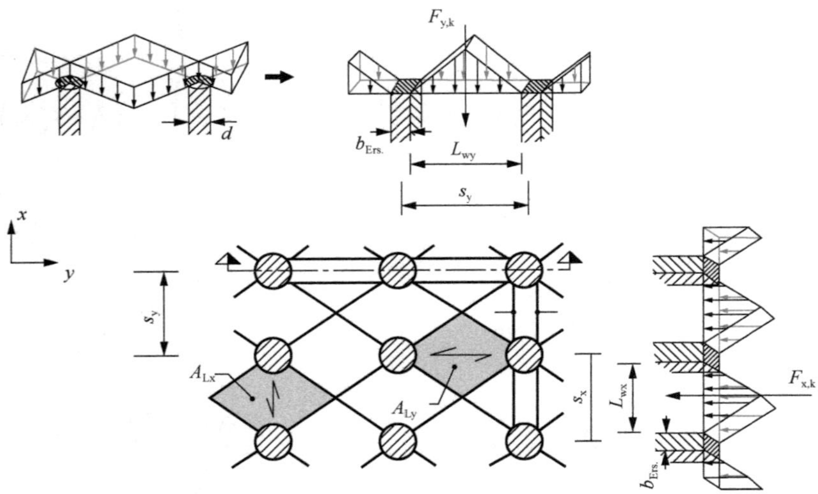

图 8.6　筋材平面上的荷载分布（DGGT，2010）

根据 Wrinkler 地基模型和桩间土的反应模量确定桩间土的承载性能，按筋材竖向受力平衡可得筋材的平均应变（图 8.7）。图中 k_{ak} 为桩间土的反应模量，L_w 为相邻桩的净间距，J_k 为拉伸模量，F_k 为三角形分布在相邻桩间筋带上的最大荷载值，f 为相邻桩间的筋材挠度。

由此，筋材由于张力膜效应所受的拉力 T_{rp} 可按下式计算：

$$T_{rp}=\varepsilon_{average}J \tag{8.15}$$

式中，$\varepsilon_{average}$ ——筋材平均应变。

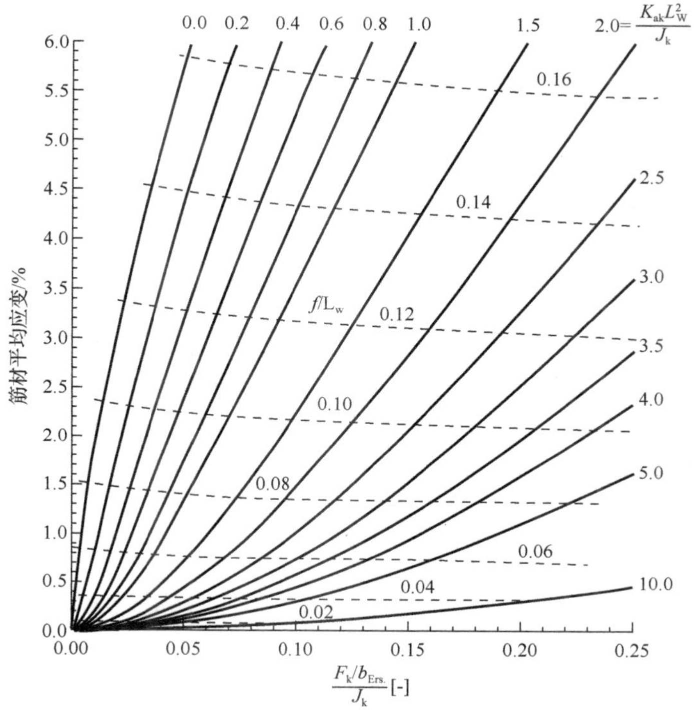

图 8.7　筋材平均应变求解图（DGGT，2010）

填土的主动土压力作用引起的筋材张拉应力 T_{ds} 的计算方法与英国规范基本一致，但当软土地基以上铺设了至少 1m 厚的粗颗粒褥垫层，垫层具有较好的压实度时，DGGT（2010）考虑了垫层产生的被动土压力对路堤横向滑移的抵制作用，路堤填土主动土压力引起的筋材拉力 T_{ds} 可按下式计算：

$$T_{ds} = 0.5K_a(\gamma H + q)H - 0.25K_p(\gamma H + q)H \tag{8.16}$$

3. 复合地基规范

《复合地基技术规范》（GB/T 50783—2012）提供了桩网复合地基设计方法，本质上，该规范所谓的“桩网复合地基”实为桩承式加筋路堤。

复合地基规范借鉴了日本细则（RTRI，2001），采用应力扩散角的概念，假定桩网复合地基平面土拱的形式为三角形楔体，顶角为 2φ（图 8.8），φ 为填料的内摩擦角。采用正方形布桩时，桩间距为 S，正方形桩帽边长为 a，土拱高度可按下式计算：

$$H_c = 0.707(S - a)/\tan\varphi \tag{8.17}$$

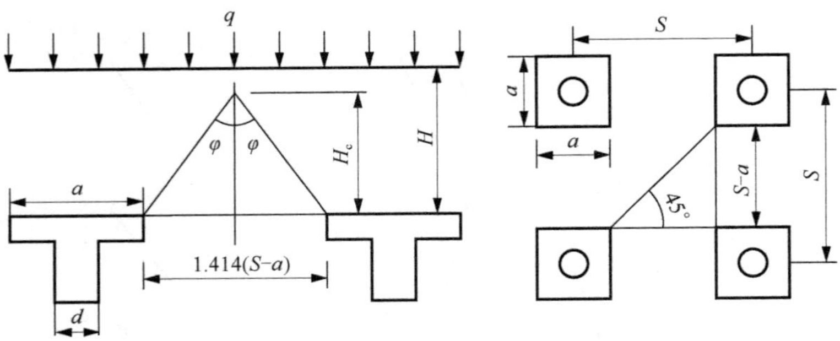

图 8.8　土拱高度计算

考虑空间效应计算筋材的张拉力，土拱设计高度 $h=1.2H_c$。筋材张拉力产生的向上分力承担图 8.9 中阴影部分楔体土的重力，假定加筋体的挠度为 Δ，变形近似呈三角形，荷载分项系数取 1.35，则筋材的张拉力可按下式计算：

$$T \geqslant \frac{1.35\gamma_{cm}h\left(S^2-a^2\right)\sqrt{(S-a)^2+4\Delta^2}}{32\Delta a} \tag{8.18}$$

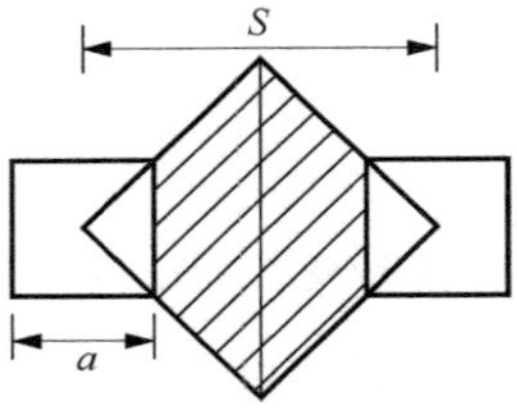

图 8.9　筋材受力计算平面

当需要铺设双层加筋体时，两层加筋应选同种材料，铺设竖向间距宜取 0.1～0.2m。由于两层加筋体所处位置不同，实际产生的变形量也不同，因此强度发挥也不同。上层筋材发挥的拉力按下层的 60%考虑，因此两层筋材的总张拉力宜按下式计算：

$$T=T_1+0.6T_2 \tag{8.19}$$

复合地基规范给出了桩网复合地基的沉降（s）的评价方法，复合地基沉降量应由加固区复合土层压缩变形量 s_1、加固区下卧土层压缩变形量 s_2 及桩帽以上垫层和填土层的压缩变形量 s_3 组成，即

$$s=s_1+s_2+s_3 \tag{8.20}$$

加固区复合土层压缩变形量 s_1 可采用复合模量法计算，当采用刚性桩时可忽略不计。

加固区下卧土层压缩变形量 s_2 可由分层总和法计算，作用在复合地基加固区下卧层顶部的附加应力宜根据复合地基类型采用不同的方法确定。对散体材料桩复合地基宜采用压力扩散法计算，对刚性桩复合地基宜采用等效实体法计算，对柔性桩复合地基可根据桩土模量比大小分别采用等效实体法或压力扩散法计算。

桩帽以上垫层和填土层的压缩量 s_3 计算思路如下：当复合地基中的桩和桩间土发生较大的相对沉降时，导致桩帽以上荷载通过土拱作用转移至桩帽，根据土体体积不变的原理，可推导出形成稳定土拱导致的地面沉降量 s_3：

$$s_3 = \frac{\Delta(S-a)(S+2a)}{2S^2} \tag{8.21}$$

在实际工程中，人们往往更关心工后沉降量，桩网复合地基的工后沉降主要由桩基受荷后的沉降和桩间土下沉而产生的地面沉降组成，因此控制加筋层的下垂量对于控制工后沉降有重要作用。

8.3　桩承式加筋路堤设计方法的讨论与建议

根据已有研究成果，结合现行技术标准的相关设计方法和规定，本节围绕桩承式加筋路堤设计的核心内容展开讨论，为该项技术的工程应用提出设计建议。

8.3.1　范围和适用条件

采用桩承式加筋路堤的目的是彻底解决填方工程中遇到的整体稳定性问题和变形过大的问题。因此，桩承式加筋路堤常常用于软土地基上公路和铁路领域的填方路基工程，但湿陷性黄土地基或其他松散、可压缩地基上的填方路基工程中也有桩承式加筋路堤的影子。除了交通领域，桩承式加筋路堤还可用于松软土地基上其他填方工程，如高铁车站用于形成站坪。作者参与了宝山钢铁集团某原料堆场的监测工作，该铁矿石原料堆场建于软土地基上，设计堆高达 20～30m，采用了桩网复合地基（预应力管桩+方形桩帽+两层土工格栅）进行地基加固。

因此，桩承式加筋路堤可用于松软土地基上需应对整体稳定性和控制变形的填方工程，常用于公路和铁路工程桥头连接路基和公路路基拓宽工程。

应用该项技术时，应事先分析和评价地基条件，当地基条件虽不满足工程要求但相对较好时，应进行多方案比较，包括纯加筋垫层和复合地基等，以避免浪费。

当准备采用桩承式加筋路堤时，应关注填方高度（H），这一般是从工作原理的角度提出的使用条件。发挥土拱效应，使桩基分担更多的荷载是桩承式加筋路堤的核心机理之一。英国规范中有全拱条件和部分拱（partial arching）条件之说，只有填方高度达到一定要求时才会有土拱效应，才能使桩基承担更多荷载；也有用“临界高度”（critical height）（H_c）来表述成拱条件的，要求填方高度应大于临界高度，即 $H>nH_c$（n 为大于 1 的系数）。

其实，土拱形成和土拱效应的发挥是一个过程，而且受一系列因素的影响而处于变动之中。在桩承式加筋路堤体系中，土拱形态和土拱效应不仅受桩（帽）与桩间土刚度和差异沉降的制约，而且会受到附加荷载大小和性质的影响。从土拱效应的本质出发，填土的内摩擦角一定会影响临界高度。当在桩（帽）顶设置加筋层后，也会影响桩与桩间的差异沉降，进而影响土拱效应。如果将半刚性桩和悬浮桩考虑在内，土拱效应的发挥程度也会不断调整。从工程应用角度，一方面要考虑在整个使用期内发挥填土的土拱效应，另一方面更要避免在最不利的情况下填方路基顶面（路面）出现不均匀沉降。

在低路堤中不宜采用桩承式加筋路堤，建议采用英国规范的全拱条件，即填方高度不小于相邻桩（帽）间净间距的 1.4 倍。

8.3.2　构造设计

第 7 章中指出，桩承式加筋路堤存在多种破坏模式，其中大部分失效情形可以通过构造设计加以避免。路堤边坡稳定性评价和桩基布置范围属于纯粹的岩土工程问题，这里不再讨论。

1. 桩间距

桩间距或者桩间净间距与上述讨论的桩承式加筋路堤的使用条件关系密切，同时受制于项目投资。因此，要在这两个约束条件下进行桩间距的构造设计，首先应根据路堤填土高度，按满足全拱条件确定桩间距；然后考虑投资效应。桩间距不能太大，以至于不满足全拱条件；桩间距当然也不能太小，以免投资大幅增加。

德国标准（DGGT，2010）建议，静荷载主导下桩净间距 $(s-d)\leqslant 3.0\,\mathrm{m}$，动荷载主导下 $(s-d)\leqslant 2.5\,\mathrm{m}$，其中 s 和 d 分别为桩间距和桩帽等效直径。我国《复合地基技术规范》（GB/T 50783—2012）提出桩间距可取桩径或边长的 5～8 倍。这些建议和规定可以看作经验的总结，并没有理论依据。桩间距的选择不宜规定具体尺寸或桩径的倍数，建议在考虑桩帽尺寸的同时，以满足全拱条件和桩基承载力要求为依据，尽可能拉大桩间距，以节约建设投资。

2. 筋材铺设长度

现行标准关于筋材铺设长度（范围）的规定是根据路堤填土抗滑稳定分析结果确定的，即要求路堤边坡范围内筋土界面的抗滑阻力满足路堤填土在主动土压力作用下的抗滑稳定。这种规定在理想条件下具有理论意义，但在实际条件下桩（帽）与桩间土发生差异沉降，筋材发生挠曲，这种规定不具有实际价值。

如果通过抗滑稳定性分析发现，需要过长的筋材铺设长度才能满足抗滑稳定性要求，那么建议在路堤边坡坡脚处采用筋材反包措施，以提高筋材的锚固强度，同样可以满足路堤填土抗滑稳定性要求。

8.3.3　土拱效应与荷载分担

关于路堤填土中的土拱，涉及 3 个相关的问题：土拱模型、土拱效应和土拱效应在各种因素影响下的变化规律。第 4 章已对土拱模型进行了比较系统的讨论，可知在桩承式加筋路堤设计中，经验模型（如 Marston 经验公式）、摩擦模型（如 Terzaghi 模型）、刚性拱模型（如 Rogbeck 模型）和极限平衡模型（如 Zaeske 模型）都有应用，不同的极限平衡土拱模型也存在明显的差异。这种状况给科技人员造成一定的困惑。

不妨从两个方面分析这一状况。一方面，正如 Marston 和 Anderson（1913）提出经验公式的目的是计算地埋刚性管上的土压力，所谓经验模型很难称为土拱"模型"，可以称为定量评价土拱效应的经验公式。从土拱形态和土拱效应的渐进式发展，以及各种因素影响下土拱效应的变化规律来看，很难认可刚性拱模型是合理的。另一方面，摩擦模型和极限平衡模型从不同的角度认识土拱现象，分析评价土拱效应。前者把土拱看作变形拱，进而分析土中应力场变化和荷载转移；后者把土拱看作应力拱，进而分析由于应力轴偏转引起的应力场变化和应力重分布。在极限平衡模型中，无论是 Hewlet 和 Randolph 模型、Zaeske 模型，还是同心圆模型、同心椭圆模型或三角拱模型，以及基于这些模型基础上的改进，不妨都看作对特定条件下土拱的一种状态的描述。

针对具体工程应用，总是要按最不利状态进行设计计算。那么，什么情形是最不利状态呢？按照桩承式加筋路堤的工作原理和荷载传递与分担机制，土拱效应减弱，桩间承担过大的荷载的情形是不利的。建议按德国规范（DGGT，2010）规定，应避免在拱顶或拱脚出现极限状态，以此确定桩帽上与桩帽间筋带上荷载的分配。但是，目前的土拱效应理论分析模型并没有考虑交通荷载、桩土刚度比和加筋等因素的影响。

8.3.4　张力膜效应与筋材应力计算

张力膜效应作为桩承式加筋路堤工作机理之一，受其上荷载及其分布、筋材下（膜下）桩间土性能和筋材特性的共同影响。筋材上（膜上）荷载及其分布又与采用的土拱模型直接相关，德国规范（DGGT，2010）采用 Zaeske 土拱模型，两桩（帽）间筋带上荷载按正三角形分布，中点处荷载最大；当采用同心圆土拱模型或同心椭圆土拱模型时，筋带上的荷载按倒三角形分布，桩帽附近荷载最大，中点处荷载最小。膜上荷载一定的情况下，膜下桩间土的工程性能越好，则筋材挠度越小，张力膜效应越弱，筋材受力和传递给桩基的荷载越小。

同样地，在工程设计时，应针对桩承式加筋路堤使用期内最不利工况进行张力膜效应分析和筋材受力计算。如果桩间土性能尚可，在工程使用期内不可能出现膜下空穴情形，则应该考虑桩间土的支撑作用对筋材受力的影响；不考虑桩间土的特性，在任何情况下均不考虑桩间土的支撑作用，结果将过于保守。

加筋材料的张力膜效应的发挥程度还受制于桩基类型（端承桩或悬浮桩）和附加荷载的影响。对于悬浮桩，当桩基向下刺入持力层时，桩头的沉降将极大地削弱张力膜效应；附加荷载，无论是静荷载还是循环荷载，都对路堤填土的土拱造成损伤，使桩间承担更多荷载。此时，张力膜效应的强弱取决于桩间土的特性。

筋材在桩顶和桩间的应变（受力）分布极不均匀，如按目前的工程实践经验，多采用正方形桩帽，无论是正方形、矩形或三角形布桩，桩帽角点处筋材应变（受力）最大，其次是桩帽边沿、相邻桩间筋带，而多桩中心筋材应变（受力）最小。目前的处理方法是将桩间筋材的受力集中到相邻两桩之间的筋带上，带宽等于桩帽边长或等效边长，以筋带的平均应变估算筋材因张力膜效应而承受的拉力。这种处理方法并不符合筋材受力的实际情形，建议考虑桩间土的支撑作用，按第 5 章提出的方法估算筋材受到的拉力。

8.3.5　桩基与沉降控制

对于任何工程结构，在设计阶段工程师都应该掌握如何评价其变形量的方法，并使变形量的计算值满足工程项目的要求。具体到桩承式加筋路堤或松软土地基上的桩承式加筋填方工程，其沉降量可直观地分解为填方本体的压缩量、桩基加固段的压缩变形量和桩基持力层的沉降量。填方本体压缩量取决于填料的性质、压实度和上覆荷载的大小，可根据实际情况计算或根据经验估算；桩基加固段的压缩量主要是桩体的压缩量，取决于桩体荷载分担和桩体自身的刚度，特定情况下应考虑桩侧负摩阻力的作用；桩基持力层的沉降量除了与承担的荷载有关外，还受持力层压缩性控制。从路堤整体沉降量的构成可知，当采用刚性端承桩且持力层良好时，桩承式加筋路堤的沉降完全可控，在设计时甚至不需要对沉降进行验算。

鉴于桩承式加筋路堤中根据构造设计要求桩间距一般较小，建议采用第 6 章提出的改进的等效深基础法计算沉降量。

桩承式加筋路堤常用于桥头连接路基工程，主要目的是调节桥梁与连接路基之间的差异沉降。为应对这一课题，第 6 章提出了两种实用方法，即变桩长法和变刚度法。相对于改变桩体刚度，调整桩长更容易实施。

8.3.6 整体稳定性评价

通过桩承式加筋路堤的离心模型试验研究和精细的数值模拟，基本弄清楚了该结构体系整体失稳模式及桩基和筋材对整体稳定的贡献。尽管人们不太关注桩承式加筋路堤的整体破坏问题，实例工程也很少出现类似的破坏案例，但是这并不能说明该结构体系不会发生整体破坏。特别是采用半刚性黏结桩时，桩体抗弯强度很低，在渐进式整体失稳过程中，易于在路堤边坡下发生弯折破坏。

按现行设计方法，筋材受力计算结果比较保守，因此不易出现筋材强度不足引起桩承式加筋路堤的整体破坏；当采用刚性桩时，一般情况下桩体的抗弯强度也足以抵抗侧向土压力产生的弯矩。因此建议，当采用半刚性黏结桩时，应按第 7 章提出的分析方法评价桩承式加筋路堤的整体稳定性。

参考文献

British Standard Institute(BSI), 2010. Code for strengthened/reinforced soils and other fills: BS 2006-1[S]. London: BSI Standard Publication.

HEWLETT W J, RANDOLPH M F,1988. Analysis of piled embankments[J]. Ground engineering, 21(3): 12-18.

MARSTON A, ANDERSON A O, 1913. The theory of loads on pipes in ditches, and tests of cement and clay drain tile and sewer pipe[R]. Ames Iowa: Iowa Engineering Experiment Station Bulletin No. 31, Iowa State College.

Nordic Geosynthetic Group(NGG), 2004. Nordic guidelines for reinforced soils and fills[S]. Stockholm: The Nordic Geotechnical Society.

Railway Technology Research Institute(RTRI), 2001. The design and construction handbook of mixing piled foundation(Machine Mixing)[J]. Tokyo: Railway Technology Research Institute.

The German Geotechnical Society(DGGT), 2010. Recommendation for reinforcement with geosynthetics(EBGEO)[J]. Berlin: Ernst&Sohn.

ZAESKE D, 2001. Zur Wirkungsweise von unbewehrten und bewehrten mineralischen Tragschichten über pfahlartigen Gründungselementen[D]. Kassel: University of Kassel.

ZAESKE D, KEMPFERT H-G, 2002. Berechnung und wirkungsweise von unbewehrten und bewehrten mineralischen tragschichten auf punktund linienförmigen traggliedern[J]. Bauingenieur(77): 80-86.